本书

获得中央高校基本科研业务费专项资金项目

"扶贫开发与地方发展研究"

（项目编号：20720151236）和福建省社科研究基地

厦门大学中国特色社会主义研究中心的资助

福建省社会科学研究基地

厦门大学中国特色社会主义研究中心

# 厦门大学中国特色社会主义研究中心丛书　贺东航主编

中西部山区扶贫之路：
恩施的经验（上）

贺东航　叶兴建　著

中国社会科学出版社

图书在版编目(CIP)数据

中西部山区扶贫之路：恩施的经验（上）/贺东航，叶兴建著．
—北京：中国社会科学出版社，2016.12
ISBN 978-7-5161-7258-2

Ⅰ.①中⋯　Ⅱ.①贺⋯②叶⋯　Ⅲ.①山区—扶贫—经验—恩施土家族苗族自治州　Ⅳ.①F127.632

中国版本图书馆CIP数据核字(2015)第287791号

出 版 人	赵剑英
责任编辑	冯春凤
责任校对	张爱华
责任印制	张雪娇

出　　版	中国社会科学出版社
社　　址	北京鼓楼西大街甲158号
邮　　编	100720
网　　址	http://www.csspw.cn
发 行 部	010-84083685
门 市 部	010-84029450
经　　销	新华书店及其他书店
印　　刷	北京君升印刷有限公司
装　　订	廊坊市广阳区广增装订厂
版　　次	2016年12月第1版
印　　次	2016年12月第1次印刷
开　　本	710×1000　1/16
印　　张	17.25
插　　页	2
字　　数	232千字
定　　价	65.00元

凡购买中国社会科学出版社图书，如有质量问题请与本社营销中心联系调换
电话：010-84083683
版权所有　侵权必究

目 录

序言 …………………………………………………… （1）

总 论

第一节 综合扶贫试点的重大意义 ………………… （4）
第二节 综合扶贫试点的政策优势 ………………… （15）
第三节 综合扶贫试点经济社会发展的后发优势 ……… （20）
第四节 综合扶贫试点工作的总体思路 ……………… （23）

上 综合扶贫的基本内容

第一章 扶贫搬迁 ……………………………………… （31）
　第一节 试点区扶贫搬迁的背景 …………………… （31）
　第二节 试点区扶贫搬迁的主要措施 ……………… （37）
　第三节 试点区扶贫搬迁的困难与挑战 …………… （52）
　第四节 完善试点区扶贫搬迁的政策建议 ………… （54）

第二章 移民建镇 ……………………………………… （59）
　第一节 试点区移民建镇的背景 …………………… （59）
　第二节 试点区移民建镇的挑战 …………………… （70）
　第三节 试点区城镇化的措施 ……………………… （76）
　第四节 试点区移民建镇的对策与建议 …………… （89）

第三章 退耕还林 ·· (96)
  第一节 退耕还林的背景 ···································· (96)
  第二节 试点区退耕还林的回顾 ····························· (99)
  第三节 试点区新一轮退耕还林的进程及创新 ··············· (105)
  第四节 完善试点区新一轮退耕还林的建议 ··················· (112)

第四章 产业结构调整 ·· (116)
  第一节 试点区产业结构调整的紧迫性 ······················· (116)
  第二节 新型城镇化推动产业结构调整 ······················· (120)
  第三节 发展特色产业 ······································· (123)
  第四节 企业孵化园助推小微企业发展 ······················· (127)
  第五节 试点区产业结构调整的政策建议 ····················· (129)

下 综合扶贫的机制创新

第五章 投融资机制创新 ·· (137)
  第一节 扶贫资金整合使用的内涵与意义 ····················· (137)
  第二节 试点区扶贫资金的来源与使用方法 ··················· (147)
  第三节 试点扶贫资金整合使用机制创新 ····················· (153)
  第四节 投融资机制的进一步完善 ····························· (158)

第六章 镇村治理机制创新 ······································ (163)
  第一节 试点区镇村治理的现状 ······························· (163)
  第二节 试点区镇村治理面临的困境 ··························· (166)
  第三节 试点区镇村治理机制创新的路径 ····················· (175)
  第四节 试点区镇村治理机制创新的建议 ····················· (183)

第七章 产权和经营机制创新 ···································· (186)
  第一节 试点区产权与农村经营现状 ··························· (186)
  第二节 试点区产权制度改革创新 ····························· (193)
  第三节 试点区农村经营机制创新 ····························· (200)
  第四节 产权和经营机制创新完善的建议 ····················· (208)

第八章 土地综合利用机制创新 …………………………… (216)
  第一节 试点区土地综合利用机制创新的背景 ………… (216)
  第二节 试点区土地综合利用机制创新的内容 ………… (218)
  第三节 试点区土地综合利用机制创新的挑战 ………… (226)
  第四节 完善试点区土地综合利用机制的建议 ………… (229)

第九章 公共服务均等化机制创新 …………………………… (233)
  第一节 公共服务均等化的内涵 ………………………… (233)
  第二节 试点区公共服务均等化的现状 ………………… (237)
  第三节 试点区公共服务均等化的制约因素 …………… (242)
  第四节 试点区公共服务均等化机制创新 ……………… (246)
  第五节 试点区公共服务机制创新的经验 ……………… (252)
  第六节 完善试点区公共服务均等化的建议 …………… (255)

结语 开局之年的基本经验 ……………………………………… (257)

后记 …………………………………………………………………… (261)

序　言
——凤舞在天

　　湖北恩施、湖南湘西两个地区都隶属中部省份，但是都与西部省份贴边儿。恩施紧邻重庆东部几个贫困县，湘西则紧贴重庆酉阳秀山和贵州铜仁。在社会经济发展程度上，这两个地区，也是偏西不偏中或东。因此，中央后来决定，让这两个省的两个地区，享受西部发展的一系列优惠政策。

　　在社会经济发展意义上的中国西部，自北向南，自东向西地列举，是内蒙古、陕西、宁夏、甘肃、青海、新疆、四川、重庆、贵州、云南、西藏和广西这12个省级行政区。其中，在1985年8月兰州举行的《中国西部地区经济发展讨论会》举行时，西部只有11个省区，重庆还归属于四川省而没有单独出现在西部版图上。

　　之所以提到这次会议，是因为中国学者对西部贫困问题开始摆脱各省分头进行的路子，而将贫困问题作为西南和西北两大区域具有共性的问题加以深入研究，这是第一次。我忝逢该会议之盛，以多重身份参与了这次中央机构和全国各地学者参与的首次针对西部贫困问题的学术活动：会议入选论文作者、会议筹备组成员、会议主报告起草小组成员、会议研究报告作者、征文评选委员会成员等；会议在兰州举行时，我又多了两个身份：会议秘书和获奖论文作者。

　　当时我在中国社会科学院西欧研究所（现在的欧洲研究所）工作，侧重研究欧共体与中国的经贸关系，也有与伯明翰大学英国同事合作的英文长论文（26页）发表在英国的 *Journal of Common*

Market Studies 季刊 1986 年 12 月。后来法国文献局将之翻译为法文，一年后的 11 月刊登在 Problemes Economiques 上。但是在伯明翰大学工作期间，我已经对欧共体的区域发展政策，也就是国内所说的贫困地区发展政策，有了一个深入的摸底；也去了欧共体的区域政策总司 Directorate General of Regional Policy 拜访过。

其一揽子的政策手段，基本都是经济性的。梯度优惠政策、促进就业津贴、加速折旧、政府优先采购等等。我对意大利南部（也就是意大利的贫困地区，Mezzogiorno）的政策也有过调查。专门针对山区的发展，欧共体和相关国家也有专门政策设计。

而这些，又缘起于 1984 年 11 月 12 月在拉丁美洲的墨西哥、巴西、智利和纽约联合国总部所待的两个月和对拉美相关国家内部移民与区域发展的考察。

中国区域发展的一揽子政策措施，并不局限于经济政策，社会政策甚至政治干预，都在一揽子政策措施之内。比如说，中国实施的北京、上海、深圳对口支援西藏、新疆等的政策措施，还有当地一个政府机关包一个村等。这是西方体制的国家无法推行的。医疗队到贫困地区的送医下乡、支教等方式，也是西方不可能有的。不过严格说来，支教、希望小学等方式，的确是民间力量为地方政府甚至中央政府的政策失误补台。因为国家预算中的乡村医疗、乡村教育的开支，都是政府应该保证的。

国内有对贫困地区发展研究的需要，也由此，我深度介入了中国西部贫困地区发展研究，后来干脆以研究国际经济学者的身份，1988 年离开中国社会科学院，加盟了国家经济体制改革委员会中国经济体制改革研究所、国务院农研中心发展研究所、中信公司国际研究所以及康华公司战略研究所主办，办公地点设在北京德外黄寺大街人定湖北巷内中国经济体制改革研究所的中国西部开发研究中心。

这个研究中心在正式成立后短暂的一年多中，完成了实地调研支撑的云南安宁改革方案、德宏州开放与发展方案、中国西部对西开放的方案等各项研究。其中西部对西开放方案的政策建议，以中信董事长荣毅仁副委员长和新疆宋汉良书记的名义在1988年12月末呈送邓小平后，于1989年1月初获得国家领导人的高度肯定，最后落实为1990年的西部主要边境口岸对边境贸易的开放政策。

后来我在中信国际研究所和国家体改委经济体制与管理研究所旗下，继续推进西部研究，历年来走遍了西部12个省区市。其中新疆、甘肃、云南、贵州都走了12次以上。

说这些话是要说，鄂西的恩施州，以及湘西的湘西地区，本不在国务院扶贫办界定的西部范围内，但是因为紧邻西部省区，又位于与渝东和黔东同样的山地，社会经济发展程度与各自所在的湖北和湖南省总体有相当落差，却跟贵州和重庆能比肩。在中部崛起发展政策的前提下，要求鄂西和湘西跟中部一起加速前进，有点勉为其难。因此这两大山地地区，比照西部享受西部发展政策加大了力度的支持。

鄂西的恩施州，我没有去过。按照常理我没有发言的资格。不过这次不是就恩施州的反贫困和发展的具体过程发言，而是应贺东航教授的邀请，就湖北恩施市的龙凤镇综合扶贫改革研究，做一个发言。这是坐而论道，不算对没有感知和经历的实际指手画脚，因此冒昧说两句。

东航原是华中师范大学中国农村研究院教授、博士生导师，也是国家林业局中国林业改革发展研究基地主任。之前我们就恩施的扶贫发展有过交流。我在江汉平原与大别山接壤的湖北贫困县红安做调研时，也盘算过适合武汉游客需要的作为避暑度假资源的大别山以及恩施的夏季避暑的气候资源。

我在新疆的塔城、伊犁州和喀什地区、宁夏、甘肃陇南、四川攀枝花、云南德宏和红河州、内蒙古呼伦贝尔、重庆九龙坡区、山东东营黄河三角洲地区等地方做区域发展战略研究时，从来不忽略与经济关联的社会和环境事务。因为贫困并不是经济单维度的问题。因此，我不相信仅仅设法提高经济收入或者现金收入，贫困地区就能摆脱贫困。

一个流传甚广的段子说，有人在陕北黄土高原问一孩子，放羊干啥？回答说挣钱。挣钱干啥？娶媳妇。娶媳妇干啥？生孩子。生孩子干啥？放羊。

如果永远文盲、半文盲，只能从粗放的种植或者养殖上，通过对土地和自然环境的压榨来谋生，贫困是会自我循环的，也不得不自我循环，甚至恶性循环。只有通过学习掌握技能和种植养殖之外的其他技能，提高效率，才有可能逐渐摆脱贫困，而且帮助自然环境恢复。贵州毕节石漠化导致贫困加剧，而种树种草改善了自然环境，便利植被恢复，经济林和灌木、草本植物的繁茂又促进了多种经营的现金收入。如此的改恶性循环为良性循环，才是扶贫正道。这可不是单打一的经济措施能奏效的。1980年代中期胡耀邦号召大西北种树种草，着眼的正是改善大西北缺乏植被又是干旱半干旱的自然环境，以此来包抄西北贫困顽固性存在的后路：越穷越砍，越砍越旱，越旱越穷。我在甘肃渝中北山调研时也发现，集雨的水窖在常年则有利于调整家庭种植养殖结构，利于童山濯濯的黄土岭上退耕还林还草；旱年则能保证人畜饮水和基本生存。

为此，在西部实地调研时，我一般都会翻阅当地的地方志，从历史资料文献中寻找有用的线索来启发思路。1996年为北京天则经济研究所承担西北水利体制改革案例研究时，西海固首先推广的集雨水窖，其历史由来我在银川和兰州也查找了一番。

恩施市龙凤镇推行的是综合扶贫改革。综合扶贫措施并不是单打一的经济刺激措施。

正如晏阳初和梁漱溟在华北推行的乡村建设行动，实际上也是一揽子的综合扶贫发展措施。乡村建设先驱们的做法是招募有志之士，通过培训，到乡村推行村民教育，培训农技和其他技能，革除乡村陋习（如求神拜佛、吸毒、女孩缠足、男女孩都早婚等），推广合作社以提高农业效率。也就是说，一圈工作做下来，最后的突破在于"团体组织、科学技术"。所谓"团体组织"，就是把分散谋生的农民组成合作社；而"科学技术"就是改良农业品种、提倡植树造林等。

乡村建设前辈们，不主张在乡村直接办工业，尤其是不在村庄直接办工业，而试图从农业生产、农民消费两方面来刺激工业发展，拉动内需，以市场拉动工业的自然生产。

先创造出需求，再以此拉动工业的孕育和发展。如此的互动，建立在农村经济社会的复兴和合作化之上。

现在看来，乡镇企业办在村里，的确导致了污染普遍化的后果，前人的远见的确值得深思。不过如果村民注重环保，则情形又未必排斥工业办在乡村。

恩施龙凤镇的综合扶贫改革，我觉得在贺东航教授带领的团队的智力支持下，走的是接近晏阳初、梁漱溟两位前辈的乡村建设发展路径。

在恩施市龙凤镇开展综合扶贫改革试点，是中央决策，李克强总理有重要指示。加快恩施市龙凤镇城乡统筹发展，是为给连片特困地区和少数民族地区探索扶贫新路径。

作为国家、省、地区和恩施市四级政府关注和重视的试点项目，各级领导同志都给了关注和支持。湖北省政府的基本要求是，按照城乡统筹的要求，以武陵山片区区域发展与扶贫攻坚规划为引领，以综合扶贫改革为抓手，以创新体制机制为动力，以特色城镇化和特色产业化为"双轮驱动"，大力开展扶贫搬迁、移民建镇、退耕还林、产业结构调整，以区域发展带动扶贫开发，以扶贫开发促进区域发展，加快推进恩施市龙凤镇实现扶贫攻坚目标，为连片特困地区以及少数民族地区综合扶贫探索路径，积累经验。

从龙凤镇综合改革关联到的具体内容看，移民并村的同时退耕还林，一来降低公共服务分散摊开的成本，二来恢复和改善生态环境；根据通盘规划布局实现功能定位以利各种种植养殖以及经营模式包括乡村旅游、有机农产品等发挥作用，激活经济、创造就业；激活要素市场，如劳动力、土地等市场，引进金融为之提供后续的必要服务。

城镇化方面的生态文明村建设帮助乡民融入城市；而特色产业扶贫实际上就是强化竞争力；小水利和饮用水不仅有助于经济发展，也改善公共卫生，全球贫困的指标之一，就是缺乏清洁饮用水；退耕还林的草业，则支撑了畜牧业的发展；交通改善便利了民众生活和对外经济交流；村医村教进入村委领导群体则利于乡村文教卫生事业服务功能的增进；人才支持项目对于乡村经济发挥潜力能起到重要作用，因为高考中考制度以及进城打工，总体上使得中国乡村的乡土人才外流；法律顾问制度化解乡村邻里关系的疙瘩；高校的智力支持为地方发展探索道路。所有这些，均不是头痛医头、脚痛医脚的单一扶贫措施，而是环环相扣、互为支撑的综合扶贫和改革。

实际上以我30年来在中国西部贫困地区发展改革方面的经历来看，一个省内高校团队和学者群，长期挂钩跟踪本省一个改革试点地区的进展并提供智力支持，这本身就是一个创新。学者可以超脱地方利益的角度看待试点地区的发展大局，同时自己也从鲜活的社会经济发展过程中汲取学术养料推动自己的成长。而对于试点地区来说，视野开阔的学者，能从省内、国内甚至国外的经验案例中为本地的改革发展提供符合本地需要的发展改革思路；也能通过与作为第三方的学者的交流互动，使下情与高层的决策层有较好的沟通。

恩施州王海涛书记，之前任林业厅领导。他也提及，"提到山区农民'市民化'问题，也就是'人'的问题，我认为，'人'的问题还包括山区地方干部的素质问题，龙凤的综合改革试点是一个十分巨大的工程，也是一项有着历史意义的'试验'，需要多方面的突破和创新。关键是干部队伍要有较高的素质，有很强的创新理念。因此，本地干部要增强分析问题和解决问题的能力，解放思想、打开思路"。干部作为决策者和带头人，提高施政素质，多谋划基层发展的问题，对于一个地方的社会经济发展，是起重要作用的。从这个角度看，高校团队与地方各级官员多层面定期交流，也是有益的。

以我个人参与的部分研究为例，新疆塔城，我只去了两趟；内蒙古呼伦贝尔，我只去了三趟；喀什满打满算也只是四趟。对于中央智囊机构人员，面对西部各省区政府的需求以及中央决策研究的需要，长期定点观察关注一个地区，也是不可能的。因此，我们无法长期关注一个地方扶贫改革发展的全过程，只能间或侧重了解一下情况，于是再转移观察的目标。

而东航教授原来所在的华中师范大学中国农村研究院的团队，有便利条件长期参与和关注省内一个地方的扶贫与改革发展。而且华中师范大学中国农村研究院的研究实力不可低估，也是中国农村改革发展研究的一个重镇，其在农村发展研究领域的影响力，比起26年前王岐山和林毅夫、陈锡文所在的国务院农研中心发展研究所、中国社会科学院农村发展研究所的影响力也不小。

现在贺东航教授作为特聘教授到厦门大学工作，也把"华中风格"带到这所国内外著名的高校里，将其主持的湖北省恩施市龙凤镇综合扶贫改革研究推动到了一个新的研究阶段。目前，他的团队正结合实地调研和案头工作，准备出版一本书作为阶段性成果，来总结归纳前一阶段的体会和经验。我觉得，通过这个归纳总结，无论是学者团队也好，地方领导层也好，基层的村民也好，都能好好审视一下过往的措施和做法，在我们国家新一代领导集体的新政各项方针路线指引下，该针对新的形势需求，做何种调整来继续推进恩施地区的发展。

特此恭贺恩施龙凤镇以及东航带领的专家团队，继往开来，奔向新的目标。

邹蓝
2014年8月28日
深圳湾畔

总论

恩施州位于湖北省西南部山区，集革命老区、少数民族自治地区、边区以及欠发达地区于一身，经济社会发展相对滞后。长期以来，党和政府十分重视包括恩施在内的老少边穷地区的发展，不断加大扶贫力度，投入了巨大的财力、物力和人力。受惠于国家反贫困政策的大力实施，恩施州的经济社会发展已取得了巨大的成就。然而与较发达地区相比，恩施州的经济社会发展差距依然不小。随着扶贫工作的不断深入，像恩施这样的老少边地区反贫困工作面临的难度越来越大，脱贫目标的实现也越来越难，扶贫工作进入到了啃硬骨头的攻坚阶段。面对新的反贫困形势，我们必须改革扶贫工作方式，完善扶贫工作机制，形成"以改革促发展，以发展反贫困"的综合扶贫新模式，从而推动贫困地区经济社会生态的全面协调发展，尽快摆脱贫困局面，尽早实现党的十八大提出的全面建成小康社会的宏伟目标。

2012年12月，李克强总理时隔四年再次来到湖北恩施视察，作出了"实施退耕还林和移民建镇、扶贫搬迁、生态补偿、危房改造、产业结构调整相结合的综合试点"的重要指示。以此为契机，在国家、省、州、市的领导下，按照"以龙凤为点、恩施为片，在退耕还林、扶贫搬迁、移民建镇、产业结构调整等方面先行先试"的要求，以恩施市龙凤镇为中心的综合扶贫改革试点工作于2013年迅速启动展开。于是，率先探索集中连片特困地区以及少数民族地区经济社会发展道路的历史重任落在了恩施这片热土上。

2013年作为恩施综合扶贫改革试点的开局之年，搭台子、组班子、打基础、作规划是工作重点。预计到2017年，试点区域生态建设及产业发展将取得明显成效，人民生活将得到明显改善，主要经济指标和居民收入增速将高于全省平均水平。通过体制机制创新，试点区域将建成全国综合扶贫改革示范区、"四化同步"① 建设示范区、生态文明建设示范区和民族团结进步示范区，在恩施州率先全面建成小康社会。

我们坚信，伴随着国家的发展重点更多地转向中西部地区和农村地区，以及新型城镇化建设、集中连片特困地区扶贫攻坚等一系列发展战略的深入推进，特别是借助综合扶贫改革的东风，恩施市加快经济社会发展的大好历史机遇已经来临。

第一节 综合扶贫试点的重大意义

一 恩施扶贫的历史与现状

消除贫困，改善民生，实现共同富裕，是社会主义的本质要求。新中国成立后，党和政府高度重视贫困地区发展，千方百计增加贫困人群收入，长期致力于扶贫减贫工作，先后出台了一系列有针对性的扶贫政策、文件。这些政策的演变大致经历了三个阶段：一是20世纪80年代以前的救济式扶贫。这一时期扶贫政策的一个显著特点就是对受灾地区进行紧急救济，由民政系统具体负责实施，通过物资投送解决贫困群体的基本生存条件。二是20世纪80年代到21世纪初的开发式扶贫。在这一期间，政府扶贫的战略重点是加快贫困地区整体经济实力的增长。通过这种区域经济增长的

---

① "四化同步"即是2013年党的十八大报告提出的坚持走中国特色新型工业化、信息化、城镇化、农业现代化道路，推动信息化和工业化深度融合、工业化和城镇化良性互动、城镇化和农业现代化相互协调，促进工业化、信息化、城镇化、农业现代化同步发展。

带动，区域内贫困人口逐步脱贫，自我发展能力不断提高。三是2010年以来的综合式扶贫。该时期，许多原有的贫困人口已脱贫致富，剩下的贫困人口主要集中于连片的跨省、跨区域的山地地区。因此，本阶段扶贫对象的重点也逐渐转到这些极度贫困的地区和人群，扶贫的主要任务是巩固温饱成果、加快脱贫致富、改善生态环境、提高发展能力、缩小发展差距。

一直以来，恩施都面临着极为繁重的扶贫任务。在过去的近30年里，恩施的扶贫工作与国家扶贫政策的演变相适应，大体上经历了救济式扶贫、基础开发式扶贫、参与式整村推进，再到今天正在推进的综合扶贫几个阶段：一是大规模有组织扶贫计划的开展阶段（1986—1993年）。1986年，我国开始实施专项扶贫。同年，恩施被明确为国家级重点贫困地区。为此，恩施州成立了专门的工作机构，出台了相关政策并投入大量扶贫资源。经过全州人民的共同努力，恩施州的农村贫困人口下降了近一半。[①] 二是"八七扶贫攻坚计划"阶段（1994—2000年）。《国家八七扶贫攻坚计划》明确提出要到2000年年底基本解决农村贫困人口的温饱问题。为此，恩施明确目标和责任，加大扶贫力度，累计解决124.11万人的温饱问题，农村贫困发生率由39.91%下降到5.9%，基本实现《国家八七扶贫攻坚计划》所确定的目标。三是农村扶贫开发纲要的实施阶段（2001—2010年）。《中国农村扶贫开发纲要（2001—2010年）》实施后，恩施州八县市被确定为国家扶贫开发工作重点县，恩施的扶贫又迎来一次新的攻坚战。全州按照"政府引导、社会参与、多方筹资、共同扶贫"的原则，以"片区规划、县为单位、整合资源、综合开发、整体推进"的工作方式，调动全社会各方力量共同参与扶贫开发工作，在资金整合和机制探索创新方面取得了明显成效。贫困人口由2001年的205.58万人下降到2010

[①] 以年收入206元的绝对贫困标准计算。

年的120万人，下降率达到41.6%。① 四是从2011年至今开始的新一轮综合扶贫攻坚战。进入扶贫新时期，国家将贫困线标准由原来的1196元大幅提高到2300元。中央不仅提出了脱贫的要求，而且还提出了致富的要求，到2020年要全面建成小康社会。为此，国家将重点加快推进集中连片特困地区的扶贫工作，并确定了包括恩施所在的武陵山区在内的14个集中连片特困地区。在此背景下，恩施州抢抓战略机遇，启动了恩施市"龙凤扶贫综合改革试点"和"龙山来凤经济协作示范区建设"，坚持以改革促发展，以发展反贫困，通过充分释放改革带来的发展红利和巨大潜力，早日实现恩施人民几辈子的脱贫致富梦。

经过几十年的艰苦努力，恩施的扶贫取得了辉煌的成绩，全州的贫困面貌发生了翻天覆地的变化。仅仅在恩施州成立的30年里，全州共向上争取各类财政扶贫资金79.89亿元，其中新增财政扶贫资金10.75亿元，信贷扶贫专项资金27.4亿元，小额信贷扶贫资金4.9亿元，老区建设资金1.67万元，以工代赈资金12.78亿元，少数民族发展资金3.59亿元，农业部部援财政专项资金18.8亿元，按不同时期的不同扶贫标准，累计解决了307.39万人的温饱问题。② 这是一个了不起的成绩！

然而，在肯定成绩的同时我们也应当看到，恩施的扶贫工作仍然面临着十分复杂的形势和艰巨的任务。一是恩施的贫困面还比较大，贫困程度不一，绝对贫困数还占有较大比重。二是恩施地区的道路交通、群众生产生活方式、教育医疗水平等众多阻碍发展的问题还没有得到根本性的解决，这些困难使得恩施的返贫率较高，脱贫工作难度增大。三是经过多年的"撒胡椒面"式的扶贫后，扶贫的对象和目标变得越来越复杂，传统的扶贫方式需要加以改进，

---

① 以年人均1996元的贫困标准计算。
② 《沧桑巨变铸辉煌——恩施州30年扶贫攻坚纪实》，《湖北日报》，2013年8月14日，第11版。

扶贫的精准度需要提高。因此，恩施的扶贫工作还有很长的路要走，特别是扶贫的工作方式需要不断细化，扶贫的内涵和范围需要扩展到经济、社会、文化、生态等多个方面。

二 综合扶贫改革的提出

面对集中连片贫困地区的扶贫攻坚任务，国家已逐步形成科学化、全面化、精准化"综合扶贫"的新理念和新思路。2011年12月，中共中央、国务院印发的《中国农村扶贫开发纲要（2011—2020年）》就特别指出，要"坚持扶贫开发与推进城镇化、建设社会主义新农村相结合，与生态建设、环境保护相结合，充分发挥贫困地区资源优势，发展环境友好型产业，增强防灾减灾能力，提倡健康科学生活方式，促进经济社会发展与人口资源环境相协调"。2013年1月，全国扶贫开发工作电视电话会议召开，这次会议宣布正式启动全国集中连片特困地区区域发展与扶贫攻坚规划，集中连片特困地区的扶贫成为新阶段我国扶贫工作的重点。新时期的扶贫工作进一步拓宽了扶贫领域，将扶贫开发与经济社会建设统筹兼顾，以实现贫困地区的科学发展。2014年1月，中共中央办公厅、国务院办公厅印发了《关于创新机制扎实推进农村扶贫开发工作的意见》（以下简称《意见》）。该《意见》进一步明确："扶贫开发工作要进一步解放思想，开阔思路，深化改革，创新机制，使市场在资源配置中起决定性作用和更好发挥政府作用，更加广泛、更为有效地动员社会力量，构建政府、市场、社会协同推进的大扶贫开发格局，在全国范围内整合配置扶贫开发资源，形成扶贫开发合力。"

"综合扶贫"的实质是，将过去单一的以"解决温饱式"为主的扶贫提高到了消除城乡二元差距，推进城乡一体化发展的战略高度，将扶贫开发与推进新型城镇化、建设社会主义新农村相结合，与生态建设、环境保护相结合。今后，扶贫的目标内容将在过去单纯实现贫困人群的温饱和提高收入的基础上，增加居住交通、教育医疗、养老保障、文化娱乐等一系列综合的公共服务和民生等项目。新时期的扶贫工作要求我们从科学发展的战略高度，统筹政府、市场、社会资源，把反贫困与经济社会可持续发展结合起来。这正是恩施市龙凤镇综合扶贫改革试点的时代背景。

从扶贫的角度来看，致贫因素可概括为历史传统、地理区位、生产方式、科学技术等自然客观因素和人口素质、社会组织、政府服务等人为主观因素。随着国家财力的增加和生产力，特别是科学技术水平的提高，造成贫困的这些客观因素在扶贫中的重要性逐渐降低。而提高贫困群体的素质，改善贫困地区的社会组织管理，转变政府治理方式，最大限度地增强贫困地区的自主发展能力成为我国目前扶贫工作新的改革方向。也就是说，在今后的扶贫工作中，如何改革和完善贫困中的人为主观因素成为扶贫工作新的核心内容和重点方向。因此，在这种新的反贫困形势下，我们就要大力推动"综合扶贫改革"。通过改革、改变与当下贫困状况、与目前历史阶段不相适应的各种体制机制，将改革作为扶贫的根本动力，将改革作为扶贫的根本手段，从而构建政府、市场、社会协同推进的大扶贫开发格局，在全国范围内整合配置扶贫开发资源，构筑扶贫开发合力，最终形成"以改革促发展，以发展反贫困"的新的扶贫路径。

"综合扶贫改革"新理念是在总结我国长期反贫困经验教训的基础上产生的。它既强调经济生活改善对脱贫的重要意义，也注重基础设施建设、生态环境保护、体制机制改革等对贫困地区可持续发展问题。"综合扶贫改革"试图将改革作为扶贫事业发展的根本动力，从而形成反贫困与地区和谐发展相结合的综合式扶贫新模式。这与新阶段我国扶贫工作加强对集中连片特困地区的扶贫战略是相适应的。

三 恩施市龙凤镇综合扶贫改革试点的重要意义

随着我国社会经济的发展以及几十年来坚持不懈的扶贫努力，2亿多人得以脱离贫困，这是举世瞩目的成就。然而应当清醒地看到，我国中西部地区依然存在着众多贫困地区和贫困人口。这些地区的经济发展水平和社会建设与全国平均水平相比仍然有较大差距。这与党的十八大提出的到2020年全面建成小康社会的战略目标是不相适应的。为加大对这些中西部集中连片贫困山区的扶贫开发力度，国家在《中国农村扶贫开发纲要（2011—2020年）》中明确将六盘山区、秦巴山区、武陵山区、乌蒙山区、滇桂黔石漠化区、滇西边境山区、大兴安岭南麓山区、燕山—太行山区、吕梁山区、大别山区、罗霄山区11个区域和已明确实施特殊政策的西藏、四川藏区、新疆南疆三地州作为扶贫攻坚主战场。

与全国平均水平相比，目前，我国中西部连片贫困地区发展明显落后。从人均地区生产总值看（图1），2010年，全国11个集中连片山区的人均地区生产总值全部都没有达到全国平均水平的一半，大部分地区的人均地区生产总值仅占全国的三成到四成。人均地区生产总值最低的乌蒙山区甚至连全国平均水平的1/4都不到。由此可见，这些贫困地区的经济基础十分薄弱。

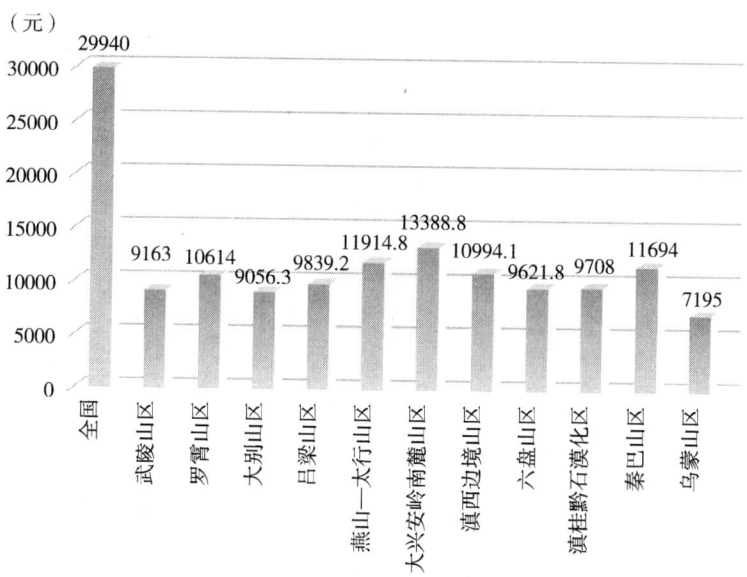

图1　2010年11个连片山区人均地区生产总值与全国平均水平统计

资料来源：整理自国家扶贫办11个集中连片山区的《区域发展与扶贫攻

坚规划（2011—2020年）》。为贯彻落实《中国农村扶贫开发纲要（2011—2020年）》，2013年国家扶贫办联合国家发展和改革委员会分别编制发布了11个集中连片山区的《区域发展与扶贫攻坚规划（2011—2020年）》。详情参见国家扶贫办网页：http：//www.cpad.gov.cn/publicfiles/business/htmlfiles/FPB/fpgh/index.html。全国数据引用自《国家统计局关于2010年年度国内生产总值（GDP）初步核实的公告》中的人均国内生产总值数，地区生产总值是用于地方的统计名称，与国内生产总值在内容上等同。图2—图6资料来源同此。

从城镇化率看（图2），2010年全国城镇化率达到49.7%。然而11个连片山区的城镇化率均未超过40%。武陵山区、燕山—太行山区、滇西边境山区、六盘山区、滇桂黔石漠化区和乌蒙山区6个地区的城镇化率甚至低于30%，城镇化建设和社会发展处于较为落后的状态。

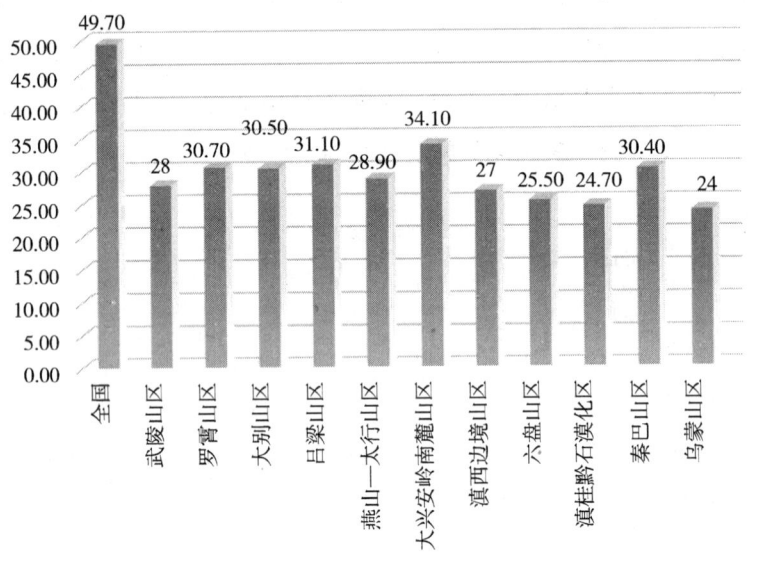

图2　2010年11个连片山区与全国城镇率统计对比

从较能体现农民生活水平的农民人均纯收入看（图3），2010年全国农民人均纯收入是5919元。① 在11个集中连片山区中，除

---

① 源自2011年2月28日国家统计局发布的《中华人民共和国2010年国民经济和社会发展统计公报》。

大别山区和秦巴山区外，其他山区农民人均纯收入均不到全国平均水平的2/3。这表明，这些山区的农民生活普遍处于贫困状态。

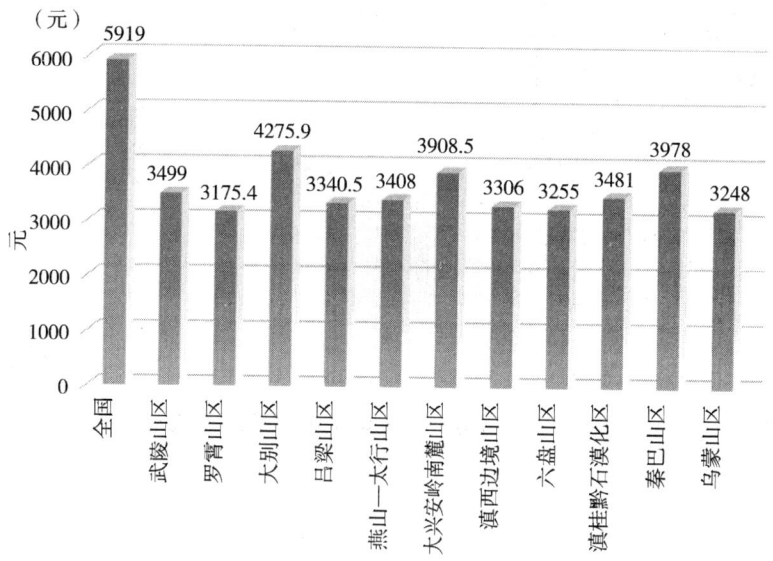

图3　2010年11个连片山区与全国农民人均纯收入统计对比

产业结构体现了农业、工业以及服务业三者之间的结构关系，它在一定程度上能反映出地区经济发展水平和发展后劲。从产业结构状况看（图4），2010年全国三产业比是10∶47∶43。11个连片山区的产业结构比中，第一产业占比均在20%左右，农业占比普遍偏高。最高的大别山区，其农业占比高达32%，接近1/3。武陵山区的农业占比达到22%，但其第三产业在11个连片山区中是最高的，达到41%，具有较好的发展潜力。因此，武陵山区有条件在扶贫的重点——产业发展上寻求突破。

从城乡收入差距看（图5），2010年在11个集中连片特困地区中，除大兴安岭南麓山区和大别山区外，其他地区城乡收入比均超过3.0，其中最高的滇西边境山区的城乡收入比高达4.1。2010年，武陵山区的城乡收入比为3.04，在11个集中连片山区中，武陵山区的城乡收入差距相对较小，有利于城乡统筹，协调发展。

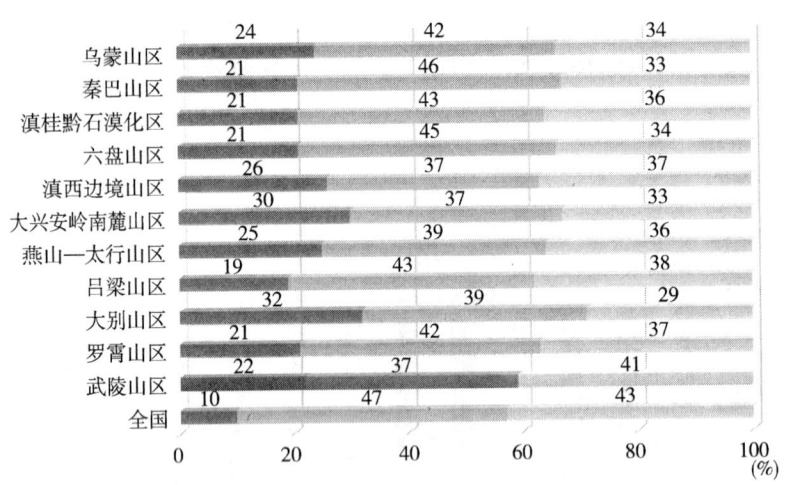

图4 2010年11个连片山区与全国产业结构情况对比

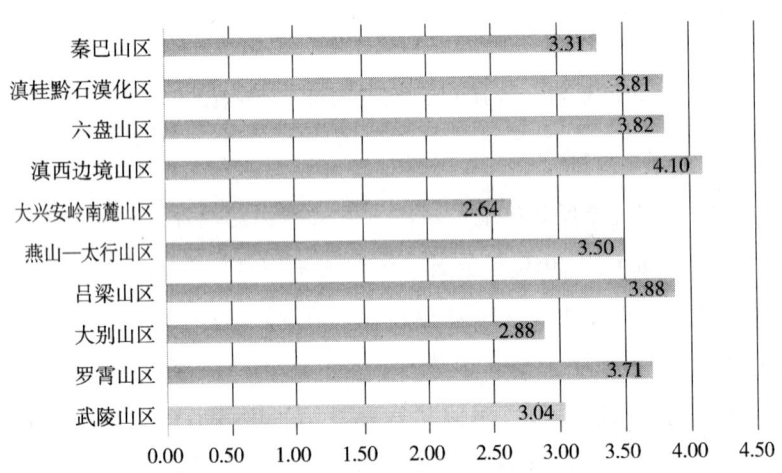

图5 2010年11个连片山区城乡收入比统计

从贫困发生率看（图6），2010年全国贫困发生率是2.8%。[①]但11个连片山区的贫困发生率则普遍超过10%，远高于全国水

---

① 以年人均1274元的扶贫标准计算。除标注外，下同。

平。贫困发生率最高的吕梁山区竟然高达 18.3%。从图 6 中可以看出，武陵山区的贫困发生率是 11.21%[①]，与 11 个连片山区平均贫困发生率较为接近。

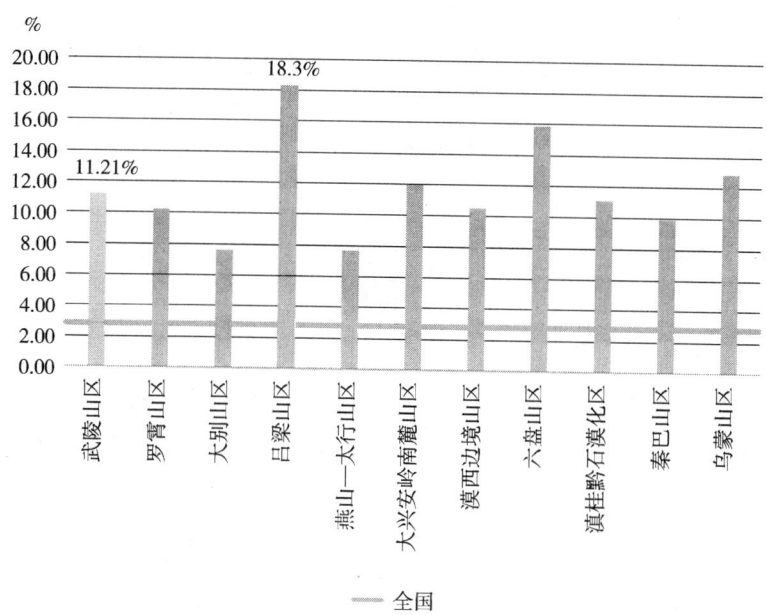

图 6　2010 年 11 个连片山区与全国贫困发生率统计对比

以上分析表明，加大对这些集中连片山区的扶贫力度，促进这些山区经济社会加快发展已上升为新阶段我国扶贫工作的重点。2013 年 1 月召开的全国扶贫开发工作电视电话会议正式宣布启动全国集中连片特困地区区域发展与扶贫攻坚规划。

武陵山区绵延渝、鄂、湘、黔 4 省，面积约 10 万平方千米，全区几乎全由褶皱的山峰组成，一般海拔高度在 1000 米以上。因地质与地形、自然条件、经济生活、民族文化等多方面的原因，武陵山区集革命老区、民族地区和贫困地区于一体，是跨省交界面大、少数民族聚集多、贫困人口分布广的连片特困地区，其贫困状

---

① 2009 年数据，以年人均 1196 元扶贫标准计算。

况在集中连片山区具有很强的代表性，一直以来是我国扶贫工作的重点地区。

多年来，党中央和武陵山区所在的湖北、湖南、重庆、贵州等地方都十分关心武陵山区的扶贫和发展，投入了大量的资源并开展了许多项目。经过几十年的不懈努力，武陵山区的扶贫工作取得了较好的成绩，为经济社会发展打下了一定的基础，也为国家在集中连片特困地区区域发展与扶贫攻坚战略的实施上创造了先行先试的良好条件。目前，武陵山区一方面在集中连片山区的贫困形势上具有很强的代表性；另一方面在调整优化产业结构和缩小城乡收入差距等方面也走在了前列，可以承担起集中连片特困地区区域发展与扶贫攻坚的试点任务。

综合以上分析，经过多年的大力扶贫，恩施所在的武陵山区在中西部山区的脱贫发展中积累了一定的发展基础，具备了加快综合扶贫改革试点、推动集中连片地区和老少边穷地区脱贫致富的条件。更重要的是，在武陵山区的恩施推动集中连片地区区域发展与扶贫攻坚试点，可以寻求脱贫突破、探索致富道路、积累可向其他地区推广综合扶贫的经验。这对中西部集中连片贫困地区的扶贫攻坚工作具有全局性的战略意义。

正是在这种大背景下，2012年12月，李克强总理重回恩施视察，要求恩施在扶贫搬迁、移民建镇、退耕还林、产业结构调整等方面先行先试。所以，恩施市龙凤镇综合扶贫改革试点的重大意义就在于，怎样通过新型城镇化和特色产业发展"双轮驱动"，推进政治、经济、文化、社会和生态"五位一体"发展，带领恩施人民实现脱贫致富；怎样以龙凤为点，以恩施为片，在扶贫攻坚、退耕还林、产业升级、城镇建设及一系列体制机制改革等方面取得明显成效，为中西部连片特困地区脱贫致富积累经验、提供示范。

总之，恩施龙凤镇综合扶贫改革试点不仅是为恩施地区自身的脱贫和快速发展找到一条道路，更要为全国集中连片特困地区综合扶贫开发探索路径。从这个角度出发恩施市龙凤镇的综合扶贫改革试点不仅承载了恩施未来的发展，更是党中央、国务院和湖北省赋予恩施的重大历史使命。

第二节 综合扶贫试点的政策优势

因其区位特点及在国家新一轮扶贫开发中肩负特殊使命，目前，试点已获得了多项国家和省级政策的支持。

一 国家政策

（一）武陵山集中连片特困地区扶贫攻坚

恩施地处鄂渝湘黔毗邻的武陵山少数民族地区，这一地区是我国内陆跨省交界地区面积最大、人口最多的少数民族聚居区，是集"老少边穷"于一体的欠发达地区，一直以来是国家和湖北省扶贫工作的重点地区。2011年2月，湖北武陵山少数民族经济社会发展试验区在恩施正式启动。2011年5月，国家颁布实施《中国农村扶贫开发纲要（2011—2020年）》，将武陵山区作为全国集中连片困难地区之一，纳入到国家层面开展扶贫开发攻坚。2011年10月，国务院正式批复了《武陵山片区区域发展和扶贫攻坚规划》，该《规划》明确了武陵山片区区域发展和扶贫攻坚的总体要求、空间布局、重点任务和政策措施，是指导武陵山片区区域发展与扶贫攻坚的重要文件。2013年12月发布的《湖北武陵山少数民族经济社会发展试验区发展规划》则进一步明确要求将包括恩施在内的试验区建成全国少数民族自治地区的先进地区、武陵山区脱贫致富先行区、鄂西生态文化旅游示范区。中央和湖北省的集中连片特困地区扶贫政策为恩施注入了发展活力。

（二）西部大开发战略

我国西部地区面积广大，自然资源丰富，加上西部地区聚集了大部分少数民族，因此战略位置十分重要。由于自然、历史、社会等原因，西部地区经济社会发展长期处于相对落后的状态。这种东西部地区发展差距的历史存在和过分扩大，已经成为一个长期困扰中国经济和社会健康发展的全局性问题。2000年10月，中共十五届五中全会通过的《中共中央关于制定国民经济和社会发展第十个五年计划的建议》将实施西部大开发、促进地区协调发展上升为一项战略任务。2001年3月，九届全国人大四次会议通过的《中华人民共和国国民经济和社会发展第十个五年计划纲要》从国家政策的层面，正式对实施西部大开发战略进行了具体部署。在2010年7月新一轮西部大开发会议上，国家发改委将武陵山区确定为新一轮西部大开发战略6个重点区域之一。

恩施是湖北省唯一的少数民族自治州，也是全省唯一划入西部大开发的地区。自西部大开发战略实施以来，沪渝高速公路、西气东输工程、渝利铁路、边区支线机场等一大批重大基础设施建设逐步改善了恩施的基础设施和交通条件，为恩施的发展奠定了良好的基础。

（三）新型城镇化战略

城镇化是人口持续向城镇集聚的过程，是世界各国工业化进程中必然经历的历史阶段。纵观当今世界发达国家的发展历程，我们不难发现，现代化是伴随着城镇化的实现而逐步实现的，城镇化水平的高低可以反映一个国家现代化水平的高低。城镇化是经济社会发展的一个重要动力。然而，人类城镇化的历程并不是一帆风顺的，传统的城镇化模式引发了人口过度膨胀、进城不致富、交通拥堵、农业凋敝、环境资源难以承载等一系列问题。因此，城镇化作为新时期我国现代化建设的历史任务，作为扩大内需的最大潜力，绝不能走老路，而必须走新型城镇化道路。新型城镇化是指坚持以人为本，以新型工业化为动力，统筹城乡发展，推动城市现代化、城市集群化、城市生态化、农村城镇化，全面提升城镇化质量和水平。2013年12月，中央城镇化工作会议，对明确提出了从推进农业转移人口市民化、提高城镇建设用地利用效率、建立多元可持续的资金保障机制、优化城镇化布局和形态、提高城镇建设水平、加强城镇化的管理这6个方面对我国城镇化建设作出了战略部署。其中，推进农业转移人口市民化，解决好"人"的问题是推进新型城镇化的关键。①

目前，我国城镇化率已超过50%，城镇化进入加速发展的新时期。2012年，恩施市城镇化率仅为46.75%，比湖北省平均水平落后6.75个百分点，但差距也意味着巨大的发展潜力。有理由相信，在中央推进新型城镇化建设的历史进程中，恩施必将大有作为。

（四）中部崛起战略

中国中部地区包括河南、湖北、湖南、江西、安徽和山西6省。这些省份资源丰富，工业基础较为雄厚，科技文化厚重，长期以来发展势头良好。然而，改革开放以来，特别是20世纪90年代，由于历史和社会等原因，中部地区与东部沿海地区的发展差距逐渐扩大。随着西部大开发战略的实施，西部地区的发展也大有超越中部地区之势。在这种背景和形势下，中部地区在全国的发展态势中呈现出一种"塌陷"的状况。为了促进中部地区加快发展，2004年3月，温家宝总理明确提出中部崛起战略问题。2006年，《中共中央国务院关于促进中部地区崛起的若干意见》颁布实施后，中部地区发展进入新的历史阶段。2009年9月，国务院召开常务会议，讨论并原则通过了《促进中部地区崛起规划》（以下简称《规划》）。该《规划》明确了中部地区在我国粮食生产、能源原材料供应、装备制造业以及综合交通运输等方面的定位，明确了中部地区在经济社会发展格局中占有重要地位。实施促进中部崛起

---

① 新型城镇化是相对于传统城镇化而言的，后者因较侧重于城镇规模和人口的扩大可能导致实际运作中产生资源浪费、环境污染等问题，而新型城镇化更关注城镇质量的优化与探索适应不同区域特点的发展模式。具体政策要求可参见中共中央国务院印发的《国家新型城镇化规划（2014—2020年）》，其中提出要走"以人为本、四化同步、优化布局、生态文明、文化传承"的中国特色新型城镇化道路。

战略以来，中部6省发展速度明显加快，城乡人民生活水平稳步提高。

中部地区是全国的地理中心，而湖北省又处于中部的中心位置。胡锦涛同志、习近平总书记都高度重视湖北发展，要求把湖北建设成为中部地区崛起的重要战略支点。为此，湖北省制定了一系列加快全省经济社会发展步伐的战略措施，加快推进支点建设的进程。湖北省先后深入实施了"一元多层次"战略体系，完善支点框架。大力实施"两圈一带"区域发展、"一主两副"中心城市带动和"四基地一枢纽"产业发展战略，加快推进一"红"一"绿"（"一绿"就是针对西部的旅游和生态而开展的）。两个试验区建设，做强做大市州战略平台，加强不同层次战略之间的融合和跟进，努力实现战略"落地"。因此，作为湖北省的短板，恩施的发展被湖北省寄予了厚望。湖北实施的多项战略政策，都将把恩施的发展放在重要位置。

二 湖北省政策

长期以来，湖北省一直十分重视恩施的经济社会发展。针对恩施地处山区，又集省际边区、苗族、土家族聚居区于一体的地理特征，地方发展长期滞后于全省的实际，出台了一系列的政策措施。

（一）鄂西生态文化旅游圈发展战略

恩施境内山川峡谷风景秀美、地貌独特，旅游资源十分丰富，蕴藏着巨大的开发潜力。同时，恩施市又是土家族、苗族等少数民族聚居区，独特的民族文化和民众风情极具吸引力。2008年11月，湖北省委、省政府作出重大战略决策，决定打造"鄂西生态文化旅游圈"，以激活鄂西地区丰富的生态、文化等资源优势，破解恩施交通、体制、机制等瓶颈障碍，使恩施成为国内著名、国际知名的旅游目的地，使该地区经济社会更好更快地发展。近年来，恩施受益于鄂西生态文化旅游圈的战略决策，交通设施、旅游业发展迅猛。

（二）武陵山少数民族经济社会发展试验区

为了承接国家对武陵山地区一系列的扶贫政策，2011年2月，湖北省在恩施正式启动武陵山少数民族经济社会发展试验区，成为武陵山区所在的渝鄂湘黔四省（市）中第一个启动相关试点的省份。在启动仪式上，省委书记李鸿忠强调，要举全省之力，扎实工作，把武陵山试验区建设好、发展好。试验区确立了"生态立区""产业兴区""开放活区"和"富民稳区"的基本思路。武陵山少数民族经济社会发展试验区的建设，对恩施的特色产业发展、基础设施建设、城乡发展、群众生产生活条件改善、民族关系的和谐等都将产生深远的影响。

（三）"616"对口支援工程

早在2007年9月，湖北省就开始对贫困地区实施"616"对口支援工程，即由1位省委、省政府领导牵头，省直6个单位（4个省直厅局、1所高校或科研院所、1家大型企业）参与，对口支援一个民族县（市），每年至少办成6件较大的实事。2009年，根据"616"对口支援工程的深入实施以及湖北省民族地区经济社会发展的客观需要，省委办公厅、省政府办公厅正式下发了《关于调整"616"工程领导成员及增加对口支援单位的通知》（鄂办文〔2009〕74号），增加13所三甲医院和10所省示范高中对口支援民族县（市），使"616"工程的内涵得到进一步丰富的深化。"616"工程实施以来，由于牵头的省委、省政府领导高度重视，对口支援每个县（市）的单位已由原定6个部门扩展到十几个部门、甚至几十个部门。各对口支援单位竭心尽力，带着对民族地区的深厚感情，真扶贫、扶真贫。每年至少为每个县（市）办成了几件、甚至十几件较大的实事、好事。

恩施的"616"工程由省委书记李鸿忠亲自牵头，由孝感市以及省住建厅、省民宗委、省公安厅、省工商局、人行武汉分行、武汉大学、东风汽车公司、武汉市第十一中学、省中山医院、鄂西圈投、湖北中烟等多个部门和企事业单位对口支援。多年来，各援建单位给予恩施以大力的支持：对口支援工程单位达到68个，总共对接实施项目1024个，支援资金94亿多元，拉动了200余亿元的投入。2013年，仅"616"工程对恩施实施的对口支援项目就有46个，落实项目资金7亿多元。相信随着"616"工程的不断深入实施，恩施从"616"工程中的受益也将越来越大。

总之，在党和政府的深情关怀下，恩施的发展受益于多项政策的扶持。可以预见，国家、湖北省的一系列优惠政策必将有利试点工作的顺利开展。

第三节 综合扶贫试点经济社会发展的后发优势

恩施的发展虽然滞后，但却具有一系列宝贵的后发优势。受惠于一系列中央和省级政策，特别是综合扶贫改革试点的机会，通过采取一些有效手段，试点能够运用最新的发展理念，最好的标准和技术，避开前人走过的弯路，从而以最快的速度追赶先进地区。

一 新的发展理念推动试点科学发展、和谐发展

多年来，我国一些地区重经济发展轻社会文化建设，追求短期经济利益而牺牲环境生态所引发的教训十分深刻。因此，经济与社会"两条腿走路"，"金山银山，绿水青山"，信息化、新型工业化、新型城镇化、农业现代化"四化"同步等许多新的发展理念已逐步深入人心。党中央提出科学发展观，强调以人为本，全面、协调、可持续发展，是将发展的根本目的重新回归人的发展需要这一原始出发点，并逐步形成了政治、经济、社会、文化和生态"五位一体"的发展新理念。试点运用这些科学理念推动工作，必定能走出一条和谐的发展新路。

在这次的综合扶贫改革中，湖北省和恩施地方都十分强调城镇化和特色产业的"双轮驱动"。城镇化与产业化必须要坚持同步发展，这是近年来我国城镇化发展中的一条基本经验，也是人类社会

城镇化发展的必然规律。产业是城镇存在的基础，因此城镇化必须大力发展产业。恩施的综合扶贫改革深刻认识到这一点，避免了走弯路。例如2013年，试点根据原有的资源和产业优势，坚定不移地推动农产品加工业、信息产业、现代物流业、低碳工业等特色产业的发展，目前这些产业逐步具备了支柱产业的雏形，这为恩施今后的发展打下了良好的基础。在城镇化的推进过程中，城镇与乡村的合理分工布局也是十分重要的。试点非常注重根据城镇社区的功能，推动城乡一体化建设。在规划上，试点将城镇建设与产业发展布局相衔接，同时进一步推进公共服务均等化，为城乡一体化建设打下良好基础。

此外，新技术、新标准也将推动试点发展高起点。世纪之交，以信息网络技术、新材料等为代表的高新技术成为经济和社会发展的新引擎。谁率先掌握和使用了新技术、新标准，谁就站在了发展的制高点。得益于现代交通和信息网络，试点可引入全国甚至全球最新的技术和标准。

二 生态与自然资源优势

没有充足的资源，就没有发展的基础，然而资源的界定却与人类生产技术水平的高低紧密联系。特别是重要资源、核心资源的界定是随着时空发展而不断改变的。在农耕文明的时候，由于人类生产水平低下，改造自然的能力十分有限，因此便于种植和运输的平原土地成为最重要的资源。到了工业文明的时候，沿海地带和能源富集地区成为发展的新优势。然而到了生态文明出现的时候，最稀缺、最珍贵的资源可能就是山岳和岛屿，是优美的自然生态环境。特别是在当下雾霾频发、环境污染严重的中国，良好生态环境将会成为地方发展的新优势。湖北省省长王国生就曾指出，"生态是恩施最大的发展优势"。

一直以来，恩施都非常注重生态环境的保护。特别是在目前大发展的阶段，哪怕是牺牲部分短期的经济利益，也坚决要将生态环境保护好。虽然大规模的建设和施工不可避免会影响到生态环境，但试点十分注意在建设施工过程中的生态保护，同时在施工建设完成后注意对环境的恢复。试点也注意挖掘生态资源，大力发展绿色产业。恩施的中药资源、绿色产品、旅游资源十分丰富，试点将充分挖掘这些资源产品的潜力，加快旅游资源开发，拓展旅游业发展空间，注重与景点项目链接。试点还注重风情小镇的打造，延长游客的休闲时间，带动餐饮、宾馆等行业的发展。

三 丰富的历史文化遗产

拥有土家族、苗族民族文化，又构成恩施发展的一大优势。恩施可以深入挖掘这一文化资源优势，大力发展文化产业。只要恩施加大宣传力度，创新推介模式，充分利用信息化和娱乐化手段，将恩施的自然风光、土家儿女会等特色文化打造成文化品牌，充分展现"醉美恩施风景，纯朴土家儿女"的特色风情，就能将民族文化优势转化为一大发展优势。在发展过程中，试点坚持保持民族特色和民俗风情，延续传统的民族文化，增添文化资源。同时试点也将土家族、苗族特色民族文化与恩施的良好生态环境相结合，探索文化娱乐基地、仙居仙游项目、高端会议论坛等文化产业。

四 基础设施日益完善

得益于一系列扶贫政策在项目资金上的投入和支持，恩施在交通设施、城镇建设、医疗教育等多方面得到了较大的改善，从而极大地增强了恩施发展的造血能力，这为恩施的后续发展奠定了较为坚实的基础。"要致富，先修路。"这些年，恩施加快了基础设施建设，特别是不断完善了路网建设。目前，恩施制定了基础交通设施建设发展规划，立足打造公、铁、空等立体交通，打破交通瓶颈。同时，恩施还充分借助综合扶贫改革试点的机遇，大力引进基础设施建设资金，加快基础设施建设，为恩施的综合扶贫和经济社会发展营造良好的环境。恩施降低了资本准入门槛，积极推动 BT 建设模式，将基础设施建设与周边空间地域开发相结合，注重基础设施的相关配套。可以预见，随着综合扶贫改革的不断深入，恩施的发展基础将不断增强。

坐拥如此多的后发优势，只要牢牢抓住机遇，按照城乡统筹、"四化同步"的要求，以《武陵山片区区域发展与扶贫攻坚规划》为引领，以综合扶贫改革为抓手，以创新体制机制为动力，以特色城镇化和特色产业化为"双轮驱动"，大力开展扶贫搬迁、移民建镇、退耕还林、产业结构调整，以区域发展带动扶贫开发，以扶贫开发促进区域发展，不断创新机制，试点的后发优势将充分体现出来。

第四节 综合扶贫试点工作的总体思路

2013年作为开局之年，试点上下群策群力，各方面立足当下实际和长远发展，不仅协调了各层级、各方面的关系，也形成了总体思路。

一 高位推进

自从李克强总理指示在恩施开展试点后，上到中央、湖北省，再到恩施州、恩施市，下到龙凤镇，各级政府部门迅速行动起来，开展改革试点各项准备工作。2013年2月16日，李克强总理对财政部部长谢旭人《关于在湖北省恩施市开展综合扶贫试点的报告》进行批示。3月8日，国务院副秘书长丁学东批示："要认真落实克强同志重要指示精神，做好湖北省恩施市龙凤镇综合扶贫改革试点工作。"3月27日，省政府王国生省长主持召开会议，专题研究试点工作。至此，试点正式确立并形成"国家试点、省级领导、州级组织、市镇实施"的工作模式。

"高位推动"是"我国公共政策制定与执行的重要特征"[①]，它充分体现了我国的制度优势。2013年，湖北省、恩施州和恩施

---

① 贺东航、孔繁斌：《公共政策执行的中国经验》，《中国社会科学》2011年第5期，第75页。

市分别成立了本级政府的"工作领导小组"实施恩施龙凤综合扶贫改革试点工作。各级领导小组成员均覆盖了与试点相关的重要政府职能部门，同时在"工作领导小组"办公室负责人的配备上做好了上下级政府部门的有力衔接。比如省级"工作领导小组"办公室由省财政厅厅长担任主任，负责牵头省级各部门；州"工作领导小组"办公室主任由恩施州委书记担任，直接与省直各部门对接。恩施市的"工作领导小组"成立了试点办公室，专门负责统筹协调改革试点工作。

恩施的改革试点选在了基础条件相对较好的龙凤镇，并将龙凤镇的发展纳入恩施市城区发展的总体规划，将龙凤的改革试点工作纳入全市、全州政府的工作层面。各级领导对试点提出了高要求。湖北省省长王国生要求试点"加快城镇化步伐和发展特色产业'双轮驱动'"，恩施州委书记王海涛则要求试点新型工业化、信息化、城镇化、农业现代化"四化"同步推进。

通过高位推动，目前已掀起了试点的工作热潮。一年来，恩施各部门一方面，通过会议、报告等多种形式向广大政府工作人员进行教育动员，全市上下统一了思想，广大干部热情高涨，干劲十足。另一方面，面对大量艰巨复杂的前期工作，许多部门人员采取"5+2""白加黑"的工作方式加班加点，完成了各项准备工作。

二 有序推进

有关部门充分认识到规划工作对试点发展的极度重要性，大力推进试点的全面规划。2012年李克强总理在恩施的视察工作一结束，恩施市规划局就组织测量人员冒着严寒深入龙马、青堡、吉心3个集镇实地勘察，完成了1∶1000地形图测量工作，提早为规划设计做好了准备。2013年新年伊始，恩施市规划局迅速展开对龙凤、龙马、青堡、吉心4个集镇和10个中心村的规划设计工作。恩施市先后委托武汉市规划研究院、农业部规划设计研究院、湖北省城市规划设计研究院、恩施市城乡规划设计研究院、重庆雅凯斯凯建筑设计有限公司等国内著名的规划设计单位参与试点规划设计工作。在规划设计的过程中，恩施市又先后组织多次专家评审会，邀请国内各方面的规划建设专家、院士对规划方案提出修改完善意见。

2013年，试点办编制了3个总体规划和23个专项规划。这些规划基本涵盖试点的全部区域。试点不仅对龙凤中心城区、核心镇、中心村进行规划设计，同时还对农业产业、现代商贸服务业、信息化产业、旅游业等配套产业和重点工程方案进行专项规划设计。这些规划提出了编制背景，各行业和社会事业发展的指导思想、发展定位、规划目标、重点工作、效益分析以及实施规划的保障措施，对产业和事业的发展作了全面和充分的说明。2013年，试点已基本完成了区域内人口、耕地、林地、饮水、住房等基础数据采集工作，为试点项目建设的开展奠定了基础。已初步谋划了2013—2015年的120个重点项目，计划总投资300多亿元。

三　重点推进

按照总理的指示，也考虑当地的实际情况，试点工作将紧紧围绕扶贫搬迁、退耕还林、移民建镇、产业结构调整等重点内容展开。如前所述，首先，试点对这些重点内容都编制了详细的规划；其次，按轻重缓急，通过具体的项目加以实施。以扶贫搬迁为例，作为重点工作和难点，牵涉面广、过程复杂、周期长，不仅要搬得动、搬得出，迁建后还得住得下、住得稳，其间各种利益交错。试点采取"统一规划、集中安置"的模式，选好安置地点，并对土地和房屋的征收赔偿、迁建过渡期的安置、搬迁后的生计发展等全程进行妥善处置，通过搬迁提高和改善群众生活条件和水平。在产业发展上，一方面，试点大力扶植当地特色产业，加强产业园建设。例如，恩施农产品加工园区紧邻金桂大道和金龙大道，是全省首批20个省级农产品加工园区之一。园区现规划面积达到304.98公顷，以农产品加工为主导，配套仓储物流、科技研发、办公居住等功能,是一个具有恩施特色的生态型农产品加工园区。湖北省农业厅已将试点确定为省级现代农业示范区,将农产品加工园确定为省农业产业化示范园,给予政策上的大力支持。目前,农产品加工园区正在抓紧建设。加工园区的国家富硒产品质检中心主体建筑基本完工,该中心具备富硒食品、富硒农产品、富硒饲料、富硒肥料等六大类1519项产品、2189个参数的检验检测能力,可年检富硒产品10000多个批次,将成为全国性的富硒产品权威检测平台和全州富硒产业发展的孵化器。另一方面,通过市场机制,大力招商引资,拓宽引资融资渠道,把试点产业做强做大。

试点工作的成败以及将来能否给其他连片贫困地区提供经验,关键在于体制机制创新能否突破。为此,试点将重点围绕投融资机制、镇村治理机制、农村产权交易机制、土地综合利用机制、公共服务均等化机制等加快创新。目前,虽然时间只有一年多,但在有的方面已经有所突破。比如投融资方面,已实施扶贫资金整合使用;镇村治理方面,"村医村教"入"两委"、党员干部驻基层、法律服务进乡村等也已落地。

根据当地群众贫困程度的不同,试点也将轻重缓急区别对待,展开精准扶贫。对特困户,试点将通过"输血"方式进行一对一帮扶;对一般贫困群体,将采取大扶贫方式来推动他们的可持续发展。

四 配套推进

试点工作不搞单兵突进,而是进行配套建设,社区群众的生活就业、基础设施、公共服务体系建设一盘棋,努力推进城乡一体化建设。考虑到移民建镇后群众的就业问题,试点非常注意在群众聚居社区进行产业规划,方便群众就业。同时,在每个行政村中心地点建立一所卫生室,卫生医疗服务与州市先进医院挂钩;教育方面除加强软硬件建设外,不同层次的乡村学校与市区学校挂钩,资源共享。

试点社区建设注重与当地的自然生态、历史人文紧密结合起来。龙马集镇距恩施州城35公里，海拔580米，是一片河谷地带，总面积1.4平方千米，居民1500多人。两山之间，一条清水河蜿蜒流淌，田园村舍点缀两岸。湖北省联投集团计划投资3.5亿元，依托独特的山水风光，以"山水养生、土苗风情、龙马精神"为定位，在这里代建一座风情小镇。"田园农舍、土家山寨、盐茶古道、龙马大街"便是龙马风情小镇规划的美好蓝图。以现有的龙马大街为主体，新的龙马将重塑小镇格局，分别建设河道景观区、田园村舍区、盐茶古街区和移民新寨区。上百年的木制民居，新中国成立初期建成的卵石房屋，现代的砖混结构建筑混合在一起，构成了一种特别的文化印记，形成了龙马民域风情浓郁、山区村落古朴的特色。大量的工程建设、住房建设都充分体现了恩施土家族、苗族的文化风情"青瓦白墙木门窗"。新建成的民居房屋设计基本为飞檐翘角、金瓜吊漆、街檐亮柱、外墙漆、坡屋面、民族门窗，土家特色鲜明，然而屋内却一改传统落后的设施设计，建有沼气池、卫生间、厨房，充满着城市的现代气息。恩施龙凤民族的这一特色被2014年湖北省《政府工作报告》列为全省城镇化建设的样板。

上 综合扶贫的基本内容

第一章　扶贫搬迁

以龙凤镇为中心的试点区属于集中连片贫困地区，又是主要的生态脆弱地区，贫困人口多、贫困面广、贫困程度深、扶贫开发任务重，而且多为少数民族聚居区，就地扶贫难度大、成本高，很难从根本上解决脱贫致富的难题。因此，实施扶贫搬迁对于试点区的城镇化发展，保障和改善民生，缩小城乡差距，促进城乡协调发展具有非常重要的意义。为此，试点制定了《湖北省恩施市龙凤镇综合扶贫改革试点扶贫搬迁规划（2013—2017年）》，明确了扶贫搬迁的思路和空间布局，制定了今后5年实施扶贫搬迁的总体要求、目标任务、搬迁对象、安置方式、扶持标准和政策措施。本章针对试点扶贫搬迁实施情况进行考察评价。

第一节　试点区扶贫搬迁的背景

龙凤镇现辖18个行政村、1个居民委员会、148个村民小组，区域国土面积286平方公里，总户数20174户，总人口68663人，其中农业人口17057户59294人、城镇人口3117户9369人，分布有土家族、苗族、侗族等少数民族。由于生计条件差，需通过搬迁扶贫的人口众多。根据2013年3月初进行的扶贫搬迁摸底统计，该镇今后5年内将要陆续搬迁移民10000户约34000人，其中包括扶贫搬迁7699户24822人。[①] 总的来说，目前在龙凤镇需要扶持的

---

① 参见《湖北省恩施市龙凤镇综合扶贫改革试点扶贫搬迁规划（2013—2017年）》，2013年5月，第4页。

贫困群体绝对数量依然很大，减少贫困人口的压力依然很重，扶贫搬迁具有非常重要的意义。

一 恶劣的生存环境

龙凤镇开展搬迁扶贫的最大原因就是当地恶劣的生存条件带来的广泛的农户贫困。在该镇近6万农业人口中，将近一半生活在高山及特别边远地区，这一比重高达48.1%。其中有1000多人居住在生存条件极为恶劣的高山村或边远村，有2230户农户生活在距集镇超过15千米的地区，有1060户距村中心地（村委会、村卫生室所在地）超过5千米，往返需2小时以上。这些人口的居住区占龙凤镇全镇面积的18%的地区（图1）。数据还显示，边远地区农户中的贫困人口占全镇贫困人口总数的85%，由此造成龙凤镇的贫困发生率高达41.86%。

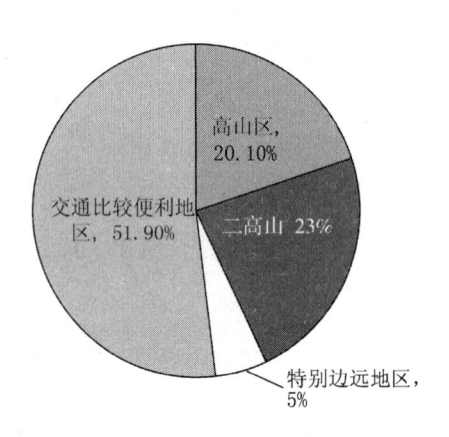

图1 龙凤镇农业人口居住分布情况

资料来源：笔者根据相关调研资料绘制。

在今后5年内，龙凤镇须实现扶贫搬迁的人数占全镇现有总人口的36%（表1）。结合龙凤镇各行政村的地貌和区位状况分析，也可以得知当地的恶劣的生存条件是进行扶贫搬迁的首要原因（图2）。

第一章 扶贫搬迁　　　　　　　　　　　　　　33

图 2　龙凤镇各行政村地貌示意图

资料来源：武汉规划研究院：《龙凤镇综合扶贫改革试点城乡建设总体规划》，2013 年 6 月，第 8 页。

表 1　　　　　　龙凤镇规划各村扶贫搬迁的情况　　（单位：户、人）

村名	总户数	总人口	贫困户数	贫困人口	需搬迁户	需搬迁人口
龙凤村	1985	5184	173	463	785	2592
小龙潭村	997	3758	111	354	800	2631
三河村	1315	3608	136	429	1100	3608
三龙坝村	1560	5832	197	510	886	2916
向家村	1355	5191	208	579	788	2596
双堰塘村	850	2798	581	1970	462	1679
店子槽村	688	2540	594	1808	420	1524
杉木坝村	850	2925	656	2037	322	1170
古场坝村	855	3202	666	2247	353	1281

续表

村名	总户数	总人口	贫困户数	贫困人口	需搬迁户	需搬迁人口
吉心村	614	2416	122	349	312	1131
二坡村	814	3130	600	2191	520	1879
大转拐村	645	2324	86	221	320	1162
龙马村	862	3038	596	2145	506	1823
柑子坪村	512	1770	422	1287	295	1062
猫子山村	539	1948	471	1403	324	1168
佐家坝村	832	2825	611	2019	480	1695
青堡村	826	3117	678	2207	515	1870
碾盘村	958	3688	791	2603	610	2213
合计	20174	68663	7699	24822	9798	34000

资料来源：恩施扶贫开发办公室：《湖北省恩施市龙凤镇综合扶贫改革试点扶贫搬迁规划（2013—2017年）》，2013年5月，第5页。

从图2和表1可以看出，部分行政村如碾盘村、古场坝村、青堡村、二坡村、杉木坝村、佐家坝村，因为在地理位置上属于相对偏远地区，基础条件差，公共服务供给不足，所以规划扶贫搬迁人口超过了2000人。尤其是碾盘村，该村总人口3688人，5年内需要扶贫搬迁2603人，搬迁人口占总人口的70.3%。当然，扶贫搬迁的人口里有超过一半的农民，由于其经济条件相对较好，将采用政策引导的方式，通过自主转移到城镇就业居住。而龙马村（包括柑子坪村）要建设旅游风情小镇，将要对集镇进行整体规划，重新改造，就近安置搬迁的人数也超过了2000人。龙凤村、小龙潭村、三河村、三龙坝村、向家村等距离恩施州城较近，处于恩施州城龙凤新区规划范围内，区位优势明显，农民经济条件相对较好，需要扶贫搬迁的人口则相对较少，一般都在500人以内。

一些农户居住在生存环境极为恶劣的地区，这些地区往往山高坡陡、环境复杂，这是导致农户贫困的最根本原因。偏远山区农户的基本生产生活条件和发展资源严重匮乏,且要改善现状特别困难,加之通路、通电、通水等基础设施建设成本远远大于扶贫搬迁的成本。以公路修建为例,龙凤镇双堰塘村的老村坝组至今还未通公路。以村级公路的实际造价,平均每公里10万元计算,建成成本和维护成本均十分巨大。又如碾盘村最边远的农户距通公路地点达8公里左右,到目前仍有3户未通电,如果要给碾盘村最边远的周遵龙家接通电源,光电线杆就需30余根,再把公路修通,需上百万元。边远地区水电路等其他设施投资成本高,改善难,维护运行困难。于是,搬迁就成了扶贫的重要举措。

二 经济基础脆弱

龙凤镇经济基础脆弱主要表现在单一的农业产业,无法发挥规模经营效益。据2012年统计数据显示,该镇全年实现农村经济总收入35710万元,农民人均纯收入4185元,比全州农村人均纯收入4571元低386元,其中外出务工收入占总收入的70%以上。农村人均纯收入低于2300元的贫困人口达24822人,占总人口数的36.15%,贫困发生率41.86%,比全国平均水平高出28.5个百分点。

单一的农业产业发展是龙凤镇经济总体落后的重要原因。首先,从产业结构看,龙凤镇2012年经济总量为11.2643亿元,其中第一产业产值为35710万元,第二产业产值为55581万元,第三产业产值为21352万元,三大产业之间比例为32∶49∶19。统计表明,该镇总人口68663人,常住人口56540人,农业人口占户籍人口的86.35%,农业人口基数依然很大。其次,当地农村经济主要以传统种植业、养殖业和劳动输出业为主。农产品以大众化、商品率不高、价格较低的粮食和蔬菜为主,而商品率较高、价格较高的经济类农产品产量较低。根据调研资料统计,得知2012年龙凤镇主要农产品的产量分布比重见图3。

龙凤镇主要的农产品集中于粮食和蔬菜两大类,占农产品总产

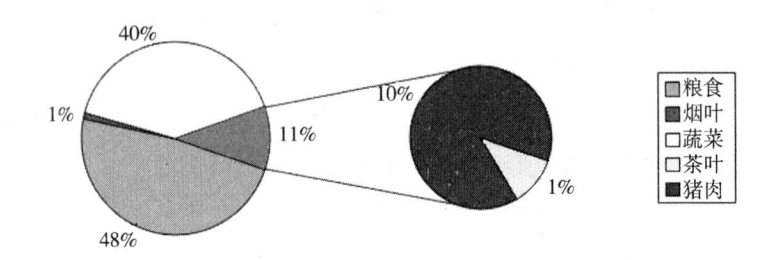

图3　2012年龙凤镇主要农产品产量分布比重

资料来源：笔者根据相关调研资料绘制。

量的88%。其中粮食产量占农产品总产量一半左右，比值高达48%，而茶叶、烟叶比重仅占2%，养殖猪肉产业所占比重也相对较小，很难形成规模效应。总体来说，由于种养殖业水平较低，农产品商品化率不高，农民增收较困难。虽然有茶叶、烟叶、蔬菜和畜牧养殖业等特色农业产业，但由于各种原因，如规模较小，投入不足，科技水平低，仍然以传统的耕作模式为主，农产品产量不稳定且较低，质量不高，附加值不高，农民增收困难。另外，龙凤镇范围内主干道网络尚未完全形成，受山区地形与地势的制约，路网等级低，破损道路较多，水利设施薄弱，电力通信设施落后，仓储、包装、运输等基础差，这些都制约了该镇农业产业的规模化发展。

三　水土流失、地质灾害严重

龙凤镇地处云贵高原的东延地带，武陵山余脉延伸入境内，地形复杂多样，山峦重叠，地势起伏，沟壑纵横。同时，境内海拔高低不一，分布在550—1150米之间，相对落差达600米。地形复杂，缓坡、陡坡、台地、平坝、洼地、山峰、沟河、峡谷、洞穴等微域地貌错落相间，组成了多元化的地层表面。加上气候环境恶劣，旱涝灾害并存，部分区域水土流失、石漠化严重。

龙凤镇农村人均耕地面积约为1.22亩，仅为全国平均水平的87%。该镇坡耕地比例大，占土地面积的97%以上，其中77%以上的坡耕地坡度在25°以上。耕种坡耕地的最大危害是无法保水、保土、保肥，土壤贫瘠，易发生滑坡和泥石流等自然灾害，农作物产量低下。坡耕地耕种面积越大，水土流失越大，危害也越大。按照规划，该镇须退耕还林4.7万亩。这直接导致了发展生产与保护生态的突出矛盾，产业结构调整也易受生态环境保护制约，所以60%以上的农户需搬迁转移才能脱贫。对这样一批农户进行识别，并进行易地扶贫搬迁，搬迁下来的农民通过转变生产生活方式，将会有效地促进迁出区域的生态恢复和建设。

龙凤镇部分地区地质环境条件复杂，地质灾害的发生以汛期（5—9月）为多发季节，每年6—8月为地质灾害监测预防的重点时期。地质灾害的发生程度主要取决于暴雨的范围与强度，地质灾害多发易发区与暴雨中心的叠加区是地质灾害的重灾区。在人工活动强烈的地区，若遇强降雨，必将诱发不同程度的滑坡、泥石流等地质灾害。如龙马村保扎滑坡地已被列为州级重点监测点。对类似这样的地质灾害多发的险区及周边重点农户需要尽快搬迁。

第二节 试点扶贫搬迁的主要措施

根据试点工作的总体要求，龙凤镇的扶贫搬迁正在有序推进。为形成扶贫搬迁的长效机制，试点力推改革，使搬迁扶贫不再单纯依靠资金投入和行政干预，而是通过体制机制创新，发挥市场机制作用，调动贫困农民参与的积极性、主动性，真正挖掘扶贫帮困的"源头活水"。

一 科学规划

在编制扶贫搬迁相关规划之前，基层干部深入村组农户进行了摸底调查和登记工作，准确地摸清了贫困户基数，并分门别类，搞好资料的整理，建立健全了贫困户档案。扶贫搬迁对象的认定标准是：一、缺乏基本生产资料，无致富门路，年人均纯收入在2300元以下，人均粮食不足250公斤的建档立卡贫困农户；二、居住地人口过多，人地矛盾突出，家庭人均25°以下耕地面积不足0.5亩，且无其他可供利用的宜农土地资源，通过农田、水利建设也难以就地解决温饱的贫困人口；三、居住零星分散，离中心自然村集聚地2千米以外，离村组公路末端3千米以外，居住地通路、通电、通电话和人畜饮水建设成本高，需投资人均超过3万元以上，难以就地解决温饱的贫困人口；四、严重干旱缺水，住户人畜饮水取水点的水平距离在1千米以外或垂直距离100米以上；五、居住地气候环境恶劣，海拔高于1500米，无霜期不足200天，不适宜农作物生长的高寒冷凉山区或居住在山体滑坡、泥石流等地质灾害频发区域的农户；六、住房条件差，人均住房面积不足20平方米，急需维修或新建住房的农户；七、重点贫困村的残疾贫困人口、单亲特困家庭和计划生育贫困户。对于符合上述条件之一的贫困农户可被认定为扶贫搬迁对象。[①]

在摸清底数的基础上，龙凤镇制定了《湖北省恩施市龙凤镇综合扶贫改革试点扶贫搬迁规划（2013—2017年）》，规划对龙凤镇的基本情况尤其是贫困人口情况作了说明，明确了扶贫搬迁的总体要求，制订了搬迁安置的方案，突出了扶贫搬迁的保障措施。规划明确规定，通过实施扶贫搬迁，将全镇居住在生态环境保护地区、生存条件恶劣地区、地质灾害多发地区、极度贫困落后地区的农村居民搬迁安置到适宜居住、设施完善、产业聚集、具有稳定增收门路和持续发展条件的地方居住，并为其创造良好的生活环境和发展条件，使其人均住房面积达30平方米以上；使安置地的基础设施和公共服务设施不断完善，保证搬迁户能够实现安居乐业，社会和谐稳

---

① 参见恩施市人民政府扶贫开发办公室《湖北省恩施市龙凤镇综合扶贫改革试点扶贫搬迁规划（2013—2017年）》，2013年5月，第13页。

定；并使安置地的产业结构进一步得到优化调整，主导产业形成规模；使搬迁户实现居有其所，耕有其田，工有其岗，城镇居民人均可支配收入达到19000元以上，农民人均纯收入达到8000元。[①]

2013年，试点根据《中国农村扶贫开发纲要》精神及《恩施市2013年扶贫搬迁实施方案》要求，采取了"分类指导、点面结合、先易后难、部门帮扶"等措施，多方筹资、干群互动，于2013年以双堰塘村、店子槽村、龙马村为重点，共完成了扶贫搬迁100户。通过实施扶贫搬迁，改善了双堰塘村、店子槽村、龙马村村民的居住环境和发展条件，人均住房面积达到20—25平方米，人均耕地达到1亩，人均纯收入达到2500元以上，实现搬迁户安居乐业，彻底改善了这些贫困户的生存环境及生活质量。[②]

从规划方案和实际操作的内容来看，龙凤镇扶贫搬迁的思路不仅仅停留在"搬"的方面，还涉及了产业聚集、基础设施、公共服务等多个方面，特别需要指出的是，龙凤镇的扶贫搬迁规划与新型城镇化建设相互衔接和融合，做到既有功能分区又有层次分区（表2）。

表2 扶贫搬迁规划及拆并村民小组一览表

新区	龙凤社区
新市镇	龙马新市镇 吉心新市镇
生活型农村社区	青堡社区 彭家湾社区 保扎社区 七里湾社区 三岔槽社区 茅湖社区 杉木坝社区 店子槽社区 椿木槽社区 吴家大屋社区 双堰塘社区 核桃坪社区 三岔路社区 长槽社区 拖拉机站社区 杜家湾社区 二坡社区 水竹园社区 伍家湾社区 丝梨湾社区 绕家湾社区 向家街社区 大转拐社区 川心店社区

---

① 参见恩施市人民政府扶贫开发办公室《湖北省恩施市龙凤镇综合扶贫改革试点扶贫搬迁规划（2013—2017年）》，2013年5月，第11页。

② 参见龙凤镇人民政府《龙凤镇2013年扶贫搬迁工作总结》，2013年10月31日，第5页。

续表

新区	龙凤社区
新市镇	龙马新市镇吉心新市镇
产业配套型农村社区	大垭口社区　五间房社区　煤泥坝社区　沙坝社区　碾盘社区　杉树湾社区　喻家湾社区　冉家村社区　瓦厂坝社区　佐家坝社区　金甲山社区　琵琶园社区　猫子山社区　西流水社区　苦桃坪社区　石门子社区　锁山社区　二台坪社区
拆并村民小组	100个

资料来源：恩施扶贫开发办公室：《湖北省恩施市龙凤镇综合扶贫改革试点扶贫搬迁规划（2013—2017年）》，2013年12月，第16页。

二　合理安置

自开展扶贫搬迁工作以来，试点遵循"搬得出、住得下、稳得住、能发展"的原则，积极探索，大胆创新，在实践中摸索出了符合自身特点的扶贫搬迁安置模式。需要说明的是，龙凤镇将扶贫搬迁和扶贫开发整村推进结合，尽量将扶贫搬迁项目安排到整村推进重点村，整合资源，增加投入，实现居住条件、基础设施和产业发展同步改善。2013年进行并完成就地转移安置860户，就近集中安置150户，民政福利安置118户，并规划出龙凤镇扶贫搬迁安置点布局图（图4）。

就地转移安置。2013年，龙凤镇在新城区建设安置房860套，就地转移安置860户，涉及龙凤、小龙潭、三河、三龙坝、向家村等州城龙凤新区规划范围内的被征地农户。在规划中，龙凤镇也明确了整体搬迁区，主要包括青堡、碾盘、佐家坝、猫子山等搬迁需求很高、用地条件很差的区域。

自主转移安置。龙凤镇鼓励经济条件较好的农户，自主转移到城镇就业、居住。恩施扶贫办做过调查发现，在这些搬迁对象中，大多为三种类型。第一类：一些年轻人在外务工挣钱后，在条件较好的地区通过亲友介绍,购旧房或土地后建房。在这些人中大多有技术或从事小工头等管理类工种,收入相对较高,这一类实现搬迁的占搬迁户总数为40%。第二类:在家,经济头脑好,从事经商、加工,或种养大户、销售大户,他们在一个地方成为当地较为突出的一批人后,逐步向条件好的地区转移。第三类:因家中子女在条件较好地区成婚后,将家中的其他成员接纳到新地方居住,这一类占搬迁户总数的20%。通过他们的搬迁,推动了城镇化进程,让边远地区的社会问题逐步得到缓解,总体上发挥了积极的作用。

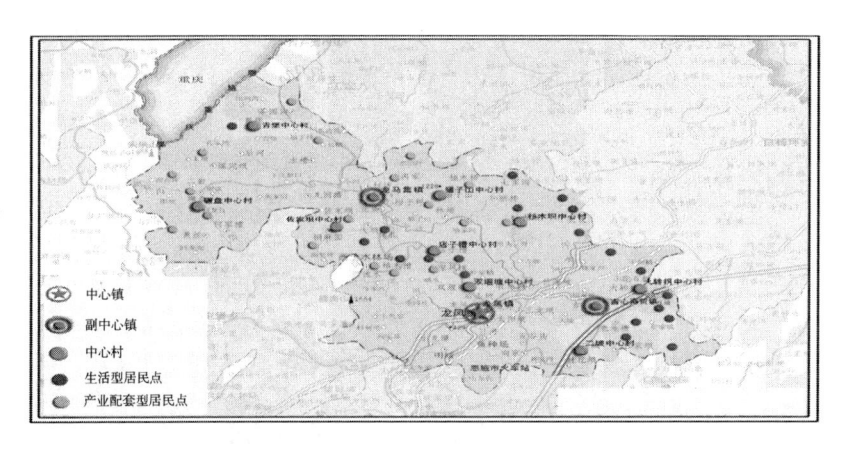

图4 龙凤镇扶贫搬迁安置点规划布局图

资料来源:恩施扶贫开发办公室:《湖北省恩施市龙凤镇综合扶贫改革试点扶贫搬迁规划(2013—2017年)》,2013年5月,第16页。

就近集中安置。针对不同村庄,龙凤镇基于现在居民点分布情况,结合用地适宜性分析、耕地分布、居民搬迁意愿分析等核心要素加,确定了就近城镇化地区,主要包括龙凤新区覆盖的村庄以及龙马、吉心等人口相对集中的区域,2013年在青堡、龙马、双堰塘3个农村新社区集中安置150户。

梯次搬迁安置。龙凤镇目前已经规划了梯次搬迁这种形式,但2013年尚未实施。龙凤镇规划的梯次搬迁路径是将经济收入较高、具备一些技能、家庭收入中非农业收入比例较高的农户安置到城镇，而对他们的房屋、土地和二高山搬迁出来的空房、土地也作为高山村农户或经济条件较差农户的安置地点予以安置，形成高山村向二高山村搬迁，二高山向低山搬迁，边远地区向中心村搬迁，中心村农户向新市镇搬迁，鼓励经济状况较好的农户搬到像恩施市这样的中等城市居住，由此形成梯次搬迁链条，最终解决最边远地区农户的搬迁问题。

特困户包建安置。在近年的移民搬迁过程中，龙凤镇特别关注困难群体，实行对没有能力的农户"养起来"，有发展能力的农户"扶起来"的办法。按照"两手抓"的要求，在抓紧一般户搬迁安置的同时，把居住在高山和交通不便、滑坡等自然灾害威胁地段以及自身无法实现搬迁的特困户、危居贫困户作为移民搬迁安置重点解决对象。按照"一户一策"的原则，采取"交钥匙工程"，即由恩施市政府负责，统一规划、统一设计、统一建设30—50平方米的房屋，统一分配给特困搬迁安置对象的办法或通过入住敬老院、投亲靠友、调剂闲置空房等方式，对特困群众进行有效安置。此外，在就地安置之前，产业帮扶先行，如龙马村74岁的老人龚延祥，有一儿一女，均在外打工，自己孤身一人在家，生活十分困难，龙凤镇凤顺养鸡专业合作社为他免费提供鸡苗，并回收他的鸡蛋，帮助他发展养鸡产业致富。

民政福利安置。民政福利安置是在全国范围内必须执行的政策，实施单位和地方也遍及全国各城市和乡镇。龙凤镇的危房改造一期工程从2009年开始实施，到2012年结束；二期工程从2013年开始实施，预计到2016年结束。龙凤镇2013年农村危房改造户资金已发放88.5万元，涉及118户贫苦户、低保户及困残户的房屋改造（主要涉及双堰塘村、店子槽村、佐家坝村、猫子山村及大转拐村），发放资金从5000元到19500元不等。在规划中，龙凤镇也明确了就地安置区，主要包括杉木坝、古场坝、店子槽、二坡等用地条件较好的区域。

三 整村推进

整村推进是以扶贫开发工作重点村为对象，以增加贫困群众收入为核心，以完善基础设施建设、发展社会公益事业、改善群众生产生活条件为重点，以促进经济社会文化全面发展为目标，整合资源、科学规划、集中投入、规范运作、分批实施、逐村验收的扶贫开发工作方式。[①]

以吉心村为例，2011年该村被列为国家贫困村，全村农民人均纯收入2454元。该村人均纯收入低于1196元的贫困农户共有549户、贫困人口1956人，占全村总人口的75.2%。其中，"五保户"12户12人，占贫困人口总数的0.6%；低保户54户189人，占贫困人口总数的9.7%；贫困对象483户1755人，占贫困人口总数的89.7%。该村人多地少，农田水利基础设施落后，基本没有抗击自然灾害和抵抗市场风险的能力。农民现金储备很少，生产资料缺乏，群众生活困难，集体经济空白。社会公益事业得不到发展，无体育文化娱乐活动场所，信息闭塞，观念落后。通过恩施军分区的帮扶，在整村推进扶贫开发过程中，从主导产业发展、基础设施建设、社会公益事业、劳动力技能培训等多方面着手，实施综合开发，整体推进，从根本上提高人民的自我发展能力，改变了全村贫困面貌。

吉心村整村推进以来，开展实施了基础设施项目、增收产业培训项目、扶贫搬迁、环境与生态建设项目、社会事业建设项目、村级组织活动中心建设以及劳动力转移培训等各种项目（表3）。该村实施扶贫搬迁51户，总投资200万元，其中包括财政扶贫资金20.8万元，少数民族发展资金20万元。实施农村特困农户危房改造及扶贫搬迁60户210人，总投资210万元，其中包括部门资金48万元。

---

① "整村推进"是新阶段为如期实现《中国农村扶贫开发纲要（2001—2010年）》目标所采取的一项关键措施。做好这项工作，有利于瞄准贫困群体，有利于扶贫资金进村入户，有利于整合各类扶贫资源，有利于发挥贫困农户的积极性，有利于提高贫困人口综合素质和贫困村可持续发展能力。参见百度百科词条"整村推进"。

表3　　　　吉心村"整村推进"建设内容一览表

类别	项目名称	规模	总投资（万元）	扶持金额（万元）
基础设施	硬化鹿池塘公路	3.6公里	130	130
	硬化水竹园公路	1.6公里	60	60
	新建"318"至水竹园公路	1.2公里	20	20
	铺设供水管网	6000米	60	60
	硬化吉（心）—阳（鹊坝）公路	4公里	240	240
	硬化吉（心）—水（竹园）	2公里	44.8	44.8
	万方水池	1口	250	250
	铺设自来水管网	1万多米	100	100
	硬化姚坪至周家湾公路	3公里	120	120
	硬化了梅家槽至水竹园公路	2公里	80	75
	新修丝梨湾至大转拐经济断头路	2公里	25	22
	维修了村组公路	25公里	60	60
	村委会阵地建设	—	6	5
文明新村	沼气池	110口	13	11.5
	省柴节煤炉灶	100套	4.5	4.5
	生活垃圾处理池	30口	9	8
	太阳能入户	35户	11.13	5.6
扶贫搬迁	扶贫搬迁	111户	410	88.8
产业建设	茶叶基地	200亩	20	15
	葡萄基地	1400亩	145	40
	烟叶基地	600亩	30	30
	蔬菜基地	1500亩	66.9	50
养殖业	新发展外三元杂交生猪	1000头	20	15
	生猪养殖小区	2个	10	15
村民素质建设	技术培训	1500人	9	4
合计		—	1944.33	1474.2

资料来源：龙凤镇扶贫开发办公室、农村经管局《龙凤镇"整村推进"建设情况总结》，2013年11月，第3页。

吉心村的扶贫整村推进创造了多重效应，如贫困人口大幅减少，基础设施得到夯实，社会事业取得新进步，村容村貌焕然一新，产业结构日趋合理，文明程度明显提高（表4）。

表4　吉心村"整村推进"前后主要经济指标

基本情况	比实施前减少	主要经济指标					
贫困户/人 660/2600	户/人 427/1642	人均纯收入（元）	比实施前增加（元）	贫困户人均纯收入（元）	比实施前增加（元）	村集体经济纯收入（万元）	比实施前增加（万元）
		4177	1723	1600	404	5	4

资料来源：笔者根据相关调研资料绘制。

四　公共基础设施建设

在扶贫搬迁过程中，试点工作非常重视基础设施建设。扶贫搬迁的配套建设，主要是实施"五改三建"，即按照新农村建设的要求，进行"改厕、改水、改圈、改厨、改路和建园、建池、建家"。此前，龙凤镇在这方面已有较好的传统，比如，近年来龙凤镇共实施扶贫搬迁263户925人，其中易地搬迁建房48户、就地新建房屋52户、扩建维修房屋163户，共新建、扩建和维修房屋890间26780平方米，补助兑现到户财政扶贫资金165.8万元，整合行业及社会帮扶资金60万元，农户自筹资金200多万元。同时，对扶贫搬迁户配套实施"五改三建"，建沼气池250口，改厨、改厕、改圈680间，修建移民安置点道路150公里，建水池40口，架低压线180公里。共计建成民居改造示范村8个，累计投资3200万元完成民居改造850户。小龙潭、龙凤、三龙坝、向家村、大转拐、二坡、吉心、青堡等村已初步形成居民改造的示范点（表5）。

表 5　　　　　近年来龙凤镇扶贫搬迁完成工程量

扶贫搬迁	易地搬迁建房	48 户	263 户/925 人
	就地新建房屋	52 户	890 间/
	扩建维修房屋	163 户	26780 平方米
资金来源	财政扶贫资金	165.8 万元	425.8 万元
	行业及社会帮扶资金	60 万元	
	农户自筹资金	200 万元	
建设项目	沼气池	250 口	
	改厨、改厕、改圈	680 间	
	道路	150 公里	
	水池	40 口	
	低压线	180 公里	
民居改造	850 户/3200 万元	小龙潭村　龙凤村　三龙坝村　向家村 大转拐村　二坡村　吉心村　青堡村	

资料来源：笔者根据相关调研资料绘制。

在建房补助方面，龙凤镇实行统一的补助政策，并对分散和集中安置实行差别化补助标准，即按照分散安置，集中安置中的统规统建、统规自建（占天占地、一户一宅），集中安置中的多层楼单元房（四层及四层以上）安置三个类型，每户分别按 3 万元、4 万元、5 万元予以建房补助。对入住统规统建形式修建多层（四层及四层以上）普通住宅单元化安置的搬迁户，在享受现有建房补助政策的基础上，湖北省财政给予每户再增加 5000 元建房补助资金，其建设项目和搬迁户数，按照省规定的程序核定确认。另外，移民搬迁安置基础设施建设资金补助按每户 3 万元标准补助，由市州统筹解决。

此外，对搬迁户在办理户籍、建房、水、电立户安装、房屋契税、子女异地上学等手续费用上进行优惠或予以减免。国土、税务、交通等相关部门减免移民搬迁户土地出让金、耕地占用税及公路交通占用费等相关费用；凡进城入镇和在产业园区购房的搬迁对象，免收购房契税，在就业、子女就学、社保、医疗等方面享受当地居民待遇，暂时保留农村宅基地、承包地和林地经营权，享受农民进城的一切政策；凡自愿到集镇或规划的集中安置点建房的移民搬迁对象，免收建房报建相关费用。这些措施都极大地缓解了农民搬迁安置的费用紧张，有效解决了搬迁户的生存发展问题。

根据2014年通过的《关于推进恩施市龙凤镇综合扶贫改革试点扶贫搬迁移民建镇的实施意见》，试点在未来的扶贫搬迁工作中，将要大力发展公共教育、医疗卫生、文化体育事业，完善综合文化站、便民服务中心、卫生室、学校等公共服务设施，促进农民生产方式、生活方式转变。并将统筹解决好搬迁户生产生活、劳动就业、社会保障、教育医疗、文化体育等问题。搬迁户子女入学、看病就医，由安置地统一协调，按就近原则享受与本地居民子女同等待遇。同时，积极推行户籍制度改革，鼓励搬迁户转为城镇居民，保留搬迁户原农业户口有关权利；允许搬迁户将农村养老保险、农村新型合作医疗、农村最低生活保障等政策转至迁入地，提供公益性就业岗位，组织搬迁群众及子女参加劳务技能培训，优先安排搬迁户就业。[1]

五 加快发展多种产业

推进扶贫搬迁，"搬得出"是前提，"稳得住"是关键，"能致富"才是根本。试点吸取了咸丰县忠堡镇历史上曾经有过集中安置未果的教训[2]，比较重视搬迁户的后续发展问题，以产业、就业、创业三业富民工作为重点，将扶贫搬迁与发展产业、引导就业和鼓励创业相结合，逐户制订增收计划，落实富民措施，基本达到

---

[1] 参见恩施市人民政府《恩施市人民政府关于推进恩施市龙凤镇综合扶贫改革试点扶贫搬迁移民建镇的实施意见》，2014年2月，第3页。

[2] 2001年，咸丰县忠堡镇政府曾经将坪堡花红市组40余户集中搬迁到新修的一个集镇，对不愿搬迁的强制推行。新的安置点没有考虑产业支撑，农户仍然以耕种原有土地为主。由于距离耕地较远，基础配套设施不完善，以至于2005年后，农户逐步回归到原居住点。

了搬迁群众人人有事干、户户能增收的要求。一是发展现代农业和地方特色产业。通过招商引资，发展自身产业，解决搬迁农户的就业问题。二是开展劳务培训，拓宽就业途径。整合人社、教育、扶贫、农工业等方面的技能培训项目和恩施市的职教资源，加大技能培训力度，劳动部门也通过"雨露计划"加大对搬迁户创业和就业技能免费培训，力求基本实现搬迁群众户均掌握1—2门脱贫致富的知识和技能。对符合条件的所有搬迁安置农户优先进行技能培训，提升其就业和创业能力，增强其自我发展能力。三是出台优惠政策，鼓励创业。把创业政策集中向扶贫搬迁户倾斜，出台系列优惠扶持政策，提供信息咨询、项目推介、创业贷款、税费优惠和创业指导一条龙服务，激发移民创业热情。

应该说，试点的做法也充分吸收了恩施州原有的经验。课题组也了解到，2013年恩施全州88个重点贫困村和39个重点老区村的整村推进工作稳步实施，计划完成扶贫搬迁4000户约1.6万人。在促进农业产业发展上，新建高效特色产业基地64529亩，改造特色产业基地26390亩；并开展科技培训350期，共培训35739人次。[①] 以龙凤镇为例，农户搬迁之后，在政府帮助下积极发展种茶、种菜、烟叶、养殖等特色产业，这些都有效地帮助搬迁农户脱贫致富。

六 落实土地与搬迁户房屋产权

土地与房屋产权的解决不当会引发一系列的纠纷，不利于扶贫搬迁的整体推进。试点积极加强农村产权保护，保留搬迁户原集体资产享有权、土地承包经营权、林木收益权和自留山使用权，鼓励农民依法、有偿流转承包地，防止土地耕地撂荒。

如何妥善处理扶贫搬迁中的宅基地和生产发展用地是搬迁安置的首要问题。在土地政策上，试点制定土地流转、置换的具体政策

---

① 参见扶贫搬迁奔小康. [2013 - 12 - 17]. http：//www.ienshi.gov.cn/zxdt/20131217/1764.html。

和办法,采取多种形式解决易地扶贫搬迁的土地问题。其土地来源:一是在本村就近安置的农户继续拥有原有耕地。二是与已外迁进城居住的农户进行土地置换或有偿转让。三是调剂迁入地现有的国有或集体耕地用于安置扶贫搬迁农户。四是从迁入地农户中适当调整土地,给予被调整农户一定补偿。五是国土资源部门实施的土地开发整理项目新增土地可用于扶贫搬迁农户的安置。扶贫搬迁农户建房所需宅基地免费办理相关证件。

搬迁农户拥有对其原有房屋的处置权和其承包经营的土地、山林等生产资料的经营管理权,其原有房屋宅基地由集体收回或由政府收储。对于采取民政福利方式安置的搬迁户,其原有房屋由搬迁户自行处理,其原有宅基地、承包经营的土地、山林由集体收回或由政府收储。在龙凤新区、龙马旅游风情小镇、吉心商贸物流小镇规划范围内的建设用地,由政府进行收储。[①]

试点在扶贫搬迁中还对搬迁农户从户口上予以支持,属龙凤镇范围内搬迁的,直接按镇内移动,予以调整户籍到现居住村。对搬迁出试点区域的,积极为他们服务,减化户籍迁移办理程序,由村委会统一代理办理,同时在子女上学问题上,享受搬入地地区的同等条件待遇。逐步打破建房用地必须是本村村民的限制,若是该镇农村村民的,在该镇内按照占补平衡的原则,实行占一补一,在建房手续的办理和规费的收取上,给予更快捷的优惠政策;对一户一宅基地的问题,对搬迁户的房屋,只要整体转卖给了他人的搬迁户,同意其在本镇其他符合条件的地方另行修建房屋等。

七 合作联动,调动多元主体参与

在试点扶贫搬迁安置中,参与主体主要有各级政府部门、农户、企业、社会组织等。

---

① 参见恩施市人民政府扶贫开发办公室《湖北省恩施市龙凤镇综合扶贫改革试点扶贫搬迁规划(2013—2017年)》,2013年5月,第17页。

（一）各级政府部门

龙凤镇在扶贫搬迁实施过程中，应始终坚持充分发挥政府的主导作用，将扶贫搬迁与统筹城乡发展、城镇化建设、工业园区建设、新农村建设、农业产业建设相结合，按照"统筹城乡、科学规划、综合配套、持续发展"的原则，强化全域规划。各级政府部门的参与主要体现为：在龙凤镇搬迁工作中建设联动机制，使领导和基层干部全程参与到搬迁工作中，恩施市移民搬迁安置工作领导小组负责全市移民搬迁安置的组织领导、统筹协调、计划安排、督查考评、检查验收等工作，是移民搬迁安置工作的责任主体，负责龙凤镇扶贫搬迁安置工作的组织实施，编制好扶贫搬迁安置规划，搞好扶贫搬迁安置资金和项目实施工作。龙凤镇政府主要应做好移民搬迁政策宣传、对象选择、类型确定、规划选址、征地建设、协调服务，确保顺利推进。市一级成立扶贫搬迁安置工程有限责任公司，将其作为扶贫搬迁安置工作的融资平台，为扶贫搬迁安置工作提供周转资金。州市领导具体联系一个安置点，基层干部具体帮扶困难群众。

（二）其他社会主体

其他主体的参与突出体现在资金筹集过程中，主要通过项目引进、资源整合、多方筹集等方式，吸纳国家纵向专项项目资金、省补资金、市县配套资金、银行贷款、安置农户自筹、企业资本和社会捐赠资金，推进当地基础设施公共服务的建设。

以青堡村为案例，该村在烟草种植的土地流转之后，由烟草公司出资进行土地平整及建设各项基础配套设施。规划在3年内完成土地整理12035亩；新建水池14口，围绕水池铺设管网16条，新建沟渠9条，配套建设烟路67条，新建育苗设施、烘烤设施等一系列配套工程与设施。这些工程以及配套设施都需要的资金，数额巨大，充分发挥烟草公司的企业资本投资作用，能很好地推动搬迁后各项基础设施的建设和配套工程的完善。

八 加强监督

试点的扶贫搬迁项目，在国家层面上成立了由财政部牵头，国家民委、国土资源部、住房和城乡建设部、交通运输部、国务院扶贫办和国家烟草专卖局等部门组成的恩施市综合扶贫试点协调小组。省级层面成立了由王国生省长任组长，王晓东常务副省长和梁惠玲副省长任副组长，相关部门负责人为成员的领导小组。州、市、镇也相应成立了由主要领导任组长的领导小组，明确了目标，落实了责任。

在镇一级，还成立了以镇委书记任组长，镇委副书记、常务副镇长任副组长，镇党政办、镇财经所、镇农办、镇民政办、镇项目办及相关村委会等单位主要负责人为成员的领导小组，具体组织协调扶贫搬迁工作。试点制定的《龙凤镇2013年扶贫搬迁实施方案》，明确了相关村书记、主任为第一责任人，坚持"政府引导，群众自愿，村级负责制"的工作机制和自力更生为主、政府扶持为辅的扶贫搬迁工作方针。在实施过程中，市、镇、村各级领导和干部及时深入农户进行检查指导，确保了各项任务的按时完成。

在开展扶贫搬迁的工作实施过程中，试点工作采取镇主要领导牵头，镇驻村领导具体负责，村书记负总责，村驻组干部分片负责的办法，按照先易后难，先集中后分片重点突破的方式实施，对工作不力、行动迟缓的单位和个人给予通报，并责令其限期整改，确保全面完成扶贫搬迁任务。到村工作的干部及村组干部也积极调研，多次与搬迁户交流，共同选址设计，筹措资金及劳力组织实施。试点采取灵活多样的形式，定期不定期对工作开展情况进行检查督办，多次进村入户实地调查走访，召开协调会及进度督办会，针对各家各户存在的具体问题，现场研究解决的办法及措施，并将任务细化分解到相关责任人，确保了各项工作的正常开展。双堰塘村、店子槽村、龙马村的扶贫搬迁任务完成后，试点办还组织专班人马进行了检查和验收，确保了建设的质量和标准（表6）。①

---

① 参见龙凤镇人民政府《龙凤镇2013年扶贫搬迁工作总结》，2013年10月31日，第6页。

表6　　　　　　　　　　扶贫搬迁户验收登记卡

扶贫搬迁户验收登记卡

双堰塘村		年度：2013年		编号：No.038号		
搬迁户基本情况					
家庭住址	双堰塘村茂枝坝组	居住环境	差	房屋结构	土木	房屋面积	140平方米
家庭人员构成	姓 名	与户主关系	性别	年龄	文化程度	身体状况	其 他
	段昌东	户主	男	41	小学	健康	
	尹以杰	配偶	女	43	小学	健康	
	段维	父子	男	18	初中	健康	
搬迁户家庭及迁出地基本情况、搬迁整修原因：新农村示范点建设				迁入地基本情况及搬迁整修措施：维修改造		
搬迁落实时间	2013年10月31日	建房结构	砖混	建房面积	140平方米	总投资	25000元
资金补助方式	打卡到户	补助金额	8000元	资金到位时间	11月15日	资金来源单位	市扶贫办
后续发展情况	基础设施完善，发展后劲强		扶贫搬迁效果	居住条件改善 生活质量明显提高		

资料来源：龙凤镇扶贫开发办公室：《龙凤镇扶贫搬迁工作验收总结》，2013年10月，第5页。

第三节　试点区扶贫搬迁的困难与挑战

试点已探索出一条符合其自身发展实际的扶贫搬迁道路，并积累了丰富的经验和做法，为今后的扶贫搬迁工作打下了坚实的基础。但是由于龙凤镇传统的经济发展基础薄弱、市场开发条件较差、自身发展能力弱小等内生原因，试点要加快扶贫搬迁仍面临着不少的困难和挑战。

一　扶贫搬迁任务重

按照规划，试点区将于2013—2017年5年期间规划搬迁10000

户约 34000 人，其中扶贫搬迁 7699 户 24822 人。扶贫搬迁工作于 2013 年刚起步，可以说未来龙凤镇扶贫搬迁的实施任务、投资金额以及配套工程的压力都非常大。不适宜居住地区多且分散，搬迁难度大。搬迁扶贫面临着两大难题：一是搬出难。贫困户经济条件有限，自身配套资金的能力差，据估算，按贫困户人均 30 平方米，3 口之家 90 平方米计算，新修一栋房屋 8—10 万元，而目前补贴不到 1 万元，部分贫困户只能维持生活，没钱配合搬迁。二是稳住难。城镇和中心村企业和产业不强、就业岗位不足、居民点群众不愿出让土地、生产资料紧缺，如何保障迁入贫困户的生产资料和就业，如何妥善解决迁入地土地调整、山林调整问题，如何做好搬迁后社会稳定问题等，都需要规划。

二 项目建设资金缺口较大

2013 年的试点工作下达财政扶贫和以工代赈项目 16 个，实施 14 个，拨入项目资金 110.2 万元，按现行扶贫资金使用规定，只能严格用于重点贫困村和贫困户，其他村基本不能享受到扶贫帮扶，受益面极窄。另外，由于 2002 年进行了行政村合并，合并后都是人口较多、范围较广的大村，但按村庄数量投入的资金投入机制并未改变，致使资金投入实际上是相对减少的，扶贫效果也随之减弱。在龙凤镇 18 个村中，贫困对象占人口总数比例 40% 以上的村有 11 个，基本是剩下的"硬骨头"，按现行每两年确定一个重点贫困村的模式，除去已实施的贫困村，帮扶这 11 个村仍然需要十多年，由此对资金的需求之大更是可想而知。

三 产业带动能力较弱

首先，龙凤镇经济总量不大，产业结构单一。该镇虽有各类企业近百家，但竞争力不强、经济关联度差、产品附加值低、增值能力弱、就业岗位少。现有的 95 家民营企业提供就业岗位不到 2000 个。

其次，农业种养水平较低，虽然有茶叶、烟叶、蔬菜和畜牧养殖业等特色产业,但规模较小,缺乏科技支撑,仍然为传统的耕作模式,产量较低,质量较差,附加值不高。虽有烤烟、茶叶、蔬菜、葡萄、花椒、养殖等特色农业基地,但规模不大、产业延伸度低、受益面小,外出务工仍然是许多农户的唯一经济来源。

最后,基础设施薄弱,生态环境脆弱。地形复杂、立体气候差异明显,旱涝灾害并存,部分区域水土保持不足,土壤贫瘠,产业发展难度大。

四 搬迁群众致富压力大

2012年龙凤镇人均生产总值和农民人均纯收入分别是全国平均水平的50.3%和56.6%。2012年镇域城乡居民收入比为3.68:1,城乡收入差距明显,同时各行政村之间也存在着较大的发展差距。[①] 尤其是对于搬迁群众来说,原先的生产生活条件很艰苦,贫困程度较深,自我积累有限,自身素质偏低,抗市场风险能力较差,而培育并做大做强一项产业所需的时间长、资金量大,因此在培育致富产业上难以在短时间内实现突破,搬迁群众脱贫致富的压力总体上说是很大的。

第四节 完善试点区扶贫搬迁的政策建议

根据试点扶贫搬迁的基本做法和取得的经验,结合当地实际情况和目前扶贫搬迁面临的困境和挑战,课题组建议在未来的扶贫搬迁中,试点应该在以下几个方面加强完善,以确保龙凤镇的扶贫搬迁稳中有进、保质保量。

一 注意工作方法,倾听群众心声

扶贫搬迁作为一项系统工程,要统筹考虑迁入地环境、土地、

[①] 参见恩施市人民政府扶贫开发办公室《湖北省恩施市龙凤镇综合扶贫改革试点扶贫搬迁规划(2013—2017年)》,2013年5月,第6页。

资源等的承载能力，量力而行，尽力而为，并且不能搞强制。政府只是进行规划，提供帮助和支持，配套建设安置点的基础设施等，搬不搬还要看群众意愿。

第一，改变单纯通过行政方式强迫命令的工作方式。试点的扶贫搬迁工作不仅仅是改变农民居住地的问题，而且是对农村生产生活方式的一场深刻的社会变革。因此必须广泛深入地开展政策宣传、解释和思想发动、引导工作，反对用简单的工作方法，或者靠行政手段、强迫命令迫使群众进城或上楼，伤害农民感情。在整个扶贫搬迁工作中，都应当把尊重群众意愿作为重要的工作方针。搬迁的方式，应根据农户的自身条件，因户制宜，量力而行。当地政府部门应该制定更加优惠的政策鼓励和引导有条件的农户举家外迁或者进入城镇居住。这应该成为试点扶贫搬迁工作的基本思路。

第二，规划、管理和服务应充分考虑农民实际，注意农民群众的反馈意见。农民变为居民后，居住环境、生产方式、生活条件、卫生习惯等方面都发生了很大变化，不少人一时还难以接受和习惯。因此，对农民原有的土地，允许有过渡，不要断后路。以人性化的教育和服务，让来自各方的群众尽快适应这个社会变革。规划设计应注意考虑农民的生活习惯，社区管理服务应注意引导、改变农民的不良生活习惯，要以完善的服务机构和规范的制度为辖区居民提供高效、便捷、优质服务。适时开展各种针对扶贫搬迁后期的调研与访谈活动，组织党员干部下基层、联系搬迁户，关注群众的切身利益，尽最大努力帮助他们解决难题，使搬迁户能顺利开展生产和适应新的环境。

二 分类指导，关注弱势群体

特困户、危居贫困户一方面是最需要搬迁安置的对象；另一方面又因为家庭困难处在无力搬迁的窘境。课题组建议，在今后的扶贫搬迁工作中，对特困户、危居贫困户，应坚持分类指导。对家庭成员年龄偏大而缺乏劳动能力的，可就近安置到敬老院。有投亲靠友条件且亲友自愿接纳的，在完善相应手续后，让其领取移民安置补助资金。对具备一定的谋生手段，愿意进入安置点居住的，可采取缓交建房资金，或者以租赁（象征性收取房屋租赁费）的方式，解决他们的住房问题。对缺乏谋生技能，离开土地即生活无着落的特困户、危居贫困户，可以采取由政府购买已迁入城镇农户旧房（前提是地段、房屋均安全可靠），低价租赁给特困户、危居贫困户居住，并就近解决适量耕地用于基本生活需要。

三 立足实际，完善现行政策

课题组建议，龙凤镇未来的扶贫搬迁工作中应配套制定和执行以下政策，以确保扶贫搬迁工作后期农民生产生活的有序进行。

第一，搬迁户老宅基地复垦政策。对凡是能享受扶贫搬迁项目的新农户，在确定时，就将其老宅基地纳入土地复垦，完善好相关手续，并提前将复垦资金交到农户手中，用于其搬迁房屋时使用，搬迁到新房后，再对其老宅基地进行复垦，以促进搬迁户有能力搬迁。

第二，出台梯次转移扶助政策。鼓励自我发展能力较强、经济条件较好的农户自愿搬迁到集镇或中心村发展，鼓励贫困户就近搬迁到中心村或居民点，支持和引导迁入户购买迁出户留下的房屋、土地、山林等生产生活资料，实现人口梯次转移，直至将不适宜居住区人口全部搬出。

第三，出台搬迁户的融入政策。扶贫搬迁后，有的农民选择定居农村集中安置点，有的进入了新市镇，有的则直接转户进城。为此，龙凤镇需要在土地利用、财政转移支付等方面进行制度创新，使资源向新市镇、农村新社区倾斜，配套建设学校、医院、商场、文体活动场所等服务设施，推进基本公共服务均等化，促进搬迁人群尽快融入新的居住环境中。

第四，完善鼓励和支持返乡创业政策。大力宣传外出创业成功人士返乡创业的先进事迹，鼓励、引导更多的外出创业成功人士返乡创业，支持扶贫搬迁工作和家乡新农村建设。综合运用推进土地流转，发展产业大户等措施，避免大量出现耕地撂荒现象，保障已搬迁农户原承包地的基本收益。加大搬迁农民实用技术培训力度，不断增强搬迁群众创业致富能力。制定实施优惠扶持政策，大力兴办龙头企业，在各集中安置点兴办第二、三产业，尽可能增加就业岗位。

四 创新方式，整合各路资源

试点区集中安置点每户基础设施全部完善大概需要11万元左右，其在州级层面主要整合了发展改革、扶贫、民族宗教部门的涉农建房资金，在市、镇层面主要整合了水、电、路、气等基础设施建设资金。州级主要是按照资金性质进行整合，市级主要是按照项目落地区域进行配套基础设施项目编制、申报，互相促进，相得益彰。由于条块规章制度和国家对资金投向要求的制约，反映整合项目和资金难度也比较大。目前，省级层面主要重点通过资金整合解决农民建房补助问题，减轻地区和县的财政负担。恩施市应继续大幅提高政府专项扶贫搬迁补助标准，减轻贫困群众经济负担。改变过去部门资金"各自为政"的局面，将国土整治、危旧房改造、道路建设等资金"打捆"使用，加大搬迁支持力度。可以积极借鉴重庆农村宅基地复垦"地票"①制度，弥补资金缺口。

同时，试点需要整合各路涉农资金。一是应该跨部门整合。除保民生、保运转、保救灾、保惠农的项目资金以外，都应将财政管理分配的支农资金、农口部门预算项目建设资金以及各类社会融资全部纳入整合范围。二是应该跨年度整合。针对一些资金投向恒定、群众期盼强烈、任务要求紧迫的社会事业及民生保障类项目，

---

① 地票，是指包括农村宅基地及其附属设施用地、乡镇企业用地、农村公共设施和农村公益事业用地等农村集体建设用地，经过复垦并经过土地管理部门严格验收后所产生的指标。企业购得的地票，可以纳入新增建设用地计划，增加相同数量的城镇建设用地。

在确保资金使用不变、用途不违规的前提下，实行时间上纵向整合，上年整合下年、提前整合到位，一次性投入建设。三是应该跨层级整合。积极向上沟通汇报，争取上级支持，促成上下联动、上下合力。必要时可专门成立整合资金领导办公室，强化资金使用的全程监督。项目实施前，由财政部门进行规划、把关；项目实施中，成立联合检查组，对实施进度、质量等进行监督。项目竣工后，由审计部门对项目进行决算审查，由相关部门对项目实施质量和效益进行综合评价，结果在市一级进行通报。

龙凤镇扶贫搬迁工作实施开展一年多来，该镇积极摸底调研，确定扶贫搬迁对象，并分类指导，做到有序推进。同时重点推进搬迁后住户社区基础设施建设，着力提高贫困人口自我发展能力，通过发展相关产业、积极引导搬迁后农户的劳动力转移再就业工作，提高农民的生活水平，并进一步规范土地与房屋产权不变更等工作，促进了搬迁户的生产、生活的正常运行。在今后的扶贫搬迁工作中，龙凤镇应继续坚持将尊重规律与发挥主观能动性有机结合，有序推动扶贫开发工作，建立"政府主导、部门分工、各方参与、合力攻坚"的工作机制，形成合力。同时还应坚持统筹兼顾，科学发展。在坚持扶贫搬迁与发展特色产业、退耕还林相结合，与推进城镇化、建设新农村相结合，与生态建设、环境保护相结合，与移民建镇相结合，实现镇域经济社会快速发展、科学发展。

第二章　移民建镇

从扶贫和经济发展目标的实现看，一般性的扶贫模式不能根本解决问题，脱贫时间也太慢。移民建镇虽然一次性投入较大，但扶贫效果更加长远。而移民建镇实现了移民搬迁，它既可节约土地资源，又可达到退耕还林的目的，还能减少政府对乡村基础设施资金的投入。从公共服务均等化的视角来看，如果实施了移民建镇，就不用为几户或十几户村民修建一条道路，在电力、电信、电视等有线网络方面，也不用为三五户村民架一条专线，这就节约了有限的扶贫资金，减轻政府对农村基础设施投入的资金压力。另外，实行移民建镇、人员集中居住后，方便民众之间彼此沟通、交流信息，也便于对其进行生产技能的技术培训，既可提高农民的科技知识水平促其脱贫致富，又可加快农村第三产业和手工业等小产业的发展。因此，移民建镇是试点的中心环节。移民建镇成功与否是扶贫搬迁、退耕还林、产业发展能否顺利开展的关键。本章考察试点移民建镇的依托条件和制约因素，探讨少数民族贫困山区在综合扶贫改革过程中实现新型城镇化的可能途径。

第一节　试点区移民建镇的背景

试点农村面积广阔，农业人口众多，城镇规模不大。从各项指标看，试点区域城镇化水平低（表1）。截至2012年年底，试点区集镇建成总面积3平方千米，占全区面积的1.62%。按照常住人口计算，城镇化率约为17%①，低于全国平均水平37.8个百分点。2012年龙凤镇城镇居民人均可支配收入9700元；农民人均纯收入4185元，比2011年增加502元，增长13.6%。尚处于城镇化的初期阶段。② 具体来说，试点区城镇化的背景表现为以下几个方面。

表1　2012年恩施综合扶贫改革试点（龙凤镇）城镇化发展基本情况

指标类别	评价指标	单位	2012年
经济发展	地区生产总值	亿元	11.26
	人均地区生产总值	万元	1.64
	城镇居民人均可支配收入	元	9700
	农村居民纯收入	元	4185
	第一、二、三产业比例		32∶49∶19
社会发展	城镇化水平	%	17
	城镇登记失业率	%	4.5
	人均教育文化娱乐服务支出	元	806
	社会保险综合参保率	%	95
基础设施	主要公共事业设施	学校	所	14
		医院	所	2
		村卫生室（门诊）	所	20
	主要公用市政设施	供水点	个	3
		燃气站	个	2

---

① 资料来源：湖北省恩施市龙凤镇综合扶贫改革试点工作领导小组办公室《湖北省恩施市龙凤镇综合扶贫改革试点工作手册》，2013年7月，第33页。

② 美国城市地理学家诺瑟姆（Ray M. Northam）经过大量的统计研究，发现了城镇化发展过程中存在着城镇化率呈"S"型上升的规律。周一星等国内专家在2005年借助系统论的有关思想，修正并改进了Northam的"S"型曲线，得到四阶段的划分结果，低于19.04%是城镇化的初期阶段；19.04%—50%是城镇化的加速阶段；50%—80.96%是城镇化的减速阶段；80.96%是城镇化的后期阶段。

续表

指标类别	评价指标	单位	2012年
基础设施 主要公用市政设施	垃圾压缩中转站	个	1
	文化广场	个	1

资料来源：湖北省恩施市龙凤镇综合扶贫改革试点工作领导小组办公室：《湖北恩施全国综合扶贫改革试点总体规划》，2013年6月，第16页；地区生产总值和城乡居民收入绝对数按2012年价格计算；GDP的相关统计以龙凤镇全口径经济总收入计算。人均教育卫生支出数据参照恩施市城镇居民人均支出数据。

一 基础设施薄弱

试点区龙凤镇交通亟待加强，尚未通公路（以村级四级公路为基准）的自然村30个，未通路里程达180公里；水利设施薄弱，30627人未能解决饮水安全问题；电力、通信、教育、医疗、文化等公共服务资源较落后且分配不均衡；农民居住条件差，尽管2012年已改造农村危房200户，但仍有危房1348户。

首先，在公共事业基础设施建设上，主要有行政服务机构、卫生、基础教育、新社会组织等单位。龙凤镇现共有学校14所，其中高中2所，初中2所，小学10所；医院2所，村卫生室（门诊）20个；现有道路主要沿318国道及209国道，呈带状发展格局；电信、移动、广播网络等通信设施全境覆盖；另有3个供水点，2个燃气站，1个垃圾压缩中转站，2所公厕，1个文化广场，1个停车场等公用市政设施。[1]

其次，进一步从实施扶贫改革试点总体规划的龙凤、龙马、吉心三个集镇的情况来看[2]：一是三个规划城镇中规模最大的龙凤集

---

[1] 统计数据来源：湖北省恩施市龙凤镇综合扶贫改革试点工作领导小组办公室：《湖北省恩施市全国综合扶贫改革试点总体规划》，2013年6月，第4页。

[2] 集镇规划情况及数据统计来源：武汉市规划研究院 恩施市城乡规划设计研究院：《湖北省恩施市龙凤镇综合扶贫改革试点城乡建设总体规划文本》城规编第（081094），2013年，第3—9页。

镇,其建成区约 3 平方公里,现有居民约 6700 户 1.8 万人,其中非农户 5300 余人。集镇由 209、318 两条过境国道延伸的两条大道(建设大道、沿河大道)和纵深分布的三条街道(龙凤街、新民街、新建街)组成。社会设施主要有政府行政服务机构 1 个,社区居委会 1 个,学校 6 所,医院 1 所,门诊 4 个;市政设施主要有供水设施 3 个(日供水 1 万吨的龙凤水厂以及日供水 500 吨的龙凤村水厂、三龙坝水厂),自来水入用户率 99%,供电设施 2 个(供电营业所、变电站),燃气(通龙燃气、昆仑燃气)开通入户 380 户,电信、移动、广播网络等通信全境覆盖,开通环绕 209、318 国道的龙凤坝至恩施州城公交线 32 公里,建成共用照明路灯 428 盏。公用设施包括垃圾压缩中转站 1 个,垃圾转运车 1 辆,文化广场 1 个,停车场 1 个,但缺乏垃圾处置及污水收集处置设施。

二是龙马集镇,其建成区面积约 1 平方公里,现有居民 437 户 1557 人。道路设施主要依托双龙公路,支线道路畅通未硬化。集镇现有村委会、医院、小学(含幼儿园)、中学、烟草站、邮政所。用电引自龙凤镇变电站,已通自来水,有天然气调压站,但是也缺乏垃圾收集处理、污水收集处理、车站、集贸市场等公用设施及专业市场。辖区内现有登记注册企业 95 家,个体工商户 2191 户,有面积约 3000 平方米农贸市场 1 个,超市 2 家;建有 17 层的商品房一栋,其他房屋均为居民自建的低层砖混结构平房,城镇人口人均住房面积不足 30 平方米。

龙马集镇(图 1)建成区面积约 1 平方千米,距龙凤集镇 20 千米,是原龙马乡行政服务中心所在地,现有居民 437 户 1557 人,集镇沿双龙公路两侧呈带状分布。道路设施主要是双龙公路,支线道路畅通未硬化。集镇现有龙马初中、龙马小学各 1 所,幼儿园 1 所,医院 1 所,卫生室 1 个,烟草站 1 个,邮政储蓄网点 1 个,居民用电引自龙凤镇变电站,建有日供水 200 吨的自来水厂 1 个,自来水入户率 80%,天然气调压站 1 个,茶叶加工企业 1 个,有个体工商户 75 户。

图 1 龙凤、龙马、吉心三个集镇示意图

资料来源：武汉市规划研究院 恩施市城乡规划设计研究院：《湖北省恩施市龙凤镇综合扶贫改革试点城乡建设总体规划图册》城规编第（081094），2013年，第6页，城乡等级规模结构规划图。

吉心集镇建成区面积约0.5平方千米，距龙凤集镇8千米，现有居民183户696人。集镇由沪蓉高速公路出口和长约1千米的吉心街道组成。境内有高速公路收费站1个，吉心小学1所，幼儿园1所，村卫生室1个。建有1万立方米蓄水池1个，"吉阳公路"、"318国道"、沪蓉高速公路出口在此交会，区位优势明显，集镇有个体工商户23户。

结合表1中的基本数据，可以看出当前龙凤全镇缺乏大型文化娱乐设施、大型体育健身设施与垃圾处置及污水收集处理设施。由于教育、文化、卫生、体育等方面软硬件设施滞后，城乡居民就业不充分。人均教育、卫生支出仅相当于全国平均水平的57.1%，中高级专业技术人员缺乏，科技对经济增长的贡献率较低。另外，龙凤镇辖区内主干道交通网络尚未完全形成，路网等级低。水利基础设施薄弱，电力和通信设施落后，仓储、包装、运输等基础差。科技、信息、金融、产权和房地产等高端市场体系没有形成。生产要素交换和对外开放程度低，物流成本高，发展空间有限。

二 集镇人口偏少

由于外出务工是龙凤镇农户增加收入的主要途径，异地城镇化现象严重。总体来看，龙凤镇城镇化发展水平较低且发展速度缓慢，城镇对人口的引力不足。

表2　　　　　　　　2012年龙凤镇人口发展现状表　　　　　　单位：人

单位	全区	龙凤村	小龙潭	三河	三龙坝	向家村	双堰塘	店子槽	古场坝	杉木坝
户籍人口	68663	5184	3758	3608	5832	5191	2798	2540	3202	2925
常住人口	56504	4359	3178	3028	5007	4511	2278	2060	2622	2375
单位	吉心	二坡	大转拐	龙马	柑子坪	猫子山	佐家坝	青堡	碾盘	龙凤社区
户籍人口	2416	3130	2324	3038	1770	1948	2825	3117	3688	9369
常住人口	2066	2680	1904	2488	1520	1668	2175	2467	2938	

资料来源：数据整理依据龙凤镇统计站：《2012年农林牧渔业基层年报表》，2012年12月6日，第8页。

如表2和图2所示，至2012年年底，龙凤镇的城镇社区人口与乡村人口的比例较为悬殊。其城市化水平与全面建设小康社会目标之一——城镇化率达到50%和52.57%的全国城镇化平均水平都具有很大差距。与湖北省和恩施市的城镇化水平同样也存在一定差距。

同样，具体从展开规划试点的3个集镇的现状来看，如图3所示，3个集镇目前的人口吸纳能力还比较弱。

总体来看，人口吸纳能力平均每个镇为6751人，不足1万人，3个集镇吸纳的人口仅仅占龙凤镇总人口的29.5%。结合前文对3个集镇的介绍情况来看，造成集镇和城镇人口聚集量较少的原因主要是：一是城镇层次水平偏低。定位不明确、规划起点低、发展规

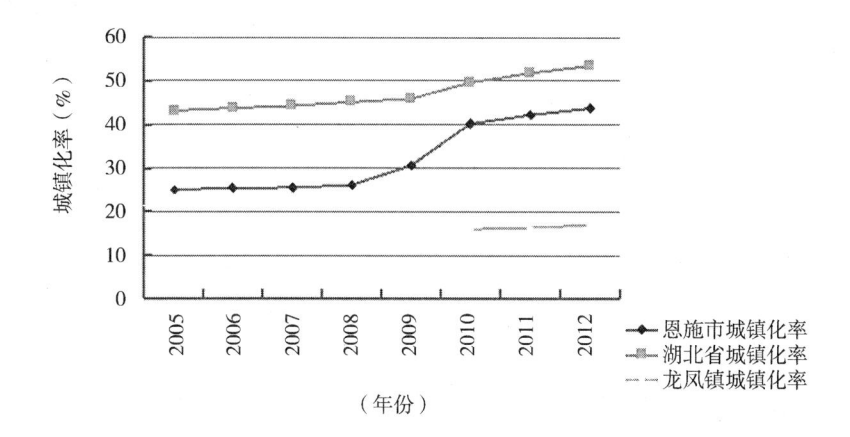

图2 湖北省、恩施市及龙凤镇的城镇率

资料来源：城镇化率由2005—2010年《湖北省统计年鉴》①、《恩施市统计年鉴》② 以及龙凤镇历年统计年报③的常住人口数据计算而得。受当前可得数据的限制，在此，只以目前可查得的龙凤镇城镇化率的准确数据进行比较。

模小，没有形成合理的规划，还处于较低层次的自然增长模式。二是公共基础设施欠账较多。3个集镇基础设施和公共设施建设明显滞后于经济发展，开发建设方式落后，主要以分散零星建设为主，综合开发率低，整体环境差。三是集镇管理还不到位。集镇管理、养护、保洁的管理体制和长效机制还不够完善，部分仍然存在乱搭乱建、乱堆乱放、乱倒垃圾等问题。四是镇内除了初步发展旅游服务业之外，绝大多数区域仍以从事传统农业生产为主，城镇化和工业化的辐射影响力较弱。

从人口布局的角度来说，龙凤试点有很大的发展空间去实践

---

① 资料来源：中华人民共和国国家统计局分省年度人口数据。网站地址：http://data.stats.gov.cn/workspace/index?m=fsnd。
② 资料来源：恩施市统计局《2012年恩施市统计年鉴》，2013年2月，第22页。
③ 资料来源：龙凤镇统计站《2012年农林牧渔业基层年报表》，2012年12月6日，第8页。

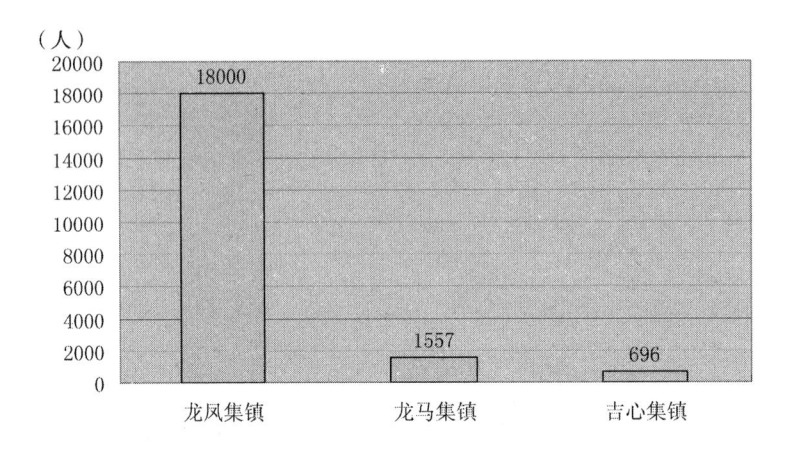

图 3　龙凤、龙马、吉心三个集镇目前所吸纳的人口数量

资料来源：数据整理依据湖北省恩施市龙凤镇综合扶贫改革试点工作领导小组办公室：《湖北省恩施市龙凤镇综合扶贫改革试点资料汇编》，2013年9月18日，第59—60页。

"新型城镇化"，并重点关注"人的城镇化"。此次龙凤试点大规模迁入式城镇化的过程，其主要动力来自于州城北扩、扶贫移民搬迁以及产业发展带来的外来人口增长，而镇域人口本身的自然增长对城镇化人口的贡献将非常微小。[①] 因此，在规划期内的城乡建设过程中，需要注重城镇体系的职能分工、产业发展的空间指引、扶贫搬迁的有序开展以及城镇发展空间格局的优化。

三　城乡发展失衡

从龙凤镇的城乡人口地区分布来看，农业人口占全镇的比重大，"小城镇、大农村"格局明显。城镇居民可支配收入增长快，生活质量有较大的提高，而广大农村居民生活质量并没有得到明显改善，城镇与农村的差距较大。加之全镇贫困人口多、贫困程度较深。2012年镇域人均生产总值是全国平均水平的50.3%，农民人

[①] 胡冬冬：《新型城镇化视角下山地贫困城镇发展路径探索》，《小城镇建设》2013年第5期，第33页。

均纯收入为4185元①，是全国平均水平的56.6%，低于2300元的农村贫困人口有24822人，贫困发生率达到41.9%②。2012年镇域内城乡居民收入比为3.6∶1，城乡差距明显，行政村之间也存在不同程度的差距。

城乡二元结构还体现在户籍制度和与之紧密联系的教育、医疗、卫生、保险、住房体制，这些成为农民向城镇转移过程中的障碍。虽有烤烟、茶叶、蔬菜、葡萄、花椒、养殖等特色农业基地，但规模不大、产业延伸度低、受益面小，外出务工仍然是许多农户的唯一经济来源，截至2014年4月，龙凤镇外出务工劳动力人数约为1.6772万人，占全镇人口的28%。③ 但是，因为户籍制度的制约，外出农民工往往没有被纳入务工所在地的公共服务体系，难以和当地居民享受同等条件的教育、医疗和社会保障，因此很多人只能在户籍所在地享受当地的公共服务，无疑加大了乡村政府的公共服务负担。

由此可见，不仅仅是龙凤扶贫试点，城乡发展在经济发展、公共服务方面存在差异的普遍现象表明，城镇化的进程实际上取决于城乡社会的双向互动，新型城镇化的"新"并不是抛弃和遗弃农村，而是以农村繁荣为前提条件，即农村人口也能享受城镇均等的公共服务。在温饱阶段，城乡差距在于收入。在小康阶段，城乡差距主要在于公共服务。农村人口实现温饱后最渴求的是有良好的教育、医疗、养老、社会救助、文化生活等。因此，在城镇化进程中，一方面是"人口进城"；另一方面是"服务下乡"，这才是完整的城镇化。④

从制约条件上深究，一方面是在农村地区，贫困村脱贫难度

---

① 需要提及的是，截至2014年4月的最新数据，加入劳务收入的农民人均所得为5005元，农村经济收入水平有一定提升（数据来源：农村经济收益分配统计表）。

② 资料来源：湖北省恩施市龙凤镇综合扶贫改革试点工作领导小组办公室：《湖北省恩施市全国综合扶贫改革试点总体规划》，2013年6月，第6页。

③ 资料来源：恩施市经管局填报《农村经济基本情况统计表》，2014年4月24日，第2页。（出处：湖北省恩施市龙凤镇综合扶贫改革试点工作领导小组办公室：《湖北省恩施市龙凤镇综合扶贫改革试点体制机制创新文件汇编》，2014年3月。）

④ 徐勇：《均等公共服务是城镇化的必须》，《湖北日报》，2013年1月31日第5版。

大，贫困户自我发展能力弱，上一轮实施整村推进扶贫，虽然解决了部分村脱贫，但由于资金投入小，每次安排的村少，受益面较小，加之致贫的因素很多，如因病、因灾、因残、因缺资金、缺技术等，使得城乡差距难以在短期之内消泯；另一方面是当前龙凤镇社会经济发展仍是以第一产业为主的产业结构，这是影响城乡发展差距的重要经济背景因素。截至 2014 年 4 月，从事第一产业劳动人数约 1.16 万人，[①] 农村农业经济结构单一，以传统种植业、养殖业和劳务输出占据主导地位，农业科技含量低、农产品商品率小、工副业较少、农副产品加工业、矿产建材业、农机具制造业、农用化工业等产业为主。农业特色产业基地没有形成，农民增收难。另外，第三产业缺乏有特色、有较强竞争力的大企业、大基地，关联产业发展滞后，产业链条延伸度低。虽然龙凤镇有各类企业近百家，有烟叶、水果、蔬菜、养殖等产业，但均未形成支柱，竞争力不强、经济关联度差、产品附加值低、增值能力弱、就业岗位少，龙凤镇现有的民营企业提供就业岗位不到 2000 个，农民增收主要靠务工。因此小城镇的带动力不强，龙凤虽然位于州城城郊，但服务州城的能力没有体现，城郊经济效益不高。[②]

加之农村居民消费不足，农村市场发育较慢，影响了经济发展和城镇化的进程。龙凤镇农业人口多，土地资源有限，要想让众多农民真正富起来，缩小城乡发展差距，就必须尽快让部分农业人口转向非农产业，大力发展小城镇，实现农村城镇化。

四 镇域生态脆弱

龙凤镇地处云贵高原的延伸地带，武陵山脉的余脉伸入境内，

[①] 资料来源：恩施市经管局填报《农村经济基本情况统计表》，2014 年 4 月 24 日，第 2 页。(出处：湖北省恩施市龙凤镇综合扶贫改革试点工作领导小组办公室《湖北省恩施市龙凤镇综合扶贫改革试点体制机制创新文件汇编》，2014 年 3 月)

[②] 恩施州委党校 2013 年中青班调研七组：《扶贫开发机制创新调研报告》，《清江论坛》2013 年第 3 期。

地形复杂多样，沟壑纵横，河流密布，山势陡峭，地质稳定性较差，部分区域水土流失、石漠化严重，立体气候差异明显，旱涝灾害并存，部分区域水土保持不足；森林植被状况不好，生态环境较脆弱，承载能力有限；土壤瘠薄，全镇现有耕地总面积5.53万亩，其中25°以上坡耕面积18045亩[①]；林业用地总面积28.6万亩，其中林地22.5万亩。人均耕地面积为1.22亩，只有全国平均水平的68.8%；镇域经济发展与生态保护矛盾较尖锐，产业结构调整受生态环境制约突出。加之经济基础薄弱，自然条件差，农村及镇域人多地少，生产方式粗放，资源利用效益低，制约了经济的发展。

试点区居民点的零散分布，导致了许多耕地分布在坡度较大区域，不仅产量很低，而且影响生态，需要通过退耕还林来保育生态和改善农民生活。因此，根据试点区耕地特征，结合退耕还林实施情况，按25°以上坡耕地全部还林及部分低产低效的15°—25°的耕地进行还林的方式，确定试点区共实施退耕还林规模2467公顷。同时通过政策机制创新，全面提高退耕还林和移民搬迁的补偿标准，确保农民退耕还林后的生活保障。

之所以把生态环境的考察列入移民建镇或城镇化的一项背景因素，一是源于新型城镇化建设本身需要在城镇建设中考量与平衡生态环境问题，在发展与生态环境之间达成平衡；二是因为城镇化意味着社会要素的重新配置和社会关系的重新组合，由此需要统筹思考和规划，除了考虑移民的角色，还必须考虑土地分配及占坡要地及生态建设的问题，以适应长远的城镇建设发展目标。达到因地制宜、突出特色、遵循生态优先，循环发展、低碳发展、可持续发展的原则。[②] 城镇化过程中，如何在城乡之间合理配置土地资源，确保土地资源的可持续利用，已成为当地经济协调健康发展的重大课

[①] 资料来源：中共恩施市委农办，湖北民族学院林学园艺学院：《湖北恩施全国综合扶贫改革试点农业产业发展规划（2013—2017年）》，2013年5月，第7页。

[②] 资料来源：中共恩施市委农办，湖北民族学院林学园艺学院：《湖北恩施全国综合扶贫改革试点农业产业发展规划（2013—2017年）》，2013年5月，第4页。

题，保护耕地、节约用地、提高土地资源利用率是新型和节约型城镇化过程中的重中之重。① 特别对于龙凤镇当前脆弱的生态环境基础，更应在建镇过程中，将大规模基础设施建设和产业调整所对土地资源的占用、流失等不利影响降至最低。

第二节　试点区移民建镇的挑战

一　多数村民期望值较高

对于实施移民建镇项目，多数居民是希望通过移民建镇来显著改善生产生活条件的，进而迅速提升生活质量和水平，享受国家更多惠民强民政策。特别是偏远贫困村的村民，移民搬迁愿望更强烈、期望值更高，有的甚至希望政府把集镇房屋修好后无条件领钥匙入住，并且最好是一户无偿配置一个门面一劳永逸地获取出租收入，这部分人今后在搬迁实施中与政府可能存在无限扩大化的利益博弈。② 但当前龙凤新区综合改革试点所能享受的各项优惠政策尚未出台，实质性措施的践行仍处于初步探索阶段，没有深入展开，影响移民建镇工作顺利推进。另外，除了建镇的交通、教育、医疗、文化娱乐等公共设施落后之外，网络信息化服务、现代物流等现代服务业滞后也是与村民预期差距较大的因素；城镇公共设施的延伸很少惠及村庄，村庄经济发展、公共设施及信息化服务、产业链条等现代产业发展体系也缺乏与城镇产业的对接。

加之由于迁入地距离原有社区通常较远，导致一些较偏远地区土地被荒弃等现象，一些地方移民建房面积贪大求多，超过规定的用地标准，造成不必要的浪费，致使镇域内有限的耕地资源进一步流失，加剧人地关系的紧张。通过对龙凤镇域的部分村庄的访谈，

---

① 郭强、汪斌峰：《中镇：中国节约型城镇化模式》，黑龙江人民出版社2012年版，第77页。

② 恩施州委党校2013年春季中青班调研五组：《移民建镇的现状与对策：产城一体、统筹发展》，《清江论坛》2013年第3期，第58页。

结合统计数据的分析，也可以看出在当地的扶贫改革背景下，劳动力是一个快速流出村庄的变量，而土地资源是一个相对稳定、不易升值的常量，农村土地资源的城乡二元配置导致了要素市场的扭曲，土地资源在市场经济条件下无法成为促进村庄发展最具活力的要素，人力资源、科技和资金等资源缺乏流入村庄的积极性，土地抛荒与村庄空心化成为这些地区日益严重的问题。

在上述条件的影响下，从短期来看，移民建镇对移民的经济效益增加尚不明显，反而有可能在一定程度上增加搬迁农户的生活成本，主要由于配套产业尚未完全发展，搬迁农户的收入仍以外出务工为主；同时从支出来看，考虑到水电支出、置备支出、人情支出等，移民户的生活支出相较之前往往会增加，由于期望值过高，部分搬迁户还可能存在"等、靠、要"的依赖思想。

二、部分民众顾虑较多

从调查情况看，搬迁农户和拟搬迁农户的顾虑主要是担心在新环境下，不被当地居民接纳。原住居民对移民和流动人口的接纳意愿很大程度上影响着新入住居民的归属感及对自己在社会化过程中身份的思考及认知，是社会融合的一个重要因素。从这个意义上说，移民融入城市社会环境并不是一个一厢情愿的适应过程，其是否能融入以及如何融入迁入地在很大程度上也取决于原住居民如何评价对待以及接纳。[1] 如原小组群众自发筹资修建的小组公路，其占补也由小组内群众自发调整平衡，对新搬迁来的住户，要求补缴集资费后才允许使用的问题。还有在农网改造、自来水管网建设中原小组群众也投劳或筹资，现搬迁户需接口，原小组群众要求补偿的问题等。这些问题有的可以由搬迁农户自己与小组群众协商解决，有的需要由村组集体出面予以协调解决，政府未能及时出台相应的规定，动员全社会关注搬迁户，

---

[1] 宋月萍、陶椰：《融入与接纳：互动视角下的流动人口社会融合实证研究》，《人口研究》2012年第36卷第3期，第40页。

关心搬迁户，支持搬迁户在新环境下安居乐业。

当前已搬迁农户对其原有土地主要有几种处理模式，一是将原有土地全部流转给农业大户或者企业，进行非农经营，每年获取一定的租金；二是原来的土地离移民区较远，农地经营不便，将农地荒弃。已移民搬迁的农户对其原有土地处理方式会在一定程度上造成土地"非粮化"和"荒弃化"。加之缺乏现代化技能，教育培训资源比较短缺，不少移民担心无一技之长无法寻找外出就业机会，经济收入无法保证，生计问题凸显。

为农民服务的地方性金融服务发展落后。移民建镇工程对当地农民的生产和生活有重大影响，为他们提供了机会和挑战，经历搬迁变化的移民急切需要地方性金融途径和社区服务的支持。一些移民有意愿通过移民建镇工程改善自己的住房条件，希望政府鼓励银行为农民建房提供按揭贷款。

除了贷款融资缺乏保障之外，农产品流通市场体系建设尚为欠缺也加深了移民的顾虑，建立农村市场与城市市场体系未能有效结合，无法通过强化产销衔接稳定供应链条或创新农产品流通方式。对此，仍需要进一步通过向农民推介农业新品种、新技术、新模式，加强对农产品龙头企业的培育，在农产品产地与市场流通间架起沟通桥梁，推进专业特色市场和商业网点建设工作。采取政府搭台、企业运作的经营模式，围绕优势主导产业，加强龙头企业和农民专业合作社建设，支持涉农企业扩大规模和进行产业化技术改革，形成带动能力强的农业龙头企业和专业合作社，扩大产业链，推进标准化生产、品牌化建设、规模化经营、规范化管理，由此才能减轻在移民建镇和城乡转型过程中，移民对经济收入前景的多方顾虑，更加积极地向更有效的新型生产经营方式转变。

三 集镇公共服务能力严重不足

小城镇基础设施建设和公共服务投资不足的问题普遍凸显。相对集中的移民安置点需要建设饮水、供电、简易道路等基本配套设施,但由于建设资金不足、基础设施建设滞后影响了集中安置移民的规模和效果。① 政府没有财政能力用于与移民建镇相配套的基础设施建设,也没有积极地寻找多元化融资途径,只是从原本有限的移民安置补贴中扣除一部分用于必要的基础设施建设。城镇的聚集效应和拉动作用未能得到充分体现。当前龙凤镇在67个试点实施项目中共完工27个,动工40个,并将在2014年续建并且拟建新项目41个。② 具体实施情况如表3所示。

表3　龙凤镇2013年完工的主要基础设施项目及续建情况

项目类别	项目及2013年完成情况		2014年续建项目
交通运输	G209国道大修工程	修复里程全长3.4千米	
	龙凤通畅工程	完成工程23.8千米	完善通村公路;金龙大道建设
水电设施	吉心水厂	解决1.8万人饮水安全问题	州城应急水源供水管网延伸工程、污水处理工程
	烟电配套中低压工程	新建5个电台区	金龙坝变电工程
市政设施	龙凤商贸中心	完成1500平方米的超市卖场装修	特色民居、村寨保护、旅游风情小镇、社区建设
	龙马便民服务中心	建筑面积1000平方米	
	信息化平台	完善宽带、光缆、基站	
	龙凤集镇市政设施	新建停车场、垃圾中转站、洗扫车1辆、垃圾箱36个	标准化菜市场
社会事业	村卫生室	在7个村设立	小学、初中建设;教师经适房建设、学校信息化建设

---

① 庞效民、李晖:《地方政府能力建设与移民小城镇发展》,《经济地理》2003年第23卷第3期,第380页。

② 参见《恩施市龙凤镇综合扶贫改革试点项目简介》,第1页;资料来源:湖北省恩施市龙凤镇综合扶贫改革试点工作领导小组办公室:《湖北省恩施市龙凤镇综合扶贫改革试点体制机制创新文件汇编》,2014年3月。

续表

项目类别	项目及2013年完成情况		2014年续建项目
产业发展	良种茶繁育基地、烟菜轮作示范基地	新建基地165亩、1500亩	中央现代农业标准茶园、硒茶产业园区、现代畜牧业示范区等

资料来源：湖北省恩施市龙凤镇综合扶贫改革试点工作领导小组办公室：《湖北省恩施市龙凤镇综合扶贫改革试点体制机制创新文件汇编》，2014年3月。

基础设施配套建设工作是实施整体搬迁的一项重要内容，需要通过集中资金、集中项目来改善整体搬迁安置点生产、生活所必需的设施。完善社区服务功能，使社区搬迁居民享受完整的公共服务，这包括水电维修、卫生保洁、环境治理、治安防卫、帮困解难、职业指导、就业援助、信息咨询、医保服务、文化娱乐等服务内容。根据龙凤镇当地的实际，目前应重点建设和完善教育和卫生服务，并对学校和卫生进行升级改造和设施完善，并配备合格人才。

从表格整理项目的实施情况来看，当前这些基本公共服务设施并未得到完善。城镇道路工程仍在建设中，水电设施覆盖范围不足，市政发展设施不够完善，特别是社会事业基础设施的建设欠缺，显示出城镇对教育卫生发展功能支撑不足。农村交通基础条件也比较差，制约了发展，受小村并大村影响，实现通达工程和通畅工程比例都不高，全镇通村里程250公里，硬化了的只有50公里。[①] 此外，城镇化发展必须要有产业支撑，城镇化道路必须与产业发展相协调，培育支柱产业，多途径解决就业问题，保障就业和增收，为农村城镇化发展提供劳动力，当前产业建设仍停留在初步开展阶段，2013年完工的产业项目缺乏高科技和附加值高产业园区的建设，留待2014年续建项目的完善，这成为龙凤镇移民搬迁式城镇化道路持续发展的方向和难点。

---

① 恩施州委党校2013年中青班调研七组：《扶贫开发机制创新调研报告》，《清江论坛》2013年第3期，第65页。

另外，在处理好户籍问题的前提下，探索建立城乡一体的社会保障体系，推进市民化，使移民群体从职业、居住、户籍，到观念、文化和生活方式等方面全面融入城镇。探索土地安置与户籍管理办法，土地制度和户籍制度是新型城镇化的基础性制度，有利于巩固移民的成果。

四 移民政策不配套

首先，市场经济下的合村并镇式的移民建镇或特色旅游小镇依然具有很强的计划性，因而在迁建过程中存在着比较复杂的资产评估或补偿问题。这就要求有关部门首先要对移民建镇涉及的土地、房屋及其他土地附着物进行全面系统的调查与勘测，以准确地掌握合理的搬迁补偿或产权重组所必需的基础数据；有关部门还必须依据相关法律法规与受影响人口协商制定一个双方能够共同接受的补偿或重组方式。实现资源合理重组和有效配置是移民建镇最为重要的经济目标。恰是当前龙凤镇在移民建镇过程中所面临的问题。

其次，对于移民工程建镇项目中的特色小镇规划，是根据当地的实际情况和区位优势来制定的，它们发展起来之后有利于壮大当地经济和财政，从而为实现社会福利和社会保障的均等化、广覆盖创造条件。可以预见特色小镇建成后还可以辐射出更多的就业机会。吸引本地区的青壮年农民工返乡创业、就业。这对于贫困山区的城镇化都是"正能量"。但是，必须要面对的是，地方政府在推动新型城镇化建设方面的困难将不是在资金和规划方面，而是如何实现合理土地利用模式以及创造、提供就业和发展机会等方面。

移民搬迁工作要实现"搬得出、稳得住、能致富"目标，有一定难度，通过移民和集中安置之后，部分搬迁户脱离了原先生活的土地，其基本生活和稳定增收等问题进一步突显。虽然各级政府采取了一些增加就业、创业的措施，但没有从根本上解决问题，搬迁户能稳定居住的关键是当地产业的持续发展，能为其提供足够的就业机会，否则搬迁对象可能因集镇社区生活成本过高，且缺失足够的就业岗位和土地保障导致部分农户回迁。但当前，受自然条件、地理条件、交通条件的限制，试点地区在招商引资、发展特色产业和自主创业方面都存在经营风险，当地项目较少，吸纳就业能力低，难以为移民提供充足的就业岗位。

第三节 试点区城镇化的措施

移民建镇的过程，也是农业活动逐步向非农活动转化和产业结构升级的过程，是农村人口逐步转变为城镇人口以及城镇文化、生活方式和价值观念向农村扩散的过程。试点将力图突破传统的城镇化模式，走城乡一体化新型城镇化道路，将原来依赖于土地生活的农民通过国家、地方和个人三方力量，配合城市化进程和小城镇建设，探索城镇化和特色产业发展的"双轮驱动"来深入推进和保障民生。把城镇建设与完善公共服务结合起来，把扶贫搬迁与移民后续发展结合起来，把产业结构调整与生态建设结合起来，确保试点工作有力有序推进。

一 全面规划

试点移民建镇的目标是，从 2013 年起，每年搬迁农村人口 6000 人以上，到 2017 年完成农村贫困人口搬迁任务。完善"一主"（龙凤民族新镇）、"两副"（龙马旅游风情小镇、吉心商贸物流小镇）、10 个社区的城镇规划体系，鼓励农民进入城镇就业、居住，鼓励城市各类市场主体到农村进行产业建设和公共服务体系建设，努力破除城乡二元结构，探索城乡一体化建设路子，到 2017 年，城镇化率力争达到 70%，移民人均住房面积达到 30 平方米，人均收入达到小康水平，实现"搬得出、稳得住、能致富"的移民建镇目标。[1]

---

[1] 恩施市人民政府扶贫开发办公室：《湖北恩施全国综合扶贫改革试点扶贫搬迁规划（2013—2017 年）》，2013 年 5 月 30 日，第 8 页。

根据李克强总理对龙凤镇及贫困地区的建设要求，龙凤镇按照"四化同步"发展编制了移民建镇规划。从龙凤镇的城镇化布局来看，是通过点轴带动、板块联动、集约发展，形成"一主、两副、三轴、四板块"的空间框架。"一主"：由龙凤新区形成综合发展极核，作为规划区的政治、经济、文化中心。"两副"：打造龙马、吉心新市镇为区域增长副中心，带动周边区域发展。"三轴"：依托双龙公路以及318国道形成城乡空间发展主导轴线；依托安吉高速公路以及209国道，形成沟通中心城区和建始县的区域性联系轴线；依托规划二级公路形成龙马联系大峡谷和梭布垭景区的重要旅游轴线。"四板块"：分别为南部城市综合板块、东部农产品生产加工及物流板块、中部特色产业综合板块、西部生态农业板块。

从规划文本上来看，毫无疑问，龙凤镇的村庄合并重组利用了综合扶贫改革的机遇，属于自上而下的行政模式。主要做法是有组织地将一些地处边远山区、生产生活条件恶劣、脱贫致富无望的弱村、小村，合并到城市郊区或农村经济发展较好的富村、大村，整村或部分人口迁户转移，比如龙凤镇规划通过移民搬迁后古场坝村将并入杉木坝村，柑子坪将并入龙马新市镇。这种村庄兼并方式，通常是政府出于反贫困等社会发展目标的冲动，实践中也需要上级政府出面并发挥更大的规划、协调作用，有时还包括投入必要的搬迁成本，涉及这方面的内容还需要在2014年进一步观察评估。这些规划设计不应与建设实践脱钩，也不仅仅是为了招商引资的宣传和争取政府财政资金。

实事求是地看，在合理规划和规模经济利益共同驱动下的村庄合并其城镇化功能是有条件的、有限的，但也是多方面的、多层次的，而且在某种程度上同样也是现实的。具体来说，村庄合并的城镇化功能体现在如下四个方面：其一，村庄合并有助于农业朝着规模经营的趋势发展，从而有助于增强市场经济条件下城镇化的农业基础；其二，村庄合并有助于农业剩余劳动力的彻底转移，有助于避免因农村过度兼业化而将农村结构变迁"锁定"在非城镇化的非农化轨道上;其三,村庄合并有助于淡化农民封闭的小生产意识和浓厚的乡土观念,强化他们的开放、流动观念和商品经济意识,从而在非物质形态上改造传统的二元社会结构;其四,村庄合并有助于农村人口的逐步集聚,逐步发展到"合村并镇"层次,将产生现实的城镇化效应。

从龙凤镇规划的城乡体系和规模结构上看,如表4所示,龙凤镇将规划形成"新城区""新市镇""新社区"三级结构体系。一级为龙凤新区,规划期末人口约15万人;二级为新市镇,包括龙马新市镇和吉心新市镇,规划期末人口分别为9000人和5000人;三级为新社区,其中包括青堡、杉木坝、双堰塘、二坡、猫子山、店子槽、佐家坝、大转拐和碾盘9个中心社区,规划期末总人口约4200人,其余33个社区为一般社区,规划期末总人口为16800人。在这样一个规模结构上,其城乡职能结构表现为,通过特色引导、培育功能,打造五种职能类型,即综合型、商贸物流型、旅游农贸型、农业工贸型、农业型。其中,第三级新社区,除了双堰塘还有青堡、杉木坝、二坡、猫子山、店子槽、佐家坝、大转拐和碾盘九个中心社区,规划期末总人口约4200人,其余33个社区为一般社区,规划期末总人口为16800人。新社区即农村新型社区,既有别于传统的行政村,又不同于城市社区,它是由若干行政村合并在一起,统一规划,统一建设,或者是由一个行政村建设而成,形成的新型社区。例如,从双堰塘村的规划文本来看[1],既不等同于村庄翻新,也不是简单的人口聚居,而是要加快缩小城乡差距,在农村营造一种新的社会生活形态,让农民享受到跟城里人一样的公共服务,过上像城里人那样的生活。它以节约土地、提高土地生产效率、实现集约化经营为主导、农民自愿为原则,提高农民生活水平为目标,让农民主动到社区购房建房,交出原来的旧宅用于复

---

[1] 参见龙凤镇人民政府《湖北省恩施市龙凤镇双堰塘村整村推进扶贫规划(2013—2014年)》,2012年12月15日,第10—15页。

耕。实现社区化之后，农民既不远离土地，又能集中享受城市化的生活环境。

表 4　　龙凤镇现有行政村及其城镇化规划一览表

行政村名称	备注	规划结构	移民安置模式
龙凤村、三龙坝村、小龙潭村、三河村、向家村	离州城较近，被规划成新城综合发展区	新城区	中心城区置房居住
龙马村　吉心村	规划成"两副"，即龙马旅游风情小镇、吉心商贸物流小镇	新市镇	集镇安置（结合重点镇建设，整合现有集镇、小区资源，拉大集镇骨架和规模）
双堰塘村、大转拐村、二坡村、店子槽村、杉木坝村、佐家坝村、猫子山村、青堡村、碾盘村、古场坝村、柑子坪村	依托这9个中心村建设新型农村社区移民搬迁后古场坝并入杉木坝村，柑子坪并入龙马新市镇	新社区	社区或产业园区安置安置，建设集镇化社区，整合资源

资料来源：恩施市人民政府扶贫开发办公室：《湖北恩施全国综合扶贫改革试点扶贫搬迁规划（2013—2017年）》，2013年5月30日，第12—13页。

龙凤镇的中心村规划建设属于村庄合并式移民建镇，即通过两个或多个村庄土地、人口和其他经济资源的全方位流转实现生产要素的集聚和规模经营，社区管理组织和管理体制也相应发生改变。村庄合并式移民建镇是农村土地流转制度创新基础上农村城镇化的进一步扩展与深化。通过这种方式实现农村人口与经济要素的集聚逐步发展为村镇乃至新市镇，是龙凤镇农村城镇化的一个重要创举。让农民就近享受公共服务，让有条件的农村居民尽快适度集中，住进环境优美、配套齐全的楼房。

从龙凤镇的产城一体化规划来看，由于产业是城市发展的支柱和动力源泉，城市是产业发展的载体和依托，生态是城市发展的特色，应该构筑起宜居、宜业、宜人的城市发展新格局，即将产业功能、城市功能、生态功能融为一体，把移民建镇建设与土地流转、产业园区建设相结合。2013年,龙凤镇初步探索"产城一体化"发展模式,将规划形成"三基础"(烟茶种植、畜禽养殖、园艺作物种植)、"三支柱"(农产品加工业、机械设备制造业、商贸物流业)、"一特色"(生态文化旅游业)和"三战略"(农业高新技术创新产业、农业高端服务产业、生物制造产业)的产业体系。通过一年的努力,龙凤镇在产业发展上逐步形成茶叶、烟叶、畜牧、林业和生态旅游五大特色产业链。

在茶业产业发展上,2013年在龙马、猫子山等7个村新发展茶叶8000亩,在保扎片区建茶叶核心示范基地1200亩,发展苗圃基地164亩,全镇茶叶总面积达到2.2万亩。烟叶产业上,已落实烟叶面积4174亩,完成收购量81.5万斤,实现税收195万元。在畜牧蔬菜产业上,已建成"155"示范小区3个,完成标准化栏圈100栋,启动联强万头猪厂建设,蛋鸡养殖规模达到10万羽;大力推广油菜免耕稀植栽培技术和鄂马铃薯5号新品种,完成油菜高产创建基地2000亩,推广马铃薯优质种薯60万粒,完成土壤酸化治理4000亩,建蔬菜基地200亩,发展露地蔬菜2000亩,培植农业科技示范户100户。在林业产业上,完成21538.6亩退耕还林外业调查工作,组建两家漆树专业合作社,采取"公司+基地+合作社+农户"模式,完成漆树苗木移栽8600亩,完成低产林综合改造500亩,栽植行道树19.6公里,河道树6.5公里,树木成活率达到90%以上;全镇农民专业合作社达到56家,其中今年新增16家。

二 引导移民市民化

城镇化的实质在于城乡转型,是包括人口、产业、空间结构等全方位的转型,而不仅指人口的城乡结构变化。① 在城乡比较利益的刺激下和政府的推动下,农民逐渐离开土地,通过职业转变,开

---

① 胡必亮:《将推进城镇化与建设新农村紧密结合起来》,《中国发展观察》2007年第5期,第22页。

始市民化进程。首先是在实现农民身份转换上寻求突破，在城镇发展规划中指出着力创新社区管理机制，强化社区服务，实施社区自治。特别是原有农户通过移民搬迁进入新社区后，与原住地联系日益薄弱，原有的传统的村组服务管理模式不能适应发展的需要。

为加强对移民搬迁户的管理和服务，龙凤镇积极探索创新管理机制，并且创新管理服务方式，按照与人口相关的服务和土地相关权益分离的办法，将原属于原户籍村委会承担的低保、新农合、养老保险、民政求助、劳动就业保障、区域环境卫生、社会治安等随人口走的管理与服务转移到居住社区，由社区居民委员会提供管理和服务。原户籍所在村继续承担退耕还林、种粮补贴，土地、林地确权登记和承包流转及征用、村集体经济组织收益等随土地走的服务工作。

其次是通过加强基础设施建设等工作提升城镇吸引力与适应性，为保障移民市民化提供居住、教育等方面的物质性保障。例如，在社会事业发展上，2013年龙凤镇初级中学迁建项目综合楼、食堂、宿舍及教学楼各标段主体建设工程全部完工，并进入装饰装修阶段；在交通建设上，推进道路通畅工程，2013年完成23.8公里的通畅工程；其他基础设施建设，如2013年完成8个村（社区）阵地和9个村（社区）卫生室建设，龙凤至龙马二级公路、龙凤大道、金龙大道、喻家河水源性工程等基础设施建设。① 在市镇联动建设过程中，龙凤镇着力"二统筹"：着力统筹基础设施建设，结合新农村建设和扶贫搬迁，使市镇联动建设点基础设施得到完善；着力统筹公共服务，均衡配置城乡公共资源，兴建中小学，使市镇联动建设点群众享受到均衡的公共资源，促进城乡公共服务一体化。让搬迁群众稳得住、富得起，逐步实现由农民向市民的

---

① 资料来源：《恩施市龙凤镇综合扶贫改革试点项目简介》，第3页；湖北省恩施市龙凤镇综合扶贫改革试点工作领导小组办公室：《湖北省恩施市龙凤镇综合扶贫改革试点体制机制创新文件汇编》，2014年3月。

转变。

再次是把移民建镇与技能培训和劳务输出相结合,优先对移民群体进行培训,增强就业创业能力,确保移民户有事做、能增收,实现搬得出、稳得住、能致富。整合人社、教育、扶贫、农业、工业等方面的技能培训项目和市镇职教资源,加大技能培训力度,对符合条件的搬迁户优先进行技能培训,提高就业和创业能力。

最后是移民建镇后居民社区组织和文化的重建问题,或是新迁入居民与迁入地老居民的文化冲突与社会认同问题。[1] 在很大程度上,后者比前者所需时间更长,磨合难度更大,该过程涉及经济、政治、社会、文化等诸多方面,需要移民安置规划者和组织者从技术、信息、经济、社会、文化、心理、环境、资源、政策、管理、监督等多层面进行系统的、科学的研究和谋划,才能既比较圆满地解决移民的生活问题,又能够为他们长期的生存和发展提供必要的外在条件。这需要在移民建镇前制订安置方案时充分考虑移民及老居民对新社区的社会认同、心理适应、风俗习惯、语言等方面的差异;在安置实施过程中及移民安置后与新老移民多沟通与协商,注重社区重建过程中群体凝聚力与社区整合力建设,真正做到让移民搬迁"搬得出、住得下、稳得住、能发展"。

龙凤镇在社区教育、卫生、邮政和交通运输等公共服务设施建设,加强社区入住农户生活便利程度方面,通过成立社区管理委员会,综合管理社区治安和卫生,引导移民居民参加教育文娱活动,丰富其业余生活;通过搬迁入住农户的自我管理,增强搬迁农户邻里间的沟通、自我认同感和对社区的归属感。中共恩施市委和恩施市人民政府在《关于创新机制推进龙凤镇综合扶贫改革试点工作的实施意见(讨论稿)》中就通过对扶贫改革试点五项机制创新任务的责任与内容分解,详列出

---

[1] 刘传江、宋栋:《移民建镇的制度创新》,《管理世界》2000年第1期,第211页。

如以社区网格物业化管理为创新内容的社会治理机制，是作为村镇治理创新机制的一项重要管理方案，探索社区与行业协会"条块"相结合的双重管理服务模式，构建城市社区网格物业化、管理信息化、服务社会化的管理模式，实现摸清社情、掌握矛盾、全方位服务的目标。

具体实施措施如建立民事调解等多元化公共服务组织，提升基层社会治理能力。以社区网格为社区网格物业化管理的基础单元，按照"街巷定界、规模适度、无缝覆盖、动态调整"的原则，按照300户1000人的规模划分，通过镇社会管理创新工作领导小组下设的镇网格物业化管理中心，负责全镇社会管理创新综合信息平台建设，以及对全镇社区网格员的配备选聘、任务派发和绩效考评。由此按照"一格一员"建立网格员队伍，通过对所辖网格区域内的人口、房屋、商业网点等信息的采集报送，更直接有效地推进政府业务办理等便民服务，推进机关、企业等部门的安全巡查、环境卫生监督、矛盾纠纷排查、文明创建、法律政策宣传等助力于人民建镇工作开展的关键环节。[①]

可以看出，在引导移民市民化方面，龙凤镇在综合扶贫改革中以农村新型社区、新市镇、新城市区等多个城镇格局为基点的贫困山区城镇化，初步探索出一条贫困山区促进农村城镇化建设和助推农民市民化的新路子：一是"城镇开发建设带动"模式。就是站在实现城镇化、工业化、农业现代化的高度，把由龙凤新区形成综合发展极核，作为规划区的政治、经济、文化中心。二是"产城联动"模式。在现有农业主导的基础上开展观光农业、富硒产业加工等产业，新兴文化旅游产业，结合用地布局布置各产业。第一产业：保留现有农、果园用地，田、茶园加速实现农业产业化，建

---

① 资料来源：湖北省恩施市龙凤镇综合扶贫改革试点工作领导小组办公室：《湖北省恩施市龙凤镇综合扶贫改革试点体制机制创新文件汇编》，2014年3月；其中，网格化管理及服务的具体内容措施参考了文件汇编中的《龙凤镇社区网格物业化管理实施方案》，第3—6页。

立优质主导产业和现代化农业。第二产业：发展富硒产品加工业，本着集中布局、规模效应的原则，集中布置在产业用地内。第三产业：结合居住布局及旅游设施布局商业服务设施。三是"中心村建设"模式。由此可见，龙凤镇的移民建镇显然不是要让农村消失，而城镇和农村之间也不是此消彼长的关系，龙凤镇的移民建镇工作是在高位推动、上下联动、尊重民意、注重特色、有序实施的过程，是一个加强城乡一体化建设的过程，在这个进程中将带动农村的繁荣，而不是农村的凋敝。

三 突出地方特色：打造龙马旅游风情小镇

通过科学定位，确定小城镇/小集镇的鲜明个性和地域特色，突出一镇一村一特色，增强其吸引力和凝聚力，在城镇/集镇的定位过程中，广泛征求社会多元主体的建议，聘请专家指导，进行科学论证，做到因地制宜，坚持可持续发展战略，着力完善城镇功能，坚持宜居、宜业、宜商、宜游有机统一，整合功能合理分布，逐步完善城镇的生产、消费、就业和服务功能，积极发展生产性服务业和生活性服务业，推动资本信息和人力资源的大规模流动，促进城市功能转型，强化特色理念，在城镇规划建设中融入地域特色，传承民族文化和民族特色风情。塑造符合本地特色的城镇个性，形成城镇的独有文化特色、产业特色，强化城镇品位。

以龙马旅游风情小镇的规划为例，面积1.4平方千米，至2017年人口规模将达3500人，建成区面积0.45平方千米；至2030年人口规模达5000人，建成区面积0.7平方千米。第一批计划先建50户居民点，然后通过移民搬迁，把周边村民陆续搬迁进来，符合条件的搬迁人口约1500人。

龙马村用地条件优越（表5），人口相对集中，具备发展特色产业、承接周边扶贫搬迁人口的基础条件，是实施"扶贫搬迁、移民建镇、退耕还林、产业结构调整"的先行区和示范点。龙凤镇决定将龙马风情小镇打造成恩施州新型城镇化样板工程，总体定位为"山水养生、土苗风情、龙马精神"。

表5　　龙马小镇现状与规划公共设施配置对比表

用地性质	现状		用地面积（平方米）
	布局	用地面积	
行政办公用地	分散布局的2处村委会	790平方米	1760
文化设施用地	村委会图书室2处	30平方米	3000
教育科研用地	中学一处	1.59公顷	44900
	小学一处	1.10公顷	
	幼儿园	无	4100
体育用地	体育用地	无场地	3500
医疗卫生用地	医疗卫生用地	分散布局卫生室2处	2700
社会福利用地	社会福利用地	无	600

资料来源：武汉市规划研究院：《恩施市龙马旅游风情小镇规划设计（成果图册）》，2013年，第14页。

其规划定位，龙马旅游风情小镇主要是依托龙马绿色生态的山水资源、田野阡陌的田园风貌及独具特色的民俗文化，结合"移民建镇、扶贫搬迁、退耕还林、产业机构调整"，协调生产、居住、旅游等功能，发展特色的富硒农、产业体系，建立完善的公共服务设施体系，提供多样的生活及旅游体验。其发展目标是整合区域旅游资源，以土苗文化为主题，发挥富硒农产资源优势，推进一产、三产联动发展，形成以旅游休闲、绿色产业、生态宜居为一体的风情小镇。

但向来对政策十分敏感的中国房地产商，都已经将其视作了城镇化发展和建设的新一轮战略机遇期。2013年7月10日，湖北省联投集团与恩施市政府签订合作协议，龙马旅游风情小镇将由湖北省联投集团代建，2013年已完成人口、土地等情况调查，锁定房屋现状。

龙凤镇在移民建镇规划中，注重城镇的民族特色、民俗特色，保留或延续既往形成的优良传统，打造少数民族风情小镇以及商贸物流小镇等具有不同特色的小镇，很好地将恩施现实的客观条件、现有的产业优势和旅游消费需求趋势有机结合起来考虑。以小镇为载体、与恩施优势旅游产业相结合，积极构建特色小镇这一湖北省城镇化进程中具有典型特征的发展力量，将特色小镇建设作为贫困山区城镇化进程中的重要路径。

不管是龙马旅游风情小镇还是吉心商贸物流小镇，都是各级政府支持、企业参与、扶贫对象配合脱贫致富的扶贫模式，它统筹企业发展、社会扶贫、生态建设、区域经济发展、农民脱贫致富等多重需求，以生态扩镇移民、产业拉动扶贫的方式，通过发展特色产业，形成多条环保型、循环型、节约型产业链，使扶贫对象在产业链上脱贫致富，从而破解了农牧民生存、发展与生态环境承载力之间的矛盾，必将实现生态环境改善、地区财政增收、农牧民致富、企业发展等多赢局面，可以说，打造特色小镇是一个典型的低投入、高产出、综合效益较为突出的扶贫模式，值得在国家层面上借鉴和推广。

第一，龙马旅游风情小镇是政府、企业、扶贫对象通力合作扶贫，政府支持企业发展，企业实施"生态移民建镇，产业拉动扶贫"战略，扶贫对象在新市镇内安居乐业，在产业链上脱贫致富。政府独立扶贫，往往不是送科技、送文化，就是送钱、送物、送政策补贴，这些"关怀"不是难以消化，就是治标不治本，效率较为低下。个人自救式扶贫，因为受本人的文化素质、技能、生产经营能力、资金、技术、居住环境、市场悟性、捕捉机遇等多种因素的制约，在缺少外力帮助的条件下，往往很难脱贫致富。企业扶贫，需要资金投入，需要项目支撑，需要政策支持，在缺乏政府支持与帮助、扶贫对象积极配合的条件下，企业很难独立支撑。龙凤镇的移民建镇的运行表明，政府、企业、扶贫对象三者合作扶贫，组成一种系统结构，形成一种相互补充、相互支持、相互促进的关系，就能够创造出一种综合效应。

第二，龙马旅游风情小镇的建设以人为本，追求经济、社会、生态综合效益，不仅系统地解决了扶贫对象生产、生活、发展等方面的基本问题，使扶贫对象在新的生存与发展环境里不受吃、穿、住、用行等基本生存条件的困扰，稳步脱贫致富，还使扶贫主体——企业得到发展，政府财政增收，生态环境改善，形成一个多赢局面。"龙马旅游风情小镇"的建设，使龙凤镇扶贫产业链由原来的一条扩展到数条，使"扶贫系统"进一步扩大，功能进一步增强。把农民从生态环境脆弱、生产与生活条件较差的地区转移出来，进入小镇，成为小镇居民。镇上将配置完善的生产、生活、创业条件，满足居民居住、创业、就业、增收、致富、教育、医疗、社会保障等多方需求，使生产、生活、发展条件发生了根本性改变，即由过去生存环境较为恶劣的地区转变为可以稳定脱贫致富的旅游产业区。

第三，国有企业变送钱、送物扶贫为送生产、生活、创业条件扶贫，让农民在宜居、宜业、宜发展的产业上，在几乎是量身定制的产业链上求发展、得实惠，使"输血型"扶贫真正地转换为"造血型"扶贫。

四 加大生态环境保护

龙凤镇的移民建镇以扶贫搬迁为主要抓手，坚持走"以人为本、城乡统筹、产城互动、节约集约、绿色生态、民族文化彰显、宜居宜旅"的特色道路。突出将生态移民、扶贫搬迁和城镇化发展结合起来，突出将产业、就业和城镇化发展结合起来，突出将绿色生态、民族文化和彰显城镇特色结合起来，进一步优化城镇布局，拓展和提升城镇功能。中心乡镇突出山水风光、民族风情，打造一批风格鲜明的小城镇；做美农村社区，加快农村生产方式和农民生活方式的转变，建设"美丽乡村"。

龙凤镇的移民建镇新型发展道路和规划方案之所以要突出生态保护问题，是为了在促进经济发展和保持青山绿水之间取得均衡，既不能依靠快速工业化,也不能寄希望于单一城市化,而是必须按照比较优势的要求,循序渐进,调整好经济结构,发展好现代农业,建立好特色工业,保持好生态环境,建设好新型城市。湖北省政府在《关于推进恩施市龙凤镇综合扶贫改革试点工作的实施意见》中明确提出定位,要求将试点区域建成全国生态文明建设示范区。有了发展的动力、内在的压力和外在的推力,龙凤镇政府顺势而为,探索科学发展、协调发展、优化发展的新道路,不盲目搞投资拉动经济,不走外延式高投入、高消耗的传统经济增长道路,不忽略农业、农村的发展问题,而是牢牢盯住比较优势,对工业、城市、农业、农村各个部分进行分类改革,坚持工业化、农业化、农业农村现代化同步发展,探索出落实科学发展观和"三化"同步发展的新机制、新路径、新方法。

如在生态旅游产业方面,按照试点总体布局,启动龙马风情旅游小镇和青堡生态村庄建设,着力将龙马打造成"山水养生、土苗风情、龙马精神"旅游名镇,将青堡打造成生态休闲宜居的特色村庄。

在村镇布局方面,龙凤镇的村镇布局具有很强的现实意义和可持续性发展的意义。一是可以保证村镇的均衡分布,以及突破就业所需要的资金限制;二是可以突破城镇化所需交通和通信条件限制,解决农业劳动力进城的适应性问题;三是可以避免过分分散的集镇化造成的土地浪费、污染等难以治理的"农村病",也可以避免发展大城市造成的"大城市病"。对此,按照责权一致的原则,龙凤镇的进一步措施包括健全"两级政府,三级管理,四级网络"的城市管理架构;组建城市综合管理委员会;着力构建科学高效的城市管理体系。① 整合城市管理资源,集约高效推进数字化城市管理系统建设,实现精细化管理。按照"政企分开、政事分开、管

---

① 资料来源:《中共恩施州委恩施州人民政府关于加快推进新型城镇化的意见》,http://www.es12333.cn/Article/ShowArticle.asp?ArticleID=1352,2014年3月7日。

干分离"的原则，创新管理模式，实行环卫作业和园林绿化养护作业等市场化运营，提高作业质量和效率。加强城镇管理经费保障并将城镇管理所需资金纳入财政预算。全面实施城镇环境综合整治工程，将城市管理理念延伸到乡镇、村（社区），提升城乡人居环境质量。加强城镇文化建设与和谐社区建设，提高居民素质和城镇文明程度。积极创建中国宜居城市、国家园林城市、全国文明卫生城市、国家环保模范城市、中国优秀旅游城市、国家森林城市，提升园林绿化、文明卫生、环境保护水平，进一步优化城镇环境。

在用地与土地管理方面，龙凤镇将统筹规划的政策着力点放在解决土地流转、实行支持现代农业发展的差别化用地管理、促进规模发展方面，通过连片发展，搞好协调，来进行土地流转和土地治理。① 同时立足长远，制定产业发展规划，鼓励农民按照自己的要求兑换、租赁土地，完善节约集约用地管理，创新耕地保护制度，如对较为平整、坡度较小的土地进行治理后发展茶叶、蔬菜和烟叶种植等；对坡度较大的土地进行治理后实施退耕还林，种植桂花、厚朴、杜仲等药用植物和经济植物。

第四节 试点区移民建镇的对策与建议

一 健全移民生产生活资料退出与利用办法

移民建镇面临的一个不可回避的问题是如何调整和安排转移人口的承包耕地。因此，迫切需要土地使用权流转制度的创新，突破土地经营沉淀于同一村（组）的封闭产权制度，促使转移劳动力的土地向种田能手集中，实现农业规模经营。政府可运用土地调整与流动政策、农业劳动力转移就业政策等多种政策及其组合来促进土地流转，推进耕地集中连片规模经营，这样也便于城市建设等非

---

① 恩施州委党校2013年春季中青班调研三组：《调整产业结构促进农民增收的思考》，《清江论坛》2013年第3期，第52页。

农业用地的规划。当农民扩大生产规模的投入能力不足或兼业趋向较强时，政府可以采取措施吸引商业资本和金融资本介入农业，同时实施推动、鼓励农场或农户转让或扩大耕地经营规模的立法与政策。

一是通过耕地经营权的转让或折资入股扩大农业企业（农户）经营规模。吸引产业资本和商业资本介入农业，鼓励农户将他们承包的少量耕地转让或折算成股份，加入以多户入股形成的农业农场，部分农民以农业工人的身份成为新组建的农场的职工，更多的农民可以在获得入股农场的耕地经营权收益的同时，进入城镇务工经商。

二是成立非营利性的农地管理公司。通过市场行为收购并合并、整治过度细碎的小块耕地，扩大地块规模，然后以规模经营为前提条件出售给农场，同时对转让出土地使用权的农户予以适当的经济补偿，或为他们提供新的就业机会。

随着经济市场化程度越来越高，计划经济下的审批程序越来越无法形成对城镇土地需求的有效约束了。要形成这种约束，就必须借助土地价格机制和土地需求者对自身利益的追求，形成城镇用地者的自我约束机制。城镇建设土地需求主体除了具有独立经济利益的企业和个人外，还有公共服务设施方面的需求，而且即使是用于私人需求的城市建设用地，其需求数量和区位并非由最终消费者所决定，而是由市政规划与建设等部门决定，这就要求在城镇规划、移民建镇规划与移民建镇过程中，坚持因地制宜、稳步发展、注重实效和"统一规划、分步实施、小面积起步、滚动发展"的原则，每个村应在区域规划指导下进行村镇规划。在实践中，可将农地合并、整治、流转等农业经营规模化与合村并镇等城镇化行为结合起来进行，建立规范有序的土地市场和房地产市场，形成合理的级差地价市场和差别房产市场，政府及开发商通过房地产的开发与经营，筹集或回收资金，滚动开发，使城市建设在有效利用土地资源的前提下良性循环发展。

三是深化推进土地综合利用创新机制,通过农村土地联片整治项目实施机制和创新城乡建设用地增减挂钩机制,为城镇社区的建设赢得基本的建设资金。城镇社区建设是一项综合性的系统工程,工作中牵涉多部门、多单位的通力配合,需要国土、规划、住房建设等部门的跟进,也需要村"两委"干部和民众的参与配合、上下联动才能确保建镇工程的顺利推进。

尽管存在很多资源要素如科技、资金等的严重短缺问题,且制约了城镇的发展,同时也有其他资源要素如土地、生态、特色文化资源等未能发挥充分作用而处于闲置状态且同样制约了发展。但迁村并点、旧村复垦、建设新型社区为现代高效农业的发展提供了宝贵的土地资源,也为招商引资企业落地赢得了空间和建设指标,在城镇中的技术、资本等也需要与之前村庄处于闲置状态的稀缺资源进行组合,加快城乡资源要素流动,资源要素进入市场,以稀缺资源为杠杆,推动村庄内的资源要素与省内外、县内外的资源要素以及城市和工业领域的资源要素进行重组。促进人才、资本、技术、信息等现代要素与村庄传统要素的优化配置。从而提升城镇发展活力,使资源要素的流动半径得到延伸。[1]

二 设计完善转户进镇政策保障体系

完善政策保障机制,切实解决农村人口向城镇转移后的社会保障问题。农民转居民后,在城镇实现稳定就业的,参加城镇职工基本养老保险;不符合职工基本养老保险参保条件的城镇非从业居民,可参加城乡居民养老保险。进城务工人员符合条件的可申请公共租赁住房。探索建立用人单位为进城务工人员缴存住房公积金的机制。加强进城务工人员的职业培训、权益保护,推动进城务工人员平等享有劳动报酬、子女教育、公共卫生、计划生育、住房租

---

[1] 陈文胜:《论城镇化进程中的村庄发展》,《中国农村观察》2014年第3期,第54—56页。

购、文化服务等基本权益。深化户籍制度改革，放开城镇落户限制，把符合条件的农业转移人口转为城镇居民。推进基本公共服务均等化。

加快社会事业发展，加强科技、教育、卫生计生、文化体育、社会福利等基础性公共服务设施建设，建立综合性服务平台，推动社会服务资源向基层和社区延伸。优化校点布局，合理配置教育资源，增强城镇教育资源承载能力。健全城镇医疗卫生服务体系，加快建设以村（社区）卫生服务为基础的医疗卫生服务网络，扩大卫生服务覆盖面。健全覆盖城乡的就业和社会保障公共服务体系，加强基层劳动就业和社会保障服务设施建设，加强职业教育培训，提高劳动者综合素质和就业质量。大力实施各项文化惠民工程，不断满足城乡居民的文化生活需求。

可借鉴外地经验，研究制定宽松的城镇落户条件，出台推进城乡一体化进程的实施意见，让因土地流转、整家搬迁到市区和小城镇迁移的农民，可以自由选择在市区和小城镇落户，实行零门槛制度，吸引外来人口尤其是大学毕业生优惠落户。在享有土地政策待遇的同时与城镇居民享有同等权益，为推进农村城镇化提供有力保障。

比如，设计"3+5"政策体系，鼓励农民转户搬迁进镇。"3年过渡"是指允许转户农民最长3年内继续保留宅基地、承包地、林地的使用权和收益权；"5项纳入"是指农民转居后，可享受城镇就业、社保、住房、教育、医疗政策，真正实现"劳有所得、老有所养、住有所居、学有所教、病有所医"。[①] 在户籍方面，本着依法推进、降低门槛、自愿稳妥的原则，建立户口在居住地登记和随居民流动自由迁徙的统一户籍管理制度，推进户籍、居住一元化管理。在住房方面，可由政府统建公共廉租住房，由转移居民申

---

① 恩施州委党校2013年春季中青班调研五组：《移民建镇的现状与对策：产城一体、统筹发展》，《清江论坛》2013年第3期，第60页。

请居住或登记购买，鼓励购买普通商品房，符合条件的可纳入廉租住房保障。在养老方面，可与城镇居民同等参加社会养老保险，按"不重复享受、就高不就低"的原则衔接发放，符合社会救助条件的，享受最低生活保障待遇。在医疗方面，可自愿选择参加城镇居民合作医疗保险，享受相应医疗保障。在教育方面，可按照就近入学的原则就读城镇学校，享受与城镇学生同等待遇。在就业方面，劳动年龄段的居民可享受免费技能培训、创业培训和职业指导，自主创业可享受城镇创业扶持政策，就业困难人员还可享受"一对一"就业帮扶，给予社保补贴、岗位补贴、培训补贴、贷款贴息，以及公益性岗位托底安置政策。在生育方面，自享受城镇社保待遇当年起，在5年内继续执行原户籍所在地农民的计划生育政策，包括奖励扶助、特别扶助政策。

三　同步推动强镇扩权

随着龙凤新区的规划建设，镇域人口规模、建设规模必将急剧膨胀，必须改变当前的行政体制，调整行政区划，创设龙凤新区，比照县市级扩大经济和社会管理权限，增强社会管理和公共服务能力，满足移民建镇的工作需要。

由于移民建镇打破了原有的城乡边界，需要组建新的社区居民委员会，探索建立社区服务分类供给、社区公共服务政府购买、服务项目民主管理、社会网格化管理等制度，同时建立多种形式的群众诉求表达及利益协调管理平台，扶持第三方社会组织（NGO）的发展，拓展社会服务专门功能，创新基层公共服务和社会管理体系。当务之急是分类开展移民对象的情况摸底、权属锁定和意愿调查，全面掌握人口、田地、山林、水域等情况，精确到人，明确到户，并对龙凤、龙马、吉心三个集镇用地存量进行勘测盘底，为规划编制提供翔实可靠的基础性资料。以此为前提，统筹考虑各类移民搬迁建房、生产安置、公共服务等核心内容，制定具体的、操作性强的移民建镇办法和政策。

同时，在强镇扩权的进程中，也要审视城镇化进程中的村庄发展，在规划设计中选择保留或突出村庄自身的特色而不是在城乡二元体制惯性下消灭村庄或弱化村庄功能，避免其成为城镇化的空白地带，在多数村庄资源环境日趋强化和建镇进程影响的背景下，更应认清生态资源、乡土文化是当地城镇化发展的稀缺资源和增值之处所在，处理好保护与发展的关系。

四 尽快推进基础设施建设

基础设施的推进是保障移民安居乐业和经济发展的基础条件，但当前龙凤镇范围内仍存在着主干道网络尚未完全形成，路网等级低，水利设施薄弱，电力通信设施落后，仓储、包装、运输等基础差等问题。新建镇域的公共服务建设还远远不能适应农民的要求，特别是水、电、路、环境等基础工程较差，制约着农民享受市民化的公共服务。

为此，可以考虑扩大乡镇建设规划范围，将乡镇周边的自然村纳入城镇规划管理。依据"政府引导、统一规划，宜聚则聚、宜散则散，产业支撑、群众自愿"的原则，推进旧村改造和"空心村"改造。创新"户分类、村收集、镇运输、县处理"的垃圾处理模式，集中解决农村垃圾的收集、运输和处理问题，[①] 试点开展改水、改厕、改厨、改圈，推广农村污水处理技术。需要注意的是，城村环境的大规模改造，基础设施的完善，集中居住区的建设离不开人力、物力投入，需要高昂的成本，作为一个欠发达地区，通过"以奖代补"项目的实施，筹集资金完成这一系列任务需在政府的引导下，运用一系列体制、机制创新，挖掘群众的创造性和积极性，发挥群众的主体作用。

另外，继续坚持以均等化服务为成果共享的基本路径。龙凤镇

---

① 徐勇、邓大才：《再领先一步：云浮探索》，中国社会科学出版社2012年版，第68页。

公共需求快速增长与公共服务不到位、公共产品短缺的矛盾日益突出，并已成为改革深化的障碍。对此应秉承"以人为本"的发展理念，在财税共享制度的保障下，以解决人民群众最关心、最直接、最现实的利益问题为重点，把推进城乡基本公共服务均等化作为人民群众共享改革发展成果的基本路径。通过组建服务机构、开通服务网络等改革措施，使群众共享龙凤经济发展和社会改革的成果。

在推进基础设施建设的长期性经济基础支持方面，可以通过承接产业转移，营造优势对接发展，增进基础设施建设的方式，充分利用龙凤产业、资源、生态等优势，积极参与周边市镇的发展分工，实施对接发展，着力把龙凤建设成为区域内的制造业配套基地、优质农产品生产加工基地和旅游休闲基地。同时营造投资软环境，加快引资进镇。加强高效廉洁政府建设，提高管理效率和服务水平，促进政务环境、商务环境、创业环境、治安环境、城市环境进一步优化，打造与"珠三角"相融合的投资环境。加快完善信息基础设施，推进电子政务、电子商务信息平台建设，提高信息化水平。总之，要做好软环境，借鉴外地招商引资的新经验，结合龙凤实际创新招商引资方式，通过高附加值的"人"创造高附加值的产业，从而推动跨越发展。通过发展基础设施建设和良好的投资环境、较强的综合服务能力，为龙凤试点移民建镇的推进争得更多的发展契机、更大的发展空间，在改变群众居住环境的同时，搭建起城镇的发展框架。

第三章 退耕还林

退耕还林工程自1999年实施以来，为我国的生态建设及环境改善作出了极大贡献，但同时退耕带来的耕地减少使一些以土地为生的农民缺少了必要的生产资料，只能够凭借国家的政策性补助勉强度日。在中西部一些极为贫困的地区，复耕现象时有发生。如何能够避免退耕又复耕，在保护生态环境的同时兼顾退耕农户的利益，是当前退耕还林工程开展过程中必须深思的问题。试点积极探索新型退耕还林模式，通过政策创新、规模化布局、合作社联动、经营模式创新等方面的改革，使得新一轮退耕还林工程在保护生态环境的同时切实保障退耕农户的利益，真正做到利国利民。本章在分析试点第一轮退耕还林方式的基础上，对其中取得的成就和存在的问题进行总结和归纳，并提出完善新一轮退耕还林工程的若干建议。

第一节 退耕还林的背景

一 我国推行退耕还林工程的背景

近年来，由于人类对于自然资源的过度开采以及不合理利用造成了生态系统结构破坏、功能衰退、生物多样性减少、生产力下降以及土地潜力衰退、土地资源丧失等一系列生态环境恶化的问题。而退耕还林工程的实施，正是基于我国脆弱且处在持续恶化中的生态环境。[1] 目

---

[1] 刘诚：《中国退耕还林政策系统性评估研究》，北京林业大学博士学位论文，2009年。

前，中国生态退化的类型可归为以下三类：

第一类为森林生态系统的退化，即由于人类活动的干扰（乱砍滥伐、开垦及不合理经营等）或自然因素（如火灾、虫害及大面积的塌方等），使原生森林生态系统遭到破坏，从而使其发生逆于其演替方向发展的过程。[①] 我国由于区位发展的差异，一些地方垦荒种树的同时，另一些地方的原有天然林却遭到大面积破坏。大量的原始森林被人为地采伐，这严重影响了我国森林的生态质量。

第二类为土地荒漠化，即是由于气候变化和人类不合理的经济活动等因素，使干旱、半干旱和具有干旱灾害的半湿润地区的土地发生了退化。我国是目前世界上土地荒漠化最严重的国家之一，在实施退耕还林前，我国荒漠化土地面积为262.2万平方千米，占国土面积的27.4%。

第三类为水土流失，即是指由于人类对土地的利用，特别是对水土资源不合理的开发和经营，使土壤的覆盖物遭受破坏，裸露的土壤受水力冲蚀，流失量大于母质层育化成土壤的量，土壤流失由表土流失、心土流失而至母质流失，终使岩石暴露。我国是世界上水土流失最为严重的国家之一，几乎所有的大流域都存在水土流失现象。特别是黄河流域，水土流失导致了大量的泥沙堆积。根据我国水利部的提供的数据，我国目前水土流失面积为365万平方千米，占我国国土面积的37%。

造成我国上述现象的原因主要有两点，一是我国特殊的自然地理环境；二是人为活动对于森林资源的破坏。随着经济社会的发展，人们的社会经济活动逐步增加，人们开始占有并破坏原先满是植被的区域，同时为了在贫瘠的土地上生产出赖以糊口的收获物，进行大量的毁林种田，对原有区域的生态环境造成了极大的破坏。特别是西部地区对于林草植被的破坏程度最高，造成了大量的水土

---

① 刘国华、傅伯杰、陈利顶等：《中国生态退化的主要类型、特征及分布》，《生态学报》2000年第1期，第13—19页。

流失。据不完全统计，长江黄河的泥沙堆积2/3来自坡耕地。1998年的洪水流量并不是历史上最大的，但却造成了历史上的最高水位。应该说，长江上游地区生态环境的破坏很大程度上促成了1998年特大洪水的全面爆发。而此次洪水则成为了退耕还林政策在中国实施的"导火索"。

虽然针对一系列生态退化问题的治理手段不一而足，但是，这些生态退化的不同类型本身是相互关联且相互影响的，其中最关键的治理措施便是对森林、草地等自然生态系统的恢复。而退耕还林工程的核心便在于此。

二 中西部山区推行退耕还林的特殊意义

在我国《八七扶贫计划》共涉及的592个贫困县中，中西部地区占52%，其中80%以上地处生态脆弱区。2005年全国绝对贫困人口2365万，其中95%以上分布在生态环境极度脆弱的老、少、边、穷地区。[①] 由此可见，我国中西部山区主要存在两个问题：一为生态环境薄弱；二为人民生活贫困。也正是基于这两个方面考量，国家将中西部山区纳入了退耕还林工程的范围，并同时在这一地区推进新一轮退耕还林。

建设和改善生态环境是我国在中西部地区推行退耕还林工作的基本着眼点和首要目标。[②] 中西部是我国重要的水源涵养地带，生态地位非常重要，但是由于该地区耕地面积稀少，而人口却在不断增加，人们为解决温饱问题而开垦坡地耕种的现象非常严重。坡地的开垦虽然增加了一些粮食产量，但是却严重破坏了当地的生态环境，水土流失现象严重。因此，国家希望通过对中西部地区实施退耕还林工程以恢复该地区的森林生态系统，增强其水土保持能力。

[①] 环境保护部：《全国生态脆弱区保护规划纲要》，2008年9月27日。
[②] 国家林业局退耕还林办公室：《关于2000年长江上游、黄河上中游地区退耕还林（草）试点示范工作的通知》，2010年11月1日。

与此同时，退耕还林政策在中西部地区推行，除了生态方面的考量，经济方面的考量也是其中一个重要原因。中央政府希望将退耕还林作为促进农村产业结构调整和有效增加农民收入的重大措施。① 而中西部山区多属于老、少、边、穷地区，人民非常贫困。此外，坡耕地的贫瘠使得该地区的农民更容易接受退耕还林。因此，国家在该地区推行退耕还林工程，不只是将其作为一个生态工程，更是将其作为扶贫工程。通过退耕还林实现扶贫搬迁、产业结构调整、移民建镇，从而实现人民生活的改善，地方经济的发展。

第二节　试点区退耕还林的回顾

一　试点区退耕还林实施的简要回顾

根据恩施市及其下辖龙凤镇的实际情况，恩施龙凤镇的退耕还林主要可以分为两个阶段：2001—2007 年，为快速推进期，此阶段每年都会完成一定面积的退耕还林任务；2008—2012 年，为巩固停滞期，此阶段以巩固现有的退耕还林成果为主，上级政府不再下达新的退耕还林指标。在下文关于恩施市龙凤镇退耕还林实施现状的讨论中，也将按照上诉两阶段的主要工作，将之分为坡耕地退耕还林的现状和退耕还林成果巩固现状。

2000 年，湖北省林业勘察设计院编制完成了《湖北省恩施市退耕还林工程县级总体设计》，其中规划恩施市退耕还林工程规模为 83.27 万亩，其中坡耕地退耕还林 58.05 万亩，宜林荒山荒地造林面积 25.22 万亩。截至 2012 年年底，全市累计完成退耕还林 11 万亩，完成宜林荒山荒地造林 16.15 万亩。其中龙凤镇完成坡耕地退耕还林 10079 亩，宜林荒山荒地造林 11850 亩。涉及 16 个行政村，4581 户农民，户均退耕面积为 2.2 亩。各年度造林情况如图 1 所示，其中 2001 年度 618.2 亩，为生态林；2002 年度 2559.8 亩，

---

① 《政府工作报告》，2002 年 3 月 5 日。

经济林 1672.6 亩，生态林 887.2 亩；2003 年度 6301 亩，经济林 2416.6 亩，生态林 3884.4 亩；2004 年度 400 亩，经济林 100.8 亩，生态林 299.2 亩；2005 年度 200 亩，经济林 26.2 亩，生态林 173.8 亩。

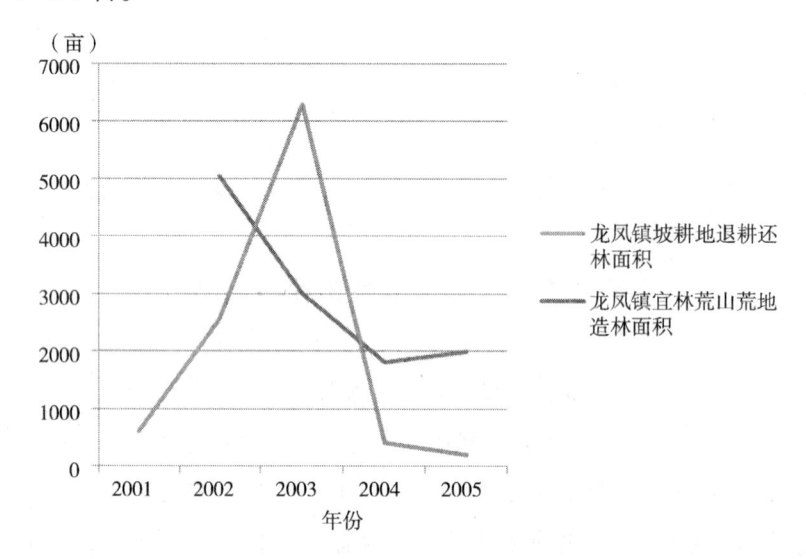

图 1　龙凤镇第一轮退耕还林推进情况

资料来源：恩施市林业局：《恩施市退耕还林工程面积统计表》（2001—2008 年），第 1 页。

在坡耕地退耕还林中，退耕为生态林的 5493.9 亩，占坡耕地退耕还林面积的 54.5%；退耕为经济林的 4585.1 亩，占坡耕地退耕还林面积的 45.5%。退耕还林的主要树种有 21 种，包括茶树、漆树、杉树、杨树、椿树、板栗、油茶等。在政策补助方面，恩施市龙凤镇共计发放坡耕地退耕还林补助 19805403.5 元，其中生态林 11666851 元，经济林 8138552.5 元。

恩施市龙凤镇 2008—2012 年巩固退耕还林成果工程建设总面积为 1488.7 亩，其中生物质能源林 625 亩，经济林 863.7 亩。涉及 6 个村，765 户农村和 1 个村委会。巩固退耕还林成果工程户均巩固面积 1.8 亩左右。表 1 显示了各年的巩固退耕还林成果的具体推进情况。

表 1　　　　　　　恩施市龙凤镇退耕还林巩固情况表

年份	巩固建设树种	巩固建设面积	涉及农户数量	农户户均参与巩固面积
2008	油茶（生物质能源林）	柑子坪村村委会113.5亩，农户356.5亩；龙马村农户155亩	柑子坪村253户；龙马村96户	柑子坪村户均1.4亩；龙马村户均1.6亩
2009	茶叶（经济林）	龙凤村农户37.2亩；后山坡农户54.5亩；八龙坪村农户109亩	龙凤村54户；后山坡57户；八龙坪172户	龙凤村户均0.7亩；后山坡村户均1亩；八龙坪村户均0.6亩
2010	花椒（经济林）	大转拐村农户663亩	大转拐村133户	大转拐村户均6亩

资料来源：龙凤镇林业站：《龙凤镇林业站巩固退耕还林成果汇总》(2008—2011)年，第1—2页。

二　试点区过去退耕还林取得的成效

（一）退耕还林改善了当地的生态环境，生态效益显著

恩施龙凤镇自开展退耕还林以来，共完成坡耕地退耕还林10079亩。在退耕还林工作中，对森林资源采取"造""封""管""停"的方式，使得全镇现有林业用地总面积为28.6万亩。其中有林地22.5万亩，森林覆盖率达到52.4%。与此同时，恩施市的森林面积和森林蓄积也与当地退耕还林实施前一年相比有了较大幅度的提升，从之前的59.23%的森林覆盖率增长到如今的64.5%，增长达5.3个百分点。

此外，退耕还林的目的主要是为了改善生态环境。通过多年的努力，恩施市龙凤镇在水土保持、防治风沙、抑制洪涝灾害方面取得了明显的生态效益，土地条件得到明显改善。虽然退耕还林工程减少了耕地面积，但是却因为水土条件的明显改善，粮食单产得到了很大的提升，图2便反映了恩施市龙凤镇粮食单产随退耕还林工作的变化情况。同时随着生态环境的改善，人们对生态品质的需求也日益提高，以农家乐等形式的森林生态旅游在当地已初具规模，生态旅游的兴起也促进了村民对生态环境的保护。

（二）退耕还林提高了当地林农的收入，巩固了退耕还林成果

一是通过国家政策性补助直接增加了农民的收入。截至2012

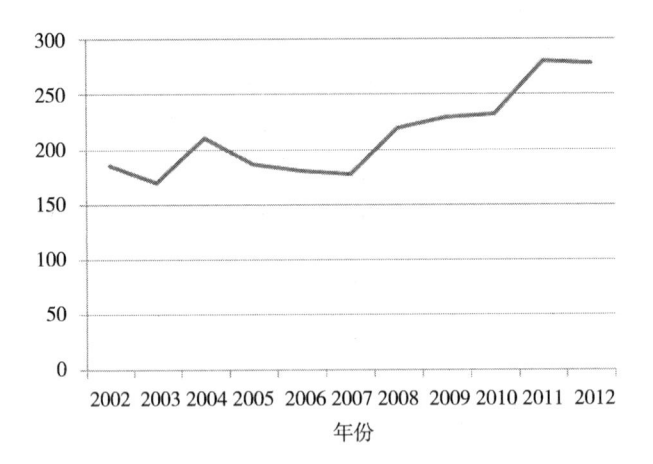

图 2　恩施市龙凤镇粮食单产

数据来源：龙凤镇统计站：《龙凤镇农村基层统计年报》（2002—2012年），第11页。

年，退耕还林国家政策性补助将近2.3亿元。在恩施龙凤镇退耕还林农户退耕为生态林的亩均可获得补助2123.6元，退耕为经济林的亩均可获得补助1775元。

二是通过鼓励发展林下经济等方式，拓宽了农民的增收渠道。退耕还林之后农户选择权较原先有大幅度增加，相较于更重视土地，林地的发展需要较少的时间成本投入，农民因此有了大量的可支配时间。退耕农户有精力通过开展种、养、加多种经营，增加收入。在种植业方面，龙凤镇村民根据自身实际情况自主发展。通过以上一系列措施解决了农户参与退耕还林之后的经济来源问题，使得当地复耕现象相对减少。

（三）退耕还林调整了地区的产业结构，促进了地方发展

在恩施市龙凤镇，坡耕地退耕还林主要涉及坡度25°以上地区，而这一区域属于粮食低产区，一方面，农户只能通过耕作获得极少的收益；另一方面，由于耕作需要的长时间劳动，限制了农民向其他行业转换的空间。

目前，就龙凤镇而言，退耕还林之后对农民生活的最大影响，在于改变了原先的工作生活模式，其对于农村劳动力的解放是有一定作用的。在与龙凤镇清堡村参与退耕还林的农户访谈中，村民们普遍表示退耕之后明显的感受就是时间较原来多了，有时间出去打工以及从事一些非农劳动。如图3我们可以看到龙凤镇退耕之后农村产业的一个变化情况。从图3中我们可以看出，在龙凤镇产业人数逐渐由第一产业主导向第一产业和其他产业均衡发展变化。截至2012年，龙凤镇从事农、林、牧、渔等第一产业的人数降至15148人，而第二、三产业总人数则升至13920人。两者人数已基本持平，而在2002年，前者从业人数是后者的5倍之多。

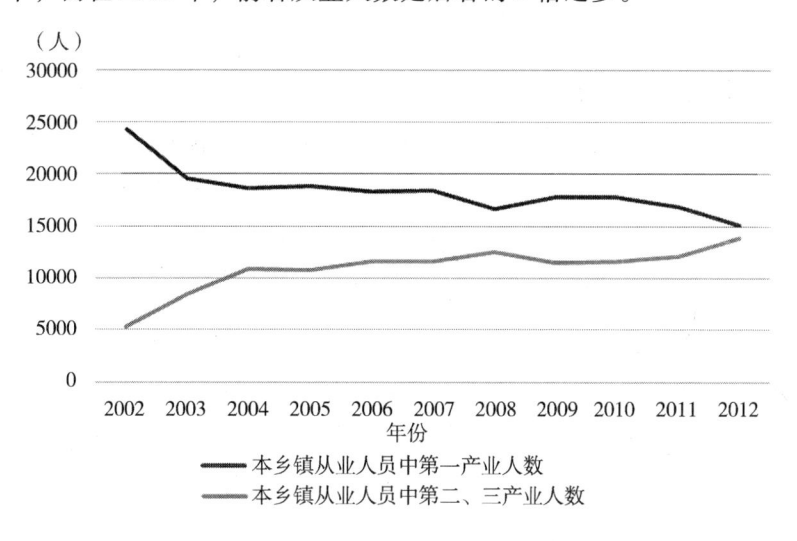

图3　恩施市龙凤镇各产业从业人数

数据来源：龙凤镇统计站：《龙凤镇农村基层统计年报》（2002—2012年）第7页。

三　试点第一轮退耕还林过程中面临的问题

（一）退耕还林政策缺乏对退耕农民自身经济利益的关注

政府在这一阶段的退耕还林政策中，没有很好地平衡生态效益和农民自身的经济利益诉求，使得龙凤镇在第一轮退耕还林中存在复耕现象。

第一，第一轮退耕还林政策没有充分尊重农民意愿。在第一轮退耕还林之中，政府虽然没有在树种上提出规定，但是出于生态效益考量，却强制划定了生态林与经济林4∶1的退耕比例。尽管在龙凤镇后来的退耕还林具体实践中突破了这一比例，达到了生态林与经济林11∶9的退耕比例，但是农民在退耕林种的选择上，依然被限制，通常情况下，农民更愿意种植可以获得更多利益的经济林，但是，他们往往并不能基于自身意愿进行退耕还林。

第二，第一轮退耕还林之后农民生计没有改善。按照原先退耕还林的政策规划是退耕还林地每年一亩补贴300斤粮食加20元抚育费。按照当时的粮价标准，300斤粮食是210元，所以之后的退耕还林补贴一直是以现金的方式发放。但是，随着今年来粮食价格的不断上涨，以及通货膨胀率的不断提高，导致了名义上补贴标准没有变化，但是，在实际中补贴标准一直下降的状况。与此同时，政府第一轮退耕还林政策补贴周期过长，一方面加重了政府的财政负担；另一方面也难以通过过低的补偿标准向农民提供进行林业产业发展（如林业种植、林下经济）所必需的资金。此外，过长的补贴周期，也容易导致退耕农户对于政府的依赖，而缺乏自谋发展的动力。所以，在恩施市龙凤镇青堡村进行访谈时，村民普遍表示，退耕还林之后他们的收入较以往并没有提高，甚至有人表示退耕还林之后他们的收入反而有所下降，只是相较于种地，退耕还林之后他们的工作量较之前减少很多。

（二）退耕还林之后的林业发展缺乏规模效应

在恩施市坡耕地退耕还林之后，通过特色产业的规划和林地的流转，地方可以规模化发展。例如，沙地乡形成了以板栗为代表的特色产业，芭蕉乡形成了以茶叶为代表的特色产业，此外还有新塘的紫油厚朴和板桥镇的日本落叶松等。但是，在龙凤镇由于原先林业产业基地规模的限制，当地对退耕还林之后的林业产业发展采取了一种放任的态度，即是由农户自身进行树种选择，自主经营，而非对退耕还林之后的林业产业进行特色化的规划。虽然之后的巩固退耕还林阶段,为了消除复耕现象,当地对于一些低效林进行了一些合理规划。但是,就现阶段而言,龙凤镇退耕还林之后的林业产业还处于规划之后的刚起步阶段,尚未形成示范效应,其坡耕地退耕还林之后的林业产业发展并不像恩施市其他地区一样形成特定的产业,难以真正形成规模效应。

(三)退耕还林配套体系不健全

退耕还林是一个长期性的工作,不是把耕地变成林地就完成了,还要确保之后的退耕林地能够长期起到维护生态以及带领农民增收的作用,这也就必须涉及后期的资金技术投入、部门验查、后续管护等一系列配套措施。而这方面是恩施龙凤镇第一轮退耕还林的短板。

第一,缺乏后期配套资金技术投入。除了退耕还林之后管护的日常开支,政策给予了每年每亩20元的管护费,但是却忽视了造林质量监督的费用,各项检查验收过程中产生的费用。与此同时,退耕还林需要相关的技术服务以提高造林的存活率,而关于树种选择对于当地生态环境的影响也需要相关技术部门的分析论证。但是,目前龙凤镇第一轮退耕还林中技术服务体系并未配套到位。

第二,退耕还林的后期管护存在随意性。恩施市龙凤镇在第一轮退耕还林的后期管护上,基本是由一家一户分散管护的,难以形成规模效益,使得管护收益偏低,同时由于恩施市龙凤镇外出打工的人较多,也使得一些退耕农户在拿到退耕还林补贴之后并没有真正进行管护。

第三,缺乏评价退耕还林后期绩效的合理体系。目前,相关部门对于退耕还林之后的查验及监管,往往是以粗略的面积计算退耕还林成果,缺乏对生态效益和经济利益的合理评估。这样使得在恩施市龙凤镇中,多年之后的退耕还林效益并不明显。

第三节 试点区新一轮退耕还林的进程及创新

一 试点新一轮退耕还林的进程

2013年11月21日,新一轮退耕还林在恩施市龙凤镇青堡村正式启动。按照规划，龙凤镇综合扶贫改革试点区域规划25°以上坡耕地退耕还林总规模3.7万亩。涉及龙凤镇的青堡、碾盘、柑子坪、猫子山、龙马、佐家坝、店子槽、杉木坝、大转拐村9个行政村以及吉心、二坡、双堰塘、小龙潭、龙凤5个行政村的部分地带。主要区域是刷把溪流域主要汇水区1—2层山脊坡面耕地；双龙公路（龙凤—龙马）沿线坡耕地；吉阳公路（吉心—阳雀坝）古心、二坡段沿线坡耕地；318国道大转拐村路段沿线坡耕地。

目前，恩施市龙凤镇的新一轮退耕还林工作开展得极为迅速。截至2013年12月，该镇已超额完成当年退耕还林工程进度，共实施退耕还林面积24625.9亩，超过原先18190亩的进度规划，约占新一轮退耕还林规划总面积的67%。其中各村退耕还林推进情况如图4所示。与此同时，与退耕还林工程相配套的1500亩人工荒山造林也已完成前期工作，预计在2014年完成工程建设。

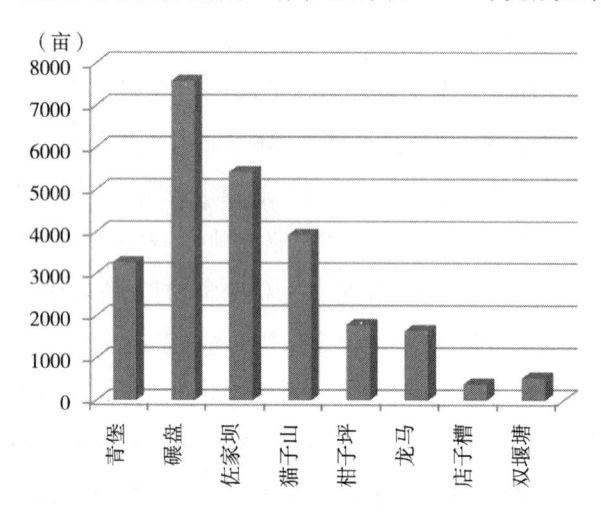

图4 恩施市龙凤镇新一轮退耕还林推进情况

资料来源：恩施市林业局：《龙凤镇退耕还林工程建设实施方案》，2013年10月28日，附录表格页。

二 试点新一轮退耕还林的创新

上文所述，恩施市响应党中央国务院号召，于2013年在龙凤镇开始了新一轮退耕还林工程，与之前第一轮退耕还林相比，新一轮退耕还林工程有了很大的差异，如表2所示，与此同时，在新一轮退耕还林推进过程中，恩施市龙凤镇的做法有很多创新点值得借鉴与推广，归纳起来主要有表2所示的几个方面。

表2　　试点区第一轮退耕还林和新一轮退耕还林的差异

	前一轮退耕还林	新一轮退耕还林
退耕面积	10078亩	3.7万亩
退耕村数量	16个村	9个村
退耕原则	政府助推，生态林与经济林4:1	统一标准，农民自愿，政府助推，自我发展
林种选择	45.5%经济林，54.5%生态林	以经济林为主
树种选择	分散为21种	主要集中为6[①]种
补贴标准	生态林8年，经济林5年，补偿标准为230元/亩，即补贴原粮300斤，按0.7元/斤，折合人民币210元；另加20元/亩的抚育费	按照"乔木、灌木、草本"三种补贴标准实施（还乔木林1300元/亩，加两年抚育费200元共计1500元；还灌木林1000元/亩；还草500元/亩），分别在退耕的第1年、第3年、第5年兑现到位退耕还林补贴资金
退耕还林地经营管理模式	以退耕户自主经营为主，引导向大户集中	以"公司+基地+合作社+退耕户"为主

（一）政策创新

不像过去强制摊派式的做法，恩施市龙凤镇新一轮退耕还林以"农民自愿"为前提，采取农民自愿申报的方式，即必须在农户向林业部门进行申请的前提下，其原有耕地才能被作为退耕还林地。在林种的选择上，政策也更加考虑农民自身的经济利益，取消了原先生态林与经济林8:2的退耕限制。允许农民自行选择种植符合其自身利益的林种，而并不像之前那样为了国家生态效益而忽视农

---

① 在恩施市龙凤镇新一轮退耕还林规划中，主要种植树种为6种，但是在目前已经推行的退耕还林实践中，主要集中在漆树、茶树、杉木3种。

民的自身利益诉求。

与此同时，恩施市新一轮退耕还林政策改变了原先的激励模式，在退耕还林补贴上施行"统一标准"。将原来生态林8年补贴，8年延长期补贴，共补贴16年；经济林5年补贴，5年延长期补贴，共10年补贴，每年补贴230元的补贴方式改为无论生态林还是经济林统一按照栽植乔木每亩补助1300元，加两次森林抚育补贴200元，共1500元；栽植灌木每亩补贴共1000元，退耕还草每亩补贴共500元的标准实行。与此同时，原先较长的补贴周期也进行了缩减，统一改为3年支付、5年到期的补贴制度。

此外，恩施市龙凤镇新一轮退耕还林政策突出强调退耕农民的"自我发展"。因为，在第一轮退耕还林当中，很多退耕户存在仅仅依靠政策补贴来保障生计的想法，这一方面，加重了政府的财政负担；另一方面也不利于退耕农民生活的改善。由此，在龙凤镇的新一轮退耕还林中，政策缩短了原先的补贴年限，以引导农民改变原先思路，自谋发展。

政策的执行离不开政府，"政府助推"是恩施市龙凤镇新一轮退耕还林顺利推进的保障。地方政府通过政策宣传使农民了解政策，参与到退耕还林过程中，又通过统一布局、连片发展来促进产业结构调整，优化资源配置，以此来助推林业产业发展，使得农民能够通过林业产业获得经济收益，从而使得退耕还林政策与退耕农民的长远生计脱钩。

（二）林业发展模式创新

从退耕还林的区位分布来看，恩施市龙凤镇的新一轮退耕还林与上一轮退耕还林相比更加集中，在参与退耕还林的村庄中，平均退耕还林面积由原来的每村629.9亩提升至每村4111.1亩，较原来增长了近6倍。从树种选择来看，新一轮的退耕还林与上一轮相比更加注重规模化，如图5和图6分别反映了恩施市龙凤镇两轮退耕还林中树种选择的趋势变化，不同于图5中显示的恩施市龙凤镇第一轮退耕户的分散化无序树种选择，新一轮退耕还林的树种选择采取政府统筹规划,通过实地情况调查及产业发展考量,划定统一树种的退耕还林种植片区,形成有利于规模发展的退耕还林布局。目前,如图6所示,在推进过程中,恩施市龙凤镇在青堡村形成了以漆树为主的退耕还林种植片区,而在龙马则形成了以茶叶为主的退耕还林种植片区。

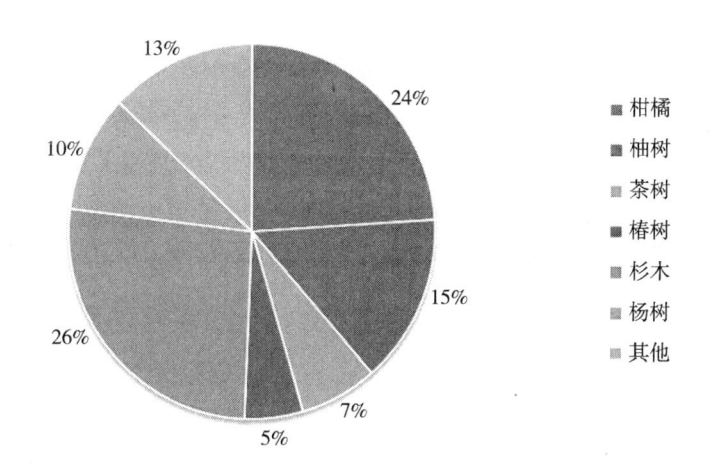

图5 恩施市龙凤镇第一轮退耕还林中的树种分布

数据来源:恩施市林业局:《恩施市退耕还林工程树种面积统计表》2001—2008年,第1页。

(三) 实施方式创新

农民专业合作社是在农村家庭承包经营基础上,同类农产品的生产经营者或者同类农业生产经营服务的提供者、利用者自愿联合、民主管理的互助性经济组织。目前,在中国农村以技术推广型农民专业合作社和生产经营型农民专业合作社为主。

在新一轮退耕还林的具体实施上,恩施市龙凤镇改变了原先仅由农民个人实施退耕还林的方式,引入了农民专业合作社这一农村新型经营主体。在具体推进中,首先由村组牵头,经村民大会讨论组建专业合作社或招引有经济实力、有经营管理经验和诚信的专业经济组织,然后再由专业经济合作组织与各退耕户签订股份合作经

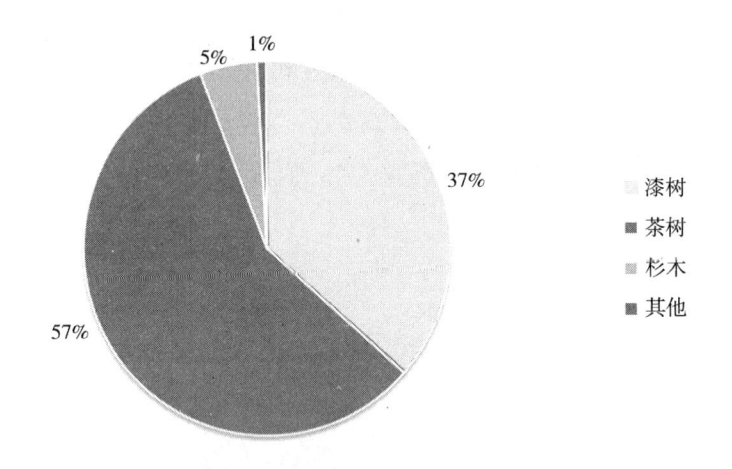

图 6　恩施市龙凤镇新一轮退耕还林推进过程中的树种分布

数据来源：恩施市林业局：《龙凤镇退耕还林工程建设实施方案》，2013年10月28日，附录表格页。

营合同。在村民授权的情况下，由合作社进行统一规划、统一施工、统一经营管理，最后在效益分成阶段，则由合作社按照之前与退耕农民约定好的比例进行分成。目前，恩施市龙凤镇在推进新一轮退耕还林中，普遍接受并采纳了这一退耕方式，截至2013年年底，已经有99.1%的退耕农户参与了与之相关的农民专业合作社，入社面积占新一轮退耕还林已实施面积的93.6%。

这一退耕还林实施方式的创新有利于在政府与农民，公司与农民之间搭建一座桥梁。在第一轮退耕还林中，恩施市政府鼓励退耕农户将林地向大户集中，这虽然有利于规模化发展，但是却也伤害了退耕农户的利益。大户集中之后通常独占林地收益，而拒绝将退耕还林林地流转之后通过经营活动所获得的收益与将退耕还林林地流转给他们的退耕农户分享。而引入农民专业合作社之后，这个问题较之前有了一定的改善，农民以退耕土地入股合作社，按照与合作社达成的协议进行后期收益分成，这保证了农民对退耕还林土地的收益权。另外，退耕农民的个人议价能力低，交易成本大，使得一方面公司不愿意与单个农民交易；另一方面农民在与公司交易的过程中往往处于劣势地位。农民专业合作社作为农民林地的代理机构，通过整合资源，具有了一定的议价能力。与此同时，公司通过与农民专业合作社的合作，大大降低了原先的交易成本，并有利于应对一些纠纷，减小在农村的管理成本。此外，对于退耕还林的后期管护，农民专业合作社通过集中管护，统一标准来缩减管护的成本。

（四）经营管理模式创新

不同于以往的小农经营，在恩施市龙凤镇的新一轮退耕还林中，政府引导农民进行了经营管理机制的创新，引入"公司＋合作社＋基地＋农户"的新型管理模式，企业出资金和技术，农民出林地，合作社协调管理进行合作造林，收益分成。如此一来，退耕户不仅可以获得原先的政策补贴，还可以通过为合作社打工的方式参与种苗育苗等过程获取劳动报酬。与此同时，在林地种植物获得收益时，退耕户还可以按照之前与公司和合作社拟定的协议进行收益分红。以漆树种植为例，漆树的收益时长通常为5年，第6年至第9年为收益期，退耕户在前5年，通过国家政策补贴以及为合作社工作的劳务收入每年大约可获得每亩400元的收益，之后的收益期，农户可以获得生漆分成、参加合作社的劳动报酬、公司林下发展订单农业利润分成三部分收入。其中光第一项年纯收入每亩就近1000元，而原来25°坡耕地的种粮收入每亩只不过500—600元。而随着农民在参与退耕还林之后的收入提升，农民参与退耕还林的积极性也显著提高，这也促进了退耕还林工程的发展，并在一定程度上保证了退耕还林的可持续性。与此同时，在此种模式下，公司也获得了收益。同样以漆树种植为例，公司收入主要来源于两部分：一部分为生漆分成收入，另一部分为林下发展订单农业利润分成收入。后者较难评估具体收益，但仅前项收入，平均每亩每年可获得收益约345元。公司是以利益为导向的，高额的收益率保障了公司在此模式中的积极性。在此过程中，合作社亦可获得收益，按照之前达成的分成比例,农户三成、公司六成、合作社一成。如此一来,合作社也有了经费,可以更好地整合资源,协调农民与公司之间的工作。

第四节 关于完善试点区新一轮退耕还林的建议

一 做好退耕还林的后续配套工作,给予退耕户一定优惠

退耕还林之后,土地性质发生了变化,由原来的耕地转换成了林地。在性质转变的同时,原先的相关政策配套也发生了改变。退耕农户在上交原先的土地承包证之后将不再享有国家有关耕地的各项优惠政策,无法获得与耕地相关的各项农业补贴。这之后,农民可以通过在退耕还林中获得的林权证,享受林业方面的优惠政策。但是,如果农户在将耕地转换为林地之后,与林地相关的各项优惠低于之前作为耕地时得到的优惠,这将严重影响农民参与退耕还林的意愿。

这些年,各地都开展了旨在建设生态文明和提高农民收入的集体林权制度改革,同时,与之相关的配套改革也在各地实践发展中。在恩施市,地方政府在集体林权制度改革的配套改革上也做了很多有益的探索。主要集中在林权抵押贷款、森林保险和林下经济三个方面。在林权抵押贷款方面,恩施是在林地的抵押评估上,凡10万元(含10万元)以内的贷款只需要由信用社自行评估,当地林业站协助估价,借款人确认即可办理,如此一来提高了农户办理林权抵押贷款的效率。在森林保险方面,恩施市在2012年年初即开始试行,其中很大一部分保费由政府承担。在林下经济方面,通过各项政策,林下经济形成了一定规模。在药材种植方面,恩施被誉为"华中药都"。虽然这些配套改革政策对于发展林业起到了很大的促进作用。但是,得到退耕还林农户与普通林农相比,退耕还林农户在这些配套改革上没有任何的优惠。

从林权抵押贷款上来看,恩施市规定森林资源必须达到在城市

规划区内面积 2 亩以上，其他区域 5 亩以上这一标准才能参与林权抵押贷款。但是，在第一轮退耕还林中，恩施市龙凤镇户均退耕面积仅为 2.2 亩，且大部分不属于城市规划区内面积。所以如果没有流转林地，很多农户在退耕还林之后是无法通过林权抵押贷款贷到资金的。因此，建议在林权抵押贷款上应该给予退耕还林农户一定的政策优惠。一方面，降低他们参与林业抵押贷款的门槛；另一方面，在林权抵押贷款时应通过贴息降低他们的贷款利率，在地方经济条件允许的情况下，甚至可以划拨专款用于奖励退耕还林后林业产业发展较好的农户，以产生示范效应。

从森林保险上来看，公益林财政补贴比例为 100%（其中中央财政负担 50%，省级财政负担 40%，县级财政负担 10%），商品林财政补贴为 60%（其中中央财政负担 30%，省级财政 25%，县级财政 5%），其余 40% 由农户自身承担。但是，这一保费设置在实际操作中存在着一定的困难。一方面，农户在种植商品林后需独立承担保费的 40%，这导致了农户参与森林保险的积极性降低；另一方面，森林保险保费的征收也面临困难。例如，在恩施市龙凤镇第一轮退耕还林中，退耕还林户户均退耕还林面积只有 2.2 亩，其中商品林所占比例不到一半。以商品林每亩保额 500 元换算，每亩共需缴纳保费 1.5 元，其中个人需自付 0.6 元。而由于恩施地处山区，村民居住地相隔甚远，所以向村民征收森林保险保费的组织成本甚至会超过收集到的个人缴纳保费本身，这样反而得不偿失。因此，建议将退耕还林农户参与森林保险的个人支付部分改为统一由财政支付。

从林下经济来看，恩施市龙凤镇并没有产生退耕还林之后发展林下经济的典型案例，对于退耕还林之后的林下经济发展，目前还缺乏宏观性的政府布局，政策支持还不够。因此建议恩施市政府应注意退耕还林林地的合理规划，通过技术指导、典型人物树立等推进退耕还林之后的林下经济发展。

二 推进绿色生态产业发展，帮助闲置劳动力安置

在实施退耕还林之后，农民有了与原先相比更多的空闲时间。特别是在引入"农户+合作社+公司+基地"的新型经营管理模式之后，公司通过合作社对林地进行统一管护，这样进一步释放了原先限制在土地上的生产力。但是，这也随之产生了一个新的问题——被释放的农村劳动力如何合理配置？虽然，新的经营管理模式为他们提供了一些工作岗位。但是，集约化的发展在提升效率的同时，也减少了劳动力的投入。因此，也就意味着有相当一部分劳动力会处于闲置状态。一则，劳动力的闲置会带来人力资源的浪费。二则，农村闲置人口的增加也会给农村带来各种社会问题，影响农村社会稳定。此外，由于退耕还林之后的闲置状态也会使得一些村民对退耕还林地进行复耕，影响退耕还林实施成果。

由此，我们认为有必要推进镇村地区的产业发展，尤其是绿色生态产业。在保护生态环境的同时，帮助农村地区在实施退耕还林过程中产生的闲置劳动力进行合理安置。

三 建立退耕还林的考核评价体系，完善绩效管理机制

在龙凤镇开展的新一轮退耕实践中，政策开始更多地关注退耕农户的经济效益，取消了原先生态林和经济林种植的比例限制，这当然是一项善政。但是，在退耕还林的过程中，我们也不应忽略其所应承载的生态价值，不能简单认为种树就是有利于环境，而忽视树种选择对于生态环境的不同影响。

退耕还林工程不同于其他工程，它类似教育、安全这类领域，有着极强的正外部性[①]。它的推进可以有效改善中国的生态环境，有利于中国的可持续发展，不但影响着当代人，甚至对于后世子孙

---

① 正外部性：某个经济行为个体的活动使他人或社会受益，而受益者无须花费代价。资料来源：百度百科。

也有着重要的影响。但是在市场机制下,退耕还林的价值并不能得到很好的体现。因为,退耕还林具有很强的"外溢效应"[1]。由此,产生了大量的"非市场性"的得利者。[2] 这些人虽然因为退耕还林带来的环境改善得到收益,例如环境的改善可以使生活在当地的居民身体更加健康,心情更加舒畅,但是这些人并没有为此付出相应的代价。所以,在这种"市场失灵"的情况下,政府应该承担更多的责任,通过补贴,肯定退耕还林之后的生态效益,而不仅仅是通过关注经济效益从而推动退耕还林工程的进程。因此,建议建立退耕还林的考核评估体系,完善绩效管理机制。合理地评估具体退耕还林之后的具体树种的生态价值,由政府根据评估得到的绩效,给予相应的补助以肯定退耕还林的生态效益,从而扭转由于正外部性带来的市场失灵,回归退耕还林的真实价值。

---

[1] 外溢效应:指一个人或一群人的行动和决策使另一个人或一群人受损或受益的情况。经济外部性是经济主体(包括厂商或个人)的经济活动对他人和社会造成的非市场化的影响,即社会成员(包括组织和个人)从事经济活动时其成本与后果不完全由该行为人承担。资料来源:百度百科。

[2] 即得利者并没有通过市场这一环节,他们并没有参与市场定价,也并没有为此付出任何报酬。

第四章　产业结构调整

产业结构，也称国民经济的部门结构，是指生产要素在各产业部门之间的比例构成及其之间相互依存、相互制约的联系。它包括国民经济的产业组成、产业构成、产业间的生产联系。产业结构一般以产业增加值在 GDP 中的比重和产业就业人数在总就业人数中的比重来表示，它的变动对经济增长有着决定性的影响。产业发展在促进经济社会发展中有着基础性的决定作用，需十分重视。推动新型城镇化建设和发展特色产业是实现试点目标的"双轮"。产业的发展是综合扶贫改革成功的基础和关键，可谓牵一发而动全身，关乎综合扶贫的成败。目前，试点区的产业发展还不充分，产业结构的调整也有待大力加强。2013 年，恩施市综合扶贫试点区已在产业结构的调整上做了许多有益的探索。

第一节　试点区产业结构调整的紧迫性

总体来看，试点区经济总量不大，产业结构不优，特色产业发展不够充分，以信息产业和服务业为代表的第三产业发展滞后。要实现综合扶贫改革的目标，必须加快产业结构调整和推进特色产业的发展。

一　产业发展基础薄弱

从整个恩施州看，缺乏上规模的龙头企业和产业集群。2012

第四章 产业结构调整

年,整个恩施州市级以上重点龙头企业69家,州级以上龙头企业36家,省级以上重点龙头企业5家,国家级重点龙头企业1家(这些龙头企业不含烟草企业),资产总额21.6亿元,总销售收入20亿元。[①] 总体上呈现出规模小、数量少、资产总额低的特征。

从试点区龙凤镇看,农村经济仍以传统种植业、养殖业和劳务输出为主,农业产业基础薄弱,劳动者素质总体偏低。农业科技含量低,农产品商品率低。从龙凤镇工业发展看,2012年工业总产值5.5亿元,从业人员2159人,工业经济以农副产品加工业(代表性企业:鑫源粮油、楚硒源薯业、远志食品)、矿产建材业(代表性企业:西岭矿业、瑞衡矿业、恒安建材、新民建材)、农机具制造业(代表性企业:农益农机、传启炉业)、木材加工业(代表性企业:华森木业、宏利木业)、农用化工业(代表性企业:来发塑料、凯龙化工)等产业为主。2012年全镇共有工业企业42家,其中有5家处于停业状态。全镇42家工业企业资产总计500637千元,负债143075千元,资产负债率为28.58%,工业总产值不高,上缴税收有限,利润总额不高,吸纳的就业人员有限(表1)。第三产业主要是餐饮服务、物流、批发零售、房地产、城郊休闲旅游等。缺乏有特色、有较强竞争力的大企业、大基地,关联产业发展滞后,产业链条延伸度低。总体上看,龙凤镇的工业企业质量与效益普遍不高,工业层次不够高,主要从事一些原材料的粗加工,产品附加值不高,对地方经济发展的促进作用有限。

表1 2012年龙凤镇工业企业主要经济指标 (单位:千元、个)

指标类别	资产	负债	实收资本	工业总产值	主营业务收入	上缴税收	利润总额	从业人员
合计	500637	143075	111115	507905	488931	16504	12828	1330

资料来源:笔者根据龙凤镇统计站、龙凤镇经贸办公室相关资料整理。

---

① 数据由恩施市农业局提供。

二 产业结构不合理

从试点区所在的恩施市、恩施州看,与湖北省以及全国的三次产业比重相比(表2),恩施市、恩施州的第一产业在国民经济中的比重依然较大,而第二产业基础比较薄弱。从试点核心区龙凤镇看,产业结构更不合理。2012年第一、二、三产业结构比例为32:49:19,第一产业比例明显偏高,第三产业明显偏低。[①] 从产业发展水平看,农业经济比重较大,且以传统种植业、养殖业和劳务输出为主,农业产业模式较为落后。第二产业发展滞后,产业类型多为低端加工,而且规模以上企业较少。第三产业主要为集镇商贸产业和集镇综合服务产业。

表2 2013年恩施市、恩施州、湖北省与全国产业结构对比

(单位:%)

产业	恩施市	恩施州	湖北省	全国
第一产业	17.3	24.1	12.6	10
第二产业	40.2	35.8	49.3	43.9
第三产业	42.5	40.1	38.1	46.1

资料来源:恩施州统计局、恩施州调查队:《2013年恩施州数据快递》,2014年2月,第1页;恩施市统计局、恩施市调查队:《恩施市统计月报》,2013年12月,第1页。

三 特色产业发展不够

龙凤镇特色农业以茶叶、烟叶蔬菜、畜牧养殖业为主。现有茶园12250亩,投产茶园8500亩,茶加工叶企业12家,年总产值4000万元,集中分布在龙马、柑子坪、猫子山、佐家坝和碾盘等行政村。时令蔬菜10000亩,主要分布于二坡、吉心村;零星发展

---

① 《湖北省恩施市龙凤镇综合扶贫改革试点规划汇编》,2013年12月,第120—121页。

以杜仲、木瓜、茯苓、白术为主的药材5000亩，集中分布于碾盘、佐家坝和青堡村；在大转拐和双堰塘村发展花椒3000亩；在青堡等村发展漆树4000亩，已投产1000亩；全镇年出栏生猪10.3万头，现有规范化生猪养殖小区2个，年出栏100头以上的生猪养殖大户20户，年出栏8000头以上的生猪规模养殖户2户；以山地鸡养殖为主的家禽，年出笼12万羽，集中分布在杉木坝、古场坝、二坡、大转拐和龙马村。① 从以上数据可以看出，龙凤镇的特色农业发展有限，地域分布比较分散，经营规模不大。

从旅游产业看，龙凤镇作为州城北郊的城郊镇，地理位置优越，紧邻恩施火车站，境内还有318国道和209国道，交通便利。人文和自然旅游资源较为丰富。然而目前旅游业的发展较为落后，表现为开发力度不够，旅游配套设施建设不足。目前龙凤镇的区位优势和自然景区开发利用程度不高，"吃、住、行、游、购、娱"六要素的拉动效应不明显，有待于进一步挖掘。例如，目前全市星级农家乐总计213家，其中五星级2家；四星级20家；三星级95家；二星级65家；一星级31家。龙凤镇星级农家乐总计10家，其中三星级4家；二星级5家；一星级1家。②

四 基础设施薄弱

龙凤镇作为试点区信息产业的发展总体上低于全国、全省平均水平，特别是电子信息产品制造业和软件业发展严重滞后，与试点区经济和社会信息化发展不相适应，信息产业的基础薄弱，投入不足，高素质人才短缺，总体差距较大。龙凤镇范围内主干道网络尚未完全形成，受山区地形与地势的制约，路网等级低，破损道路较多，水利设施薄弱，电力通信设施落后，仓储、包装、运输等基础

---

① 《湖北省恩施市龙凤镇综合扶贫改革试点规划汇编》，2013年12月，第120—121页。

② 数据由恩施市旅游局提供。

差。经济发展与生态保护矛盾尖锐,产业结构调整受生态环境制约的问题较为突出。另外,由于相关产业没有形成规模,产业发展的整个平台没有形成。

第二节　新型城镇化推动产业结构调整

产业化与城市化必须同步发展、相互促进,这是社会经济发展的客观规律。农业剩余劳动力的产业转移过程表现为以工业化为主导的农业产业化,空间转移过程则表现为农村城镇化。城镇化与产业化是空间载体与产业内容的关系,两者相互联结与依存。试点区按照"四化同步"(工业化、信息化、城镇化、农业现代化)、城乡一体化发展的要求,坚持因地制宜,全域统筹,构建合理的产业空间布局,通过特色产业发展促进城镇化,通过特色城镇化促进产业发展,推进产城融合,大力发展特色农业、现代烟草、低碳工业、旅游产业、商贸物流和信息产业。

一　以城镇化为依托,安排产业空间布局

龙凤镇的产业规划中紧扣综合扶贫、城乡统筹和生态环境保护的主题,从产业升级、社会融合、民生为重、空间整合以及特色发展等几方面为切入点,重新理解规划区的产业和城镇发展格局,提出"一核两心三轴四片"的产业布局和城镇发展总体空间战略。

"一核"指龙凤新城创新发展极核。未来将发展成综合性新区,成为恩施市和龙凤新区的行政办公中心,主要发展现代服务、文化娱乐、商贸、生态工业等相关产业。

"两心"指龙马特色产业发展先试中心、吉心产业创新发展先试中心。在龙马打造自然、文化、民俗等特色的旅游业,主打生态特色牌和文化特色牌。在吉心依托交通和区位优势探索发展旅游集散、旅游接待相关服务产业。

"三轴"即吉心—龙凤—龙马—青堡城乡统筹发展轴、龙凤—

杉木坝新型城镇发展轴、龙马—佐家坝走向的旅游产业发展轴。吉心—龙凤—龙马—青堡城乡统筹发展轴,链接城乡、协作产业、融合移民、调整发展空间结构。龙凤—杉木坝新型城镇发展轴,将生态工业、现代服务业发展和城镇化相结合。龙马—佐家坝走向的旅游产业发展轴,挖掘特色资源,走差异化发展道路。

"四片"即南部新城综合发展片区、东部绿色经济创新片区、中部产业扶贫联动片区、北部生态特色发展片区。南部新城综合发展片区:重点发展商贸物流业、农副特产品深加工产业,形成集综合服务和加工制造的经济板块;东部绿色经济创新片区:聚焦生态产业和绿色经济。由二坡—吉心—大转拐组团组成,重点发展蔬菜种植、畜牧业等;中部特色产业综合片区:侧重产业发展和综合扶贫的联动。以龙马村为核心,由佐家坝—龙马—猫子山—杉木坝—店子槽组团组成,重点发展茶叶种植、加工、观光和龙马民族风情旅游产业。北部生态特色发展片区,着重挖掘生态特色资源,由青堡—碾盘组团组成,重点发展烟叶、中药材种植,培育青堡乡村休闲观光产业,形成集特色农业种植、生态旅游为主导的经济板块。

二 打造产业发展带

特色农业重点在发展茶叶、城郊精细蔬菜、现代烟草业、家禽生猪养殖业和观光农业,构建现代农业产业化体系,创建绿色、生态、安全、优质的农产品品牌。以"一园二带三区四基地"为总体布局。茶叶产业以双堰塘、店子槽、龙马、柑子坪、猫子山、佐家坝、碾盘等村为主体,在交通和自然条件较好的村新建一批茶园基地;重点扶持一批名优茶生产加工企业,主要集中在龙马集镇和农产品加工园区。蔬菜产业在青堡、碾盘、大转拐、吉心、二坡等村的现代烟草业示范区采取烟菜轮作模式;在杉木坝、古场坝一带的猪—沼—菜循环农业示范区建立城郊精细蔬菜生态栽培基地;在杉木坝、大转拐、吉心交界处建立蔬菜栽种基地。畜牧产业以大转拐、吉心、二坡为核心,建设家禽养殖基地;以杉木坝、古场坝为核心建设生猪养殖基地；以青堡、碾盘为核心，建成肉牛养殖基地；以店子槽、双堰塘为核心建山羊养殖基地。休闲观光农业以田园景观、农业生产活动和特色农产品等为吸引物，以区内三大产业即茶叶、烟叶、蔬菜为基础，在龙凤—堡扎—龙马—杉木坝—古场坝一线建设生态农业观光带，在三龙坝—吉心—二坡一线建设休闲农业观光带。

加工及物流业在三河、三龙坝分别规划有农产品加工园和低碳工业园，在龙马集镇、龙凤集镇布局茶叶加工企业与生产线。在龙凤低碳工业园建冷藏保鲜库、蔬菜分选包装仓库、配送中心等；新建屠宰生产分割白条鸡生产线；建设屠宰肉牛生产线、肉牛产品深加工车间和冻库等。信息产业龙凤镇按照"一区三园"的基本构想，打造百亿工业园。"一区三园"：以龙凤试点区为主，布局三大百亿工业园：低碳工业园、企业孵化园、机械制造园，每园按照产业集群规划。龙凤低碳工业园，按照"一园两片，四大产业，六个子园"布局。

旅游业根据资源的分布特征，将规划区划分为茶山河峰林旅游区、太阳河风景旅游区两大板块。龙凤镇作为旅游集散中心，龙马镇作为二级旅游集散中心，辐射周边地区，重点打造龙马旅游风情小镇、青堡旅游农业观光区。商贸物流业以"一圈两带两区一中心"为目标，打造龙凤新区商业圈。沿带水河、龙凤大道的滨江商业带，沿金龙大道的金龙大道商业带，现代商贸服务业的聚集区，商贸流通的改革示范区，打造武陵山商贸物流中心。

三 重点项目推进

在项目的实施中将突出四项重点：一是突出技术改造，支持"退城进园"及入园项目建设；二是实施"双亿元项目工程"，每年推进30个以上投资过亿元、产值过亿元项目建设；三是推进信息产业项目建设，促进工业化、信息化融合；四是加大对工业项目建设的调度力度，对重点工业项目实行重点调度、重点帮扶，促其达产达标。

第三节　发展特色产业

试点区充分考虑当地产业发展实际，争取在现代烟草、茶叶、旅游业等特色产业上多做文章，带动当地产业结构的调整。预计到2017年，域内要建成2万亩茶叶、1万亩烟叶、1万亩蔬菜、100万羽优质蛋鸡等特色农业基地，农产品加工业、物流及旅游服务业等第二、三产业不断发育壮大。

一　现代烟草

试点区根据烟草生产所需的气候和生态条件，结合龙凤镇现有耕地分布情况，规划在8个村39个村民小组发展烟业。按照"一年打基础、三年见成效"的烟业发展思路，结合龙凤镇产业发展布局，稳定现有烟叶发展区域，建立青堡烟叶发展中心示范区。拓展店子槽、古场坝、杉木坝、碾盘等烟叶发展区域，规划建立基本烟叶2.1万亩（图1）。青堡村作为拓展烟叶产业建设的重点示范区，可作为发展烟叶促进产业结构调整的典型案例。

青堡村地处龙凤镇西北边陲，北与重庆市奉节县龙桥土家族乡接壤，东与太阳河乡毗邻，西与碾盘村交界，南与龙马村相连，由原青堡、水槽、后河、茶园沟4个小村合并而成，辖9个村民小组，826户，3117人，农业劳力1640人。现村委会驻地位于原青堡管理区所在地的中坝，距龙凤集镇37千米，公路已硬质化，正在改造升级，其余原水槽、后河、茶园沟3个小村已通简易机耕路。目前，无论是烟田面积还是资金投入，青堡都位居前列，这得益于中烟公司的大力支持。2013年，中烟在位于龙凤镇青堡中心示范区中坝组建成"四位一体"（集育苗、烘烤、收购、专业化服务四大功能于一体）烟叶综合服务中心1处，占地总面积22000平方米。综合服务中心可提供专业化供苗服务2000亩，专业化烘烤

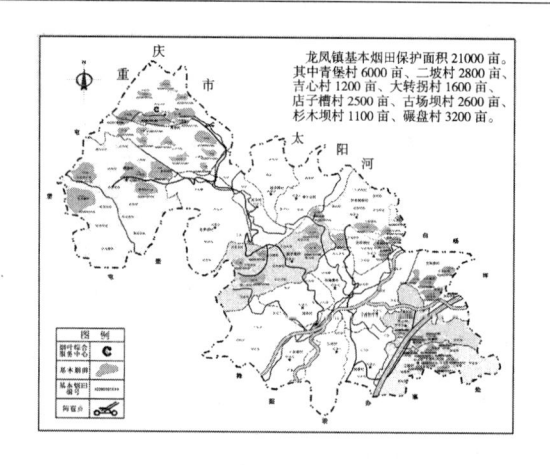

图1 龙凤基本烟田区划示意图

资料来源：湖北省恩施市龙凤镇综合扶贫改革试点工作领导小组办公室《湖北省恩施市龙凤镇综合扶贫改革试点规划汇编》，2013年12月，附件9。

服务1600亩，实现专业化分级和散叶收购功能7500担以上，该项工程可以大力推进龙凤烟草产业链建设，提升烟草的生产能力。

青堡以现代烟草业发展为核心，建设产业链，带动当地第二、三产业发展。

第一，以烟为主，形成产业链。按"烟叶—蔬菜—玉米—绿肥—烟叶"三年六熟的轮作换茬模式生产烟叶，注重耕地保护和综合利用，提高土地利用率和产出率。

第二，设施配套，突出现代烟草农业。2013年至2015年，青堡将全面开展基础设施配套建设，规划完成烟田土地整理4400亩；修建水池4口，铺设管网5条，建沟渠3条；修烟区主干路8条和分支路15条；建育苗设施2处；修建密集烤房150座；配置农机具167台（套）；建立地理信息系统，对烟叶生产各环节实行全过程、多方位监控。通过配置现代设施来装备中心示范区，烟叶产业将实现规模化种植、集约化经营、专业化服务及信息化管理。

第三，科技兴烟，突出优质高效。以现代科技主攻优质高效，实行标准化生产，规范化管理，全面推行机械化、工厂化、现代化。做到良种良法配套，用地养地结合，以烟为主，轮作换茬种植。以提质增效为目标,在现代烟草新技术、新信息推广应用方面先行一步,建立科技示范园,加强科技推广应用,探索新经验、新路子。走减工降本增效之路,中心示范区域烟叶亩用工由20个降至15个以下,生产成本下降超过20%,亩平均年收入突破5000元,其中烟叶3500元,蔬菜1500元。2015年亩平均种植收入比2012年1589元增加3500元,增长2倍以上。

第四,创新机制,突出市场化运作。按"自愿、依法、有偿"原则,放活承包地的流转经营权,将6000亩基本烟田保护面积基本纳入合作社统一经营,打破田土界线,实行区域化规范种植。首先,依据合作社章程,组织烟农入社参股,明细资本产权及分配制度等相关政策,将大部分农民变成吃地租、分股利、拿薪金的新型农民。其次,围绕现代烟草农业发展,组建育苗、机耕、植保、烘烤、分级等专业服务队。再次,新办第二、三产业,增强合作社的造血功能。如创建烟叶秸秆回收加工场,将烟秆加工成生物颗粒肥料,实行秸秆还田。最后,依据农民《合作社法》第七章第四十九条,依法承建国家支持发展农业和农村经济的有关建设项目。

第五,彰显特色,突出烟区新农村风采。建设具有特色的烟区新农村风采是示范区建设成果的集中体现:一是烟叶景观。打造景观烟叶生态旅游走廊,从青堡下坝至上坝建成5千米的景观烟叶园区。二是自然景观。青堡山水属原生态自然景观,山体高低错落有致,峰峦叠嶂,沟壑网织,溶洞遍布,神奇而秀丽。三是人文景观。以原住土家族吊脚楼民居特色为基础,加大更新与改造力度,结合移民建镇项目,以恩施市村庄规划,依山就势建成一排排吊脚楼群,并配套相对完备、功能齐全的公益设施,形成具有土家山寨人文特色的景观。[1]

---

[1] 试点办:《湖北省恩施市龙凤镇综合扶贫改革试点规划汇编》,2013年12月,第148—149页。

二 茶业

目前，试点区正试图开发"世界硒都"中的富硒资源与价值，开发特色资源，突出红茶、绿茶，抓好研发设计、生产种植、精深加工、分级包转、仓储运输、渠道批发、终端销售、文化演绎、龙头培植、品牌整合等环节。目前在产业基地茶园的建设方面，总投资9400万元，新建高效茶园2万亩，其中有机茶园0.5万亩，生态茶园1.5万亩（包括高效标准茶园4000亩），实现标准化管理茶园0.5万亩，建设良种茶叶育苗200亩。现已在龙凤镇龙马村首先确立了发展万亩茶叶基地，以茶叶基地为主，建硒茶业等产业园区，以富硒为特色，强调健康理念，通过积极扶持农民经济合作组织的建设，健全茶叶生产过程中的多方利益共享机制，走"基地＋农户＋合作社＋公司＋市场"的新发展模式。通过培养当地农户的茶叶种植技术、管理和经营经验，增加茶农的自主发展能力，促进农业产业结构的调整。

三 生态文化旅游

长期在都市生活的城里人热衷于乡村田园式的返璞归真，亲近大自然，接地气，这为贫困山区发展旅游业提供了契机。在这有利的大背景下，贫困山区要找到自身旅游优势，打好"生态旅游牌"，而民族地区，打好"民族特色牌"。试点区在推进新型城镇化建设过程中，努力发挥旅游业对城镇化的推动作用，将民族特色和生态效益放大。目前，试点区正在重点打造龙马旅游风情小镇，通过统一规划、统一建设，将其建设成"休闲旅游型"乡镇。龙马村正在依托恩施旅游资源及市场，围绕盐茶古道、土家集市、黄家大院等文化特色和小桥流水、田野阡陌等山水风貌，协调和提升小镇的生产、居住、旅游等功能，完善公共服务及旅游服务设施，提供丰富多样的生活旅游体验，打造龙马旅游风情小镇，形成具有恩施特色的旅游小镇。

第四节 企业孵化园助推小微企业发展

产业园区的建设可推动土地向规模集中，推动产业向园区集中、园区向城镇集中、就业向园区集中，从而推动人口向城市集中，最大限度地实现区域经济规模效应，促进产业集聚、走集约式发展道路。就目前的状况看，试点区产业园区的建设处于起步阶段，主要以基础设施建设为主。龙凤镇三河村，是一个具有较好区位优势和交通优势的村庄，在州城北扩的大规模征地拆迁中，通过集体留地，成立了村集体土地开发与创业公司，大力通过产业园区的建设，助推小微企业发展，其经验值得借鉴。

三河村位于州城北部，距州城中心区15公里左右，靠近恩施火车站，境内有318国道和209国道，交通便利，区位优势明显。该村有7个村民小组，1377户，耕地1079.66亩，户均耕地不到1亩，过去主要从事农业生产。由于州城扩展，三河村由农村变为城市，农地转为城市建设用地，农民转变为市民，农民的生产生活方式发生了根本的改变。产业结构也发生了根本性的改变，由原来的以农业生产为主，转变为以第二产业和服务业为主。目前，龙凤镇三河村最显著的特征就是大规模的土地征收，为州城的城市扩容和产业结构调整做准备。在大规模土地征收中三河村村委领导班子，正做着产业结构调整的充分准备，采取留地安置的方式，成立了三河村旺龙新农村建设公司。旺龙公司坚持以产业园区的建设，促进产业结构调整，从而促进当地经济与社会的发展。旺龙公司打造"旺龙之翼"小微企业孵化园，计划园区面积500亩，其中厂房建设区占地475亩，生活及公共设施区占地25亩。建筑占地面积250亩，绿化面积占地150亩，道路及硬化面积100亩。园区厂房建筑占地面积15.8万平方米，总建筑面积30万平方米，分为食品加工区、建材家居区、服装电子区、文化创意信息产业区、仓储物流区五个功能区。生活及公共设施区建筑占地面积8000平方米，总建筑面积7万平方米，主要设计员工住宿公寓、食堂、超市、医院、幼儿园、高级私立小学等。园区建成后，入园企业300家，实现年工业产值3亿元以上，提供财政收入1800万元以上，安排就业人口6000人，园区内可容纳常住人口4000人。

旺龙公司，主要经营村集体资产，以确保村集体资产的保值增值，以不断壮大村级经济实力为主要目标。公司积极引导被征地拆迁农民的拆迁资金的正确投向，遵循市场经济规律，采用现代资本运作方式，确保农民拆迁资金的高效、安全、合理应用，确保拆迁农民最大化获得财产性收益，从而促进社会稳定和谐。按照把农民变成企业主或产业工人的思路，应用市场的手段，扩大被征地拆迁农民入园就业的机会。公司通过打造产业园区，积极培育和扶持小微企业发展。通过建设小微企业园，为武陵示范区小微企业生产提供场地、厂房，为小微企业发展壮大提供资金支持，为小微企业规范高效运转提供财务外包承接。公司用最快的速度、最直接的方式把产品市场前景好、经营团队强的小微企业扶大培强。

旺龙公司的目标是把自己建设成为小微企业成长的摇篮，为小微企业的孵化营造优良的园区内部环境，成为小微企业发展的火箭推动器。目前，旺龙公司主要以产业园的建设为主要发展模式，通过中小企业融资平台，吸纳被征地拆迁农民的闲散资金资源，筹措中小企业发展的资金。具体做法如下。

第一，建立小微企业发展融资平台。以小微企业园为依托，采取可赎回式股权的方式，以农民自愿为原则，吸纳农民的拆迁资金以股权的形式进入公司，公司设立小微企业借款业务平台，为小微企业提供流动资金，让小微企业方便快捷地获得适宜的发展资金，从而快速成长。融资平台资金总规模3亿元，公司实现年营业收入2400万元以上，直接提供财政收入150万元以上。

第二，利用集体留地和吸纳的资金，建设"旺龙之翼"小微企业孵化园项目。征地500亩，按照科学、高效、生态的理念设计建设，园区建筑总面积37万平方米，其中厂房面积30万平方米，生活及公共设施面积 7 万平方米，固定资产总投资 8 亿元以上，入驻小微企业 300 家，年工业总产值 3 亿元以上，提供财政收入 1800 万元以上，安排就业 6000 人。

第五节　试点产业结构调整的政策建议

试点区紧紧围绕"产城互动"的模式推进产业结构的调整，打开了产业结构调整的局面，但仍有不少方面值得完善。我们认为在交通体系、信息平台的硬件基础设施建设、产业链建设、充分利用当地有利条件等方面还应该着力加强。

一　构建产业发展平台

首先，构筑立体交通体系。区域经济一体化是经济社会发展的必然趋势，产业之间的资源优化配置是提升效益之必需，作为区域联系的纽带、资源配置桥梁的交通网络，构筑立体交通，实现区域交通一体化，提供快速畅通、多样化的通道显得非常重要。恩施铁路方面的汉宜、宜万铁路已开通，恩施已成为我国东西铁路大动脉——沪汉蓉铁路的重要节点。恩施应以此为契机，打破交通瓶颈，彻底改变以前交通方式单一的状况，进行全域规划，构筑立体交通。当前就是要同步建设高速、铁路与航空等快速交通通道，具体为加快建设宜巴高速巴东段，恩黔、恩来高速，利万高速、五来高速恩施段，步步推进，构成恩施州"十二五"规划的"三横两纵一支"高速公路网，总里程 757 千米。全面建成渝利铁路恩施段，争取早日通车，抓住国家加大中西部铁路基础设施建设的契机，提早规划，全域规划，积极推进黔张常、郑渝铁路项目，做好安恩张铁路的前期工作，形成"三横、一纵、两支"铁路大通道。加快建设州城至县市、县市至乡镇"两小时交通圈"、乡镇至中心村"一小时交通圈"。积极抢抓新一轮长江经济带发展机遇，推进航空港、航运港建设和业务拓展，进行恩施许家坪机场的改、扩建，提升航空和水运能力。努力把恩施建成武陵山区综合交通枢纽和湖北承接东西、联通南北的"立交桥"，将其打造成武汉与重庆之间的重要交通节点，并进一步形成对内大循环、对外大联通的立体交通格局，为推进产城融合"疏通血脉"。

其次，要着力建设信息平台。信息产业已经成为国民经济基础性、战略性和先导性产业。加快发展信息产业，对促进试点区转变经济发展方式，优化调整产业结构，构建现代发展新格局具有重要的战略意义。龙凤镇信息产业的建设要坚持从全局发展和长远战略的高度出发，把信息作为一种新型生产力的核心要素融入产业链建设和新型城镇化的全过程。加快推进信息化进程，提升电子政务、电子商务、远程教育、远程医疗等服务能力，强化人口、金融、税收、统计、气象、安全等基础信息资源开发利用，推进电信网、广播电视网和互联网"三网融合"，建立健全促进产城融合的信息平台。龙凤镇目前的信息产业建设还很薄弱，相关的配套设施和基础设施建设还处于空白状态，当务之急是要利用龙凤镇的后发优势，大力引进大型的信息技术供应商和服务商，龙凤镇也可以通过实施科技创新、教育提升、信息应用等一系列计划促进信息产业的发展，同时借助恩施目前信息平台建设的已有资源，发展龙凤镇的信息产业，积极参与"智慧恩施"项目建设，实现借力发展。

二 进一步完善产业链建设

贫困山区只有依据地区自身的资源特点，形成具有地区特色的产业链，以产业链建设为主体，以强农、富农为主要目标，用工业化的理念谋划农业，充分有效地利用山区特色农业、旅游产业相关的优势资源，并促进第一产业中特色农业与第三产业中旅游产业的有机结合，通过发展观光农业和休闲、体验农业来带动旅游业，通过发展旅游业来增加人气，扩大内需。这样，才可以优化产业结构，逐步实现人口、资源、资金、技术的聚集与优化配置，众多资源要素的聚集与合理配置才能促进产业结构的调整，带动城镇化的发展，提升地方经济发展的质量与效益，促进地方经济与社会的发展。未来，试点区要以良好的生态环境为基础，牢固树立绿色发展、循环发展、低碳发展、永续发展的理念，立足产业的转型升级、结构优化、效益提高，充分利用龙凤镇农业发展中的比较优势，发挥农业的基础性作用，促进三次产业之间的融合发展。通过大力发展农产品深加工业，促进第一产业与第二产业的融合，通过第二产业带动第一产业；以第一、二产业为基础，通过资源整合发展第三产业；通过第三产业的发展吸引人气，带动消费，扩大内需，从而带动第一、二产业的发展，形成三次产业之间的良性循环。

发展实体经济就要在产业链和资金链两个方面同步给力，要"围绕产业链部署创新链，围绕创新链完善资金链"，增强产业之间的融合度，进一步提高产业发展在资源优化配置、提升资源利用率方面的效率，从而提升产业发展的效益。龙凤镇要做大做强特色产业，比如特色农业、立体农业、生态产业、休闲旅游业等，促进第一、二、三产业之间的融合，图2体现了三次产业发展的密切关系。

以畜牧业为例，畜牧业产业链建设要以生态、特色、品牌、高产、优质、高效、安全为重点，以建设畜禽养殖、屠宰加工、饲料生产、畜产品流通环节紧密相连的畜牧产业链条为核心，着力促进产业化经营、信息化带动、规模化发展、标准化生产。这就要求畜产品的生产从生产源头到终端产品，要按照标准化生产、规模化发展、信息化带动、产业化经营的方式，延长产业链，做精深加工，提升产品的附加值，重点培植龙头企业，着力抓好品种繁育、饲料生产、畜禽养殖、屠宰加工、营销流通等环节，打造武陵山区优质、高效、生态、安全的畜牧产品和品牌的重要基地。在这方面，恩施市思乐牧业集团思乐牧业的经验值得借鉴。思乐牧业集团有限公司组建于2001年，公司主要从事生猪养殖、经营和销售牲畜屠宰、肉食及肉制品加工、冷冻产品，先后荣获"农业产业化国家

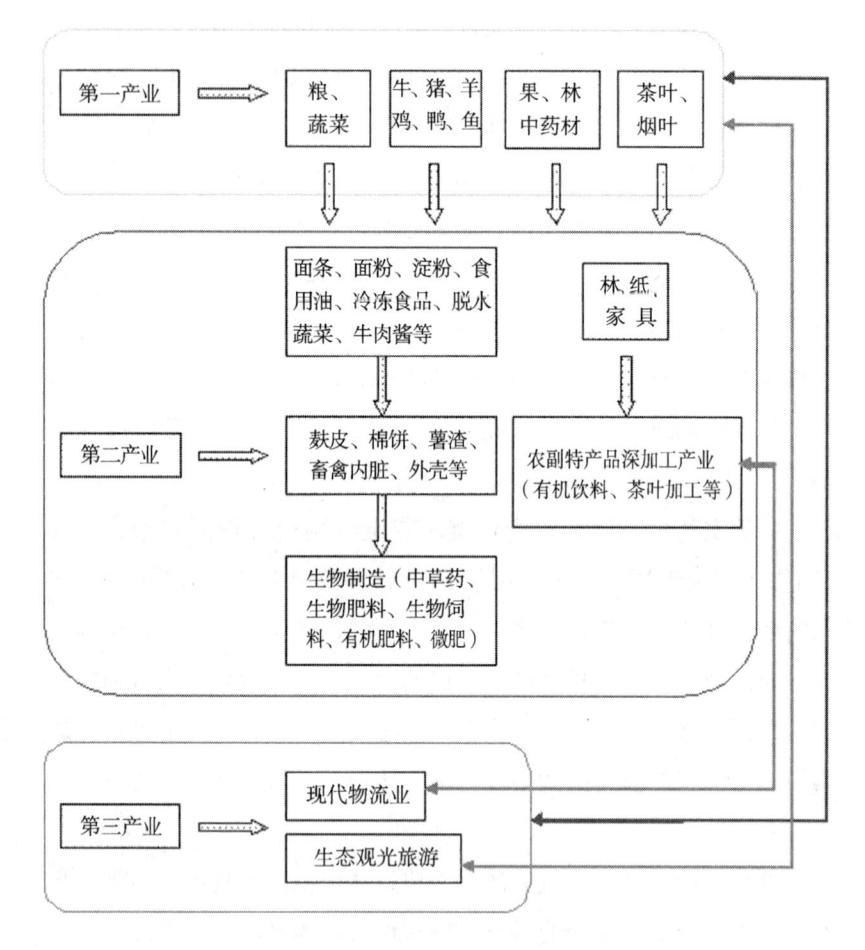

图 2　三次产业的融合示意图

资料来源：笔者根据相关资料制作。

重点龙头企业""国际扶贫重点龙头企业""湖北省生猪行业五强企业"等称号。公司采用"公司+品牌+基地"的模式，有效降低生猪养殖风险，增加生猪养殖收入，促进养殖业健康发展，经济效益较好，具有一定的影响力，见图3。

就茶业的产业链建设上，我们认为要大力发展茶叶的深加工，创新生产方式，扩大生产规模与水平，在现有茶叶加工企业的基础上，在茶叶的种植、采购、加工、营销方面打造恩施特色，重点扶植一两家茶叶深加工企业，以重点求突破，支持它们做大做强，大

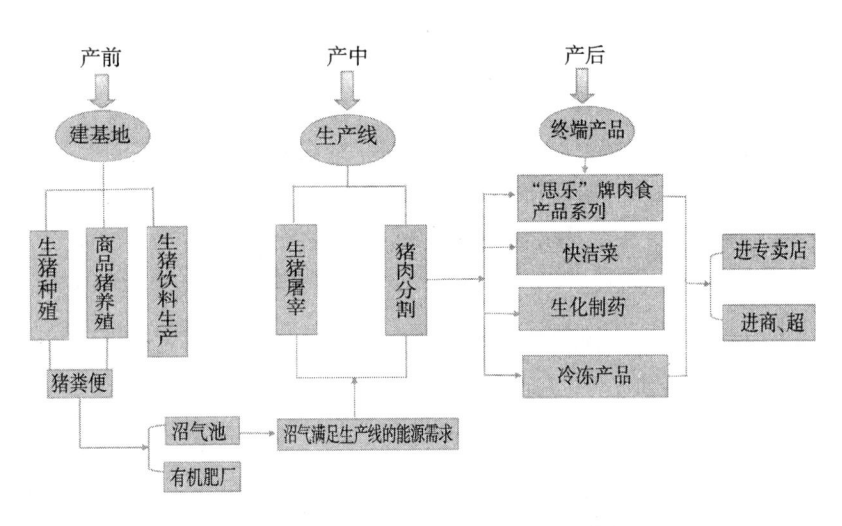

图 3　恩施市思乐牧业产业链建设示意图

资料来源：笔者对思乐牧业公司的调查。

力进行宣传包装、营销与策划，打造具有恩施特色的茶叶品牌，做大茶叶品牌，提升茶叶产品的市场竞争力和附加值，例如加大宣传与营销力度，举办展览会和品茶会，进一步提升"恩施玉露"的品牌价值与美誉度，从而重点提升恩施茶叶的知名度与影响力，进而促进龙凤镇茶产业增效，茶农增收。

三　产业结构调整要充分考虑资源禀赋

恩施具有良好的自然环境和少数民族特色的人文环境，对这些资源，要大力保护。试点区龙凤镇应该大力开展文明城镇、卫生城镇、环保城镇、旅游城镇、森林城镇、园林城镇的创建活动，通过领导示范，群众参与，第三方呼吁，加大宣传与创建的力度，全面提升全镇全社会的生态文明意识。强化资源集约节约利用，强化节地节水节材节能。不乱挖山，不乱砍树，保护好祖祖辈辈留下的青山绿水，保护好历史文物和古迹等，不乱拆古楼，保护历史建筑；严厉打击和控制"两违"建筑，传承好世世代代创造的优秀民族文化和传统道德。认真实施好天然林保护、退耕还林、荒山造林、自然保护区、国家森林公园等生态建设和保护工程。优先建设民生水利和生态水利，推进农田水利、水源工程建设，加快推进喻家河水库建设，加快龙凤镇境内的中小河流治理、病险水库除险加固、山洪灾害防御等防洪保安工程建设。

要结合人文和自然资源特色，注重融入绿色、历史、人文等元素，打造特色中心乡镇，传承历史文脉，突出小城镇的山水风光、民族风情，塑造城镇个性，形成中心乡镇的文化特色、产业特色和环境特色，把重点乡镇集镇打造成风格各异的山区小城镇，吸引游客，从而带动特色旅游业的发展。结合恩施的少数民族特色，土苗风情，围绕"吃、住、行、游、购、娱"等要素，优化旅游空间布局，加快建设核心景区和精品线路，打造全域性、全产业、全要素、全时段的旅游产品，大力发展城郊农家乐，通过政策支持和示范引导，提高经营服务水平。谋划一批重点旅游餐饮业项目，以项目建设带动旅游餐饮业发展，促进产品与服务水平的提档升级，将龙凤镇建成州城北郊的生态文化旅游目的地和休闲旅游度假区，同时加大龙凤镇景区的宣传与推介。

在产业结构调整中坚持绿色发展，以绿色产业为基础，大力打造"低碳工业园""生态工业园"，大力促进第一产业中的特色农业与第三产业中的特色旅游业的有机结合。通过设立专项发展基金，进行重点扶植，大力发展特色农业、观光农业、体验农业和乡村休闲旅游业，形成特色农业园区和旅游区，以特色产业园区的发展带动恩施产业结构的调整。

下　综合扶贫改革的机制创新

第五章 投融资机制创新

在2013年10月8日举行的国务院常务会议上，李克强总理强调要加强财政扶贫资金管理和扶贫资金审计监督，并决定通过整合扶贫资金和各类相关涉农资金，集中解决连片特殊困难地区的扶贫问题。[①] 试点在推进综合扶贫改革过程中，必然面临极大的资金需求，这就需要解决"钱从何处来，如何高效利用"的问题。在推进综合扶贫改革过程中，试点将先行先试，积极探索资金整合、财政资金配股机制、国有资本投资运营公司等投融资机制。目前，试点区在资金整合机制上已有所突破，构建了"项目统筹、资金统拨、监管统一、绩效统评"的资金整合使用体系，其他方面也正在努力中。本文以试点扶贫资金整合机制创新为重点，对投融资机制创新的相关问题作些探讨。

第一节 扶贫资金整合使用的内涵与意义

一 扶贫资金及其重要作用

扶贫资金是推动反贫困事业发展的重要因素。中国农村扶贫资金来源渠道广泛，总体上可以分为三类：国家扶贫资金、有关政府机构及社会帮扶资金、外资扶贫投入。

---

① 李克强：《创新扶贫资金管理使用方式》，http://news.xinhuanet.com/fortune/2013—10/08/c_125496594.htm。

(一) 国家扶贫资金

国家扶贫资金是扶贫资金的重要来源，是扶贫工作发展的根本保证。根据1997年实施的《国家扶贫资金管理办法》规定，国家扶贫资金是指中央为解决农村贫困人口温饱问题、支持贫困地区社会经济发展而专项安排的资金，包括支援经济不发达地区发展资金、"三西"农业建设专项补助资金、新增财政扶贫资金、以工代赈资金和扶贫专项贷款。其中支援经济不发达地区发展资金和新增财政扶贫资金，重点用于改善贫困地区的农牧业生产条件、发展多种经营、修建乡村道路、普及义务教育和扫除文盲、开展农民实用技术培训、防治地方病等。"三西"专项资金主要用于甘肃河西地区、定西地区、陇南10个高寒阴湿特困县和宁夏回族自治区西海固地区[①]。以工代赈开始于1984年，该计划主要是为了改变贫困地区居民的无偿救济方式，让贫困地区的剩余劳动力以劳动换取相应的实物报酬，为贫困户提供一定的就业机会和增加收入的来源。与此同时，以工代赈计划还能帮助贫困地区解决交通不便、用电通信条件差、人畜饮水困难等基础设施落后的问题。扶贫专项贷款是由中国农业银行管理的针对国定贫困县的大规模贴息贷款计划，从1986年开始实施，主要是为了帮助贫困地区和贫困人口早日脱贫，促进当地经济发展而提供的资金支持。

(二) 政府机构及社会帮扶资金

有关政府机构的扶贫资金投入主要指国家机关定点扶贫资源投入和地区对口扶贫投入。国家机关定点扶贫投入分为两大类：一类是拥有专项财政资金支配权，可以自行配置用于农村的部门，如农业部、交通部等；另一类则是没有专项财政资金支配权，以引进部门外资金为主的部门，如外交部等。国家机关定点扶贫投入以引进资金为主，且扶贫资金投入具有不稳定性。地区对口扶贫主要是动员东部发达省市的力量去支持贫困地区的发展和贫困人口脱贫致

---

① 财政部：《"三西"农业建设专项补助资金使用管理办法》，1995年，第二条。

富，具体的帮扶方式包括无偿捐赠资金、捐赠生产和生活物资、经济技术协作和人员的双向交流四大类。社会帮扶资金主要有希望工程、中华慈善总会、光彩事业等各种民间及非政府组织提供的各种形式的捐款、捐物帮助。

（三）外资捐赠投入

外资扶贫投入包括国外捐赠和有偿帮助资金，主要有世界金融机构的无息和低息贷款、国外机构的资助、海外华人捐赠等。大规模的外资扶贫开始于"八七"扶贫攻坚计划，国际机构在中国的扶贫活动包括小额信贷、社区开发、环境保护、技术援助、小型基础设施建设、能力建设和农村综合开发等。提供外资的机构主要有国际发展援助机构、国际金融机构、国外政府双边机构和国际非政府机构四类。其中世界银行与中国政府在扶贫方面的合作最早，投入规模最大，成为国际金融机构在中国扶贫的先锋。外资扶贫的投入在一定程度上补充了中国政府扶贫资金投入的不足，加快了扶贫开发工作的进程。

不论在中国还是其他国家，扶贫工作面临的一个基本问题，就是扶贫资金的短缺。因此，扶贫资金在使用过程中就必须考虑效益问题。扶贫资金的使用至少应能体现以下三种效益。其一是脱贫效益，就是切实帮助贫困群体摆脱贫困，满足其基本的生活需求，也就是说通过扶贫资金的投入能够保障贫困人口基本的衣、食、住、行，保证其做人的基本尊严。其二是发展效益，扶贫资金的使用必须对贫困地区的发展发挥作用，这种发展应该是持续性的发展，不仅通过直接式的"输血式"扶贫来提高贫困人口的生活水平，也辅之以"造血式"的扶贫模式来提高贫困人口的基本生存能力和支付能力，进而带动整个家庭脱贫致富。其三是社会效益，指的是扶贫资金所带来的除了经济效益以外的其他效益。这里的社会效益主要指国家扶贫资金的投入所带来的贫困地区社会事业的发展，包括基础设施的改善、教育事业的发展、卫生事业的发展、环境的改善。需要指出的是，扶贫资金的社会效益很难用量化指标进行衡量。

二 传统扶贫资金使用存在的问题

从贫困人口定义标准的变化,可以看出我国的扶贫事业已取得巨大成就(图1)。根据国家统计局2014年2月24日发布的《2013年国民经济和社会发展统计公报》显示,按照人均纯收入2300元的农村扶贫标准计算,2013年我国农村贫困人口为8429万人,比2012年减少1650万人。[①] 据2014年1月26日召开的全国扶贫开发会议中得知,2013年中央财政专项扶贫投入继续大幅增加,达到394亿元,中央专项彩票公益资金安排12亿元,合计406亿元,达到历史最高水平。

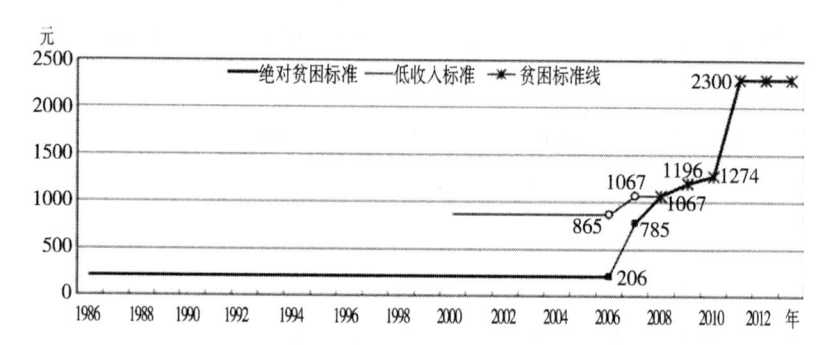

图1 中国扶贫标准变化图

资料来源:根据中国贫困线相关统计资料绘制,图中绝对贫困标准定于1986年,低收入标准出台于2000年,2008年两个标准合并统一。

毫无疑问,扶贫资金的大量投入不仅直接体现在绝对贫困人口的大幅度下降,而且也为改善群众生活与推动贫困地区社会服务事业发展作出了巨大的贡献。但是近年来,越来越多的学者认为,在评价我国扶贫效果的时候,不能单纯考虑扶贫对绝对贫困的减缓作用,还应从投入的资源与产生的效果是否对应进行考量和分析。相关研究表明,我国扶贫资金的使用整体上效率偏低。具体来看,过

---

① 国家统计局网站,http://theory.people.com.cn/n/2014/0225/c40531-24454314.html。

去对扶贫资金使用存在以下问题。

(一) 投入细碎,难以形成规模效应

周志霞[①]通过对黄石市财政支农资金使用进行分析,发现当前政府多渠道投入扶贫资金,出现了不同程度的重合,与此同时资金条款分割管理非常严重,支农资金的整体效应难以得到有效发挥。这种"撒胡椒面"式的支农资金使用模式也必然造成资金管理成本高。我们国家的扶贫资金来源是非常多的,总体上可以分为三类:国家扶贫资金、有关政府机构及社会帮扶资金、外资扶贫投入。而在这三大类扶贫资金中,有些项目出现了一定的重合,比如以工代赈资金由国家发改委按照部署分配给各个省市,全部用于国定贫困县的乡村公路、基本农田建设、人畜饮水和生态治理等建设项目。新增财政扶贫资金和发展资金的使用重点都致力于扶植种植业、养殖业、发展农村基础教育和进行基础设施建设等。以工代赈资金和新增财政扶贫资金和发展资金都属于国家扶贫资金,但是显然在基本的扶助范围内出现了不同程度的重合,都涉及基础设施的建设。我国的扶贫资金整体来说投入是不够的,但是在有限的投入及分配的过程当中出现了投入分散的状况,并且不同的扶贫资金的管理主体不同,直接导致了扶贫资金在具体利用的过程当中难以形成规模效应。

(二) 使用扭曲,难以实现公正平等

近些年国家不断提高了扶贫标准,扶贫人口数量也在水涨船高,国家综合扶贫资金的投入也在逐年上涨(图2),但是平均分摊到个人头上,扶贫资金投入严重不足。王卓从经济学的角度认为:当前政府主导下的扶贫资金存在的主要问题在于社会资金的动员不足,政府财政资金投入不足,作为公共产品的扶贫资金,利用

---

① 周志霞、卫波、吴冬黎、张劼:《整合财政支农资金推进新农村建设的实践与探讨》,《湖北师范学院学报》(哲学社会科学版) 2008 年第 4 期,第 107—114 页。

上却存在很多"搭便车"者,其扶贫效用未能得到很好体现。[1] 在2013年10月16日湖北省人民政府召开的"农村扶贫开发工作"的新闻发布会上,我们得知湖北专项扶贫资金投入力度明显不足,2011年和2012年全省财政扶贫资金总量与建档立卡贫困人口相比,人均投入仅238.18元。[2]

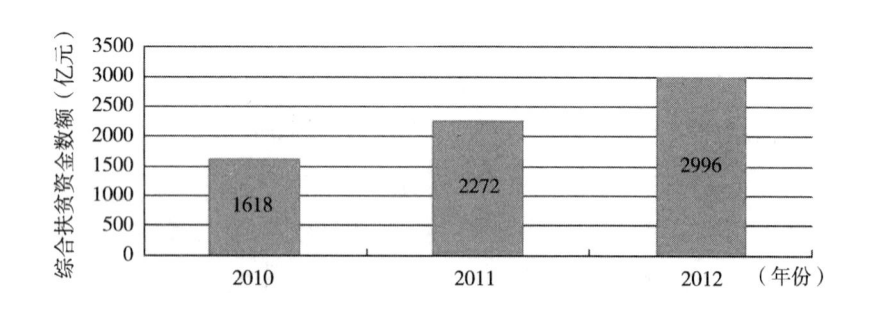

图2 2010—2012国家综合扶贫资金增长趋势图

资料来源:根据国家财政部相关数据绘制。

在投入不足的基础之上对扶贫资金的利用存在一定程度的扭曲——利用目标失衡、分配不公。曾芸通过对武陵山的扶贫资金利用调查发现:在财政扶贫项目的申报和审批当中,一些具有多样性、分散性和小规模性的贫困人口需求项目往往因为项目规模较小而被筛选掉,这在一定程度上造成了扶贫资金的利用目标偏离,与此同时资金过于向能人、强人倾斜,一定程度上损害了扶贫资金使用的公平性和有效性。[3] 陈全力等人通过对少数民族地区扶贫问题的调研分析得出,当前各级扶贫组织在扶贫资金的投放方面更容易忽视偏远落后地区的贫困户,即便扶贫政策落实到贫困偏远地区,

---

[1] 王卓:《扶贫陷阱与扶贫资金政府管理效率》,《四川大学学报》(哲学社会科学版)2008年第6期,第35—41页。

[2] 资料来源:人民网——湖北频道。

[3] 曾芸:《武陵山区减贫公共财政政策的视角转换和制度创新》,《贵州社会科学》2013年第10期,第63—66页。

也因为资金的分散难以达到应有的效果。① 扶贫资金在使用上的扭曲与失衡背离了扶贫资金的初衷，这无疑难以使扶贫资金的效率得到最大限度的发挥，实现社会的共同富裕。

（三）机构庞杂，难以进行有效监管

无论是扶贫资金投入上的分散还是利用上的扭曲，根源上其实就在于整个扶贫资金的管理体制较为杂乱，管理多头，监督不力导致的权责失衡、权力滥用。

我国扶贫资金的管理体制从中央到地方层次多，审批多（涉及中央、省、市、县、乡和村6级，仅中央就涉及12个部门、办）。国家资金的分配和使用，呈现的是纵横交错的网状结构和块状管理模式（图3），这种分配格局呈现的是多头管理格局，"政出多门"和"钱出多门"并存，重复投入有限的资金不能形成合力，财政支农资金的支农效应不能凸显。出现这种现状的原因在于：一是体制惯性，在计划经济时期为了部门管理便利，国家让非财政部门参与到国民收入的分配体系当中，制度难以在短时间内出现改变。二是财政支农资金分散使用的根源是各部门为了本部门的利益，资金分配部门有非常强的驱动力握着属于本利益集团的"一把米"②。分散和割据使用的财政支农资金，管理的层级多，运行环节多，增加了履约前的信息收集成本、谈判成本，履约后的监督成本，运行费用变高。

机构的混乱与管理多头，带来了资金利用的效率低下，即便出台了一系列的扶贫资金监管法规，但是往往因为涉贫机构过多，权力分散，使监管难以有效落实，扶贫资金滥用现象频多。李萍通过对广西财政扶贫资金的研究得出：当前，由于县区级参与财政"涉农"资金分配、项目管理的部门多，导致相互掣肘、推诿扯皮

---

① 陈全功、程蹊：《空间贫困理论视野下的民族地区扶贫问题》，《中南民族大学学报》（人文社会科学版）2011年第1期，第58—63页。

② 陈池波、胡振虎：《整合财政支农资金的模式构建》，《中南财经政法大学学报》2007年第6期，第76—79页。

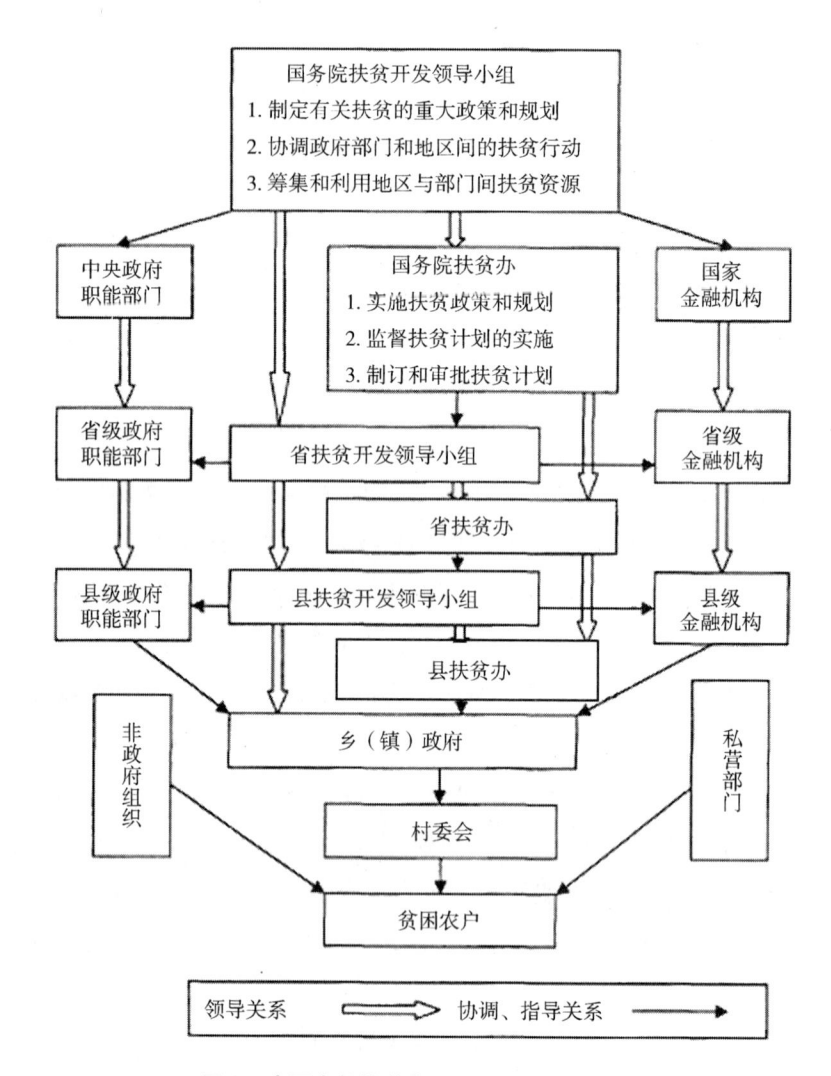

图 3　我国农村扶贫资金运行及管理架构图

资料来源：陈杰：《我国农村扶贫资金效率的理论与实证研究》，中南大学博士学位论文，2007 年 6 月，第 53 页。

以及"看得见的管不着、管得着的看不见"的现象时有发生，从而给挪用、虚报、套取、甚至贪污等行为以可乘之机。

近些年挪用扶贫资金的事件频频发生：云南丽江一位干部挪用 73 万元扶贫资金买彩票；重庆开县一个村干部私刻印章造假账挪用 93 万

元扶贫款；河南唐河原扶贫办主任挪用扶贫资金并收取管理费[①]……从中可见扶贫资金的监管乱象丛生，主要原因不是缺乏制度，而是在于管理上的混乱和监督上的失职，它直接导致了扶贫资金难以真正利用在脱贫建设中，这也是扶贫资金利用率低下最重要的原因。

从目前来看，扶贫资金在传统的利用方式上存在很多管理上的缺漏和制度上的失衡，致使扶贫资金在利用的过程当中未能有效地帮助贫困村民脱贫致富，甚至因此导致很多连片贫困山区出现"返贫"的情况。如何解决扶贫资金利用低效的问题，如何发挥扶贫资金的优势帮助贫困村民走出困境，成为很多贫困地方领导人不断探索和思考的重要问题。穷则思变，在全国很多贫困地区已出现了很多有益的探索，比如云南剑川最偏远的贫困山区——象图乡，通过创新五大机制，树立"大扶贫"理念，实施扶贫开发[②]。贵州省通过财政扶贫资金分配机制的创新[③]，实现了农民的增收和贫困人口的脱贫致富。试点在扶贫过程当中也积极探索适合本地发展的脱贫致富的道路，在不断实践的基础之上摸索了一条适合本地发展的资金整合创新机制的路子，通过整合扶贫资金，发挥不同渠道扶贫资金的"集聚效应"，无疑具有重要意义。

三 扶贫资金整合的内涵与意义

（一）扶贫资金整合的内涵

从现有文献看，我们没能找到关于扶贫资金整合的概念，只有财政支农资金整合的概念。财政支农资金整合是指立足本地实际和经济社会发展规划，以支农资金使用效益最大化为目标，以主导产业或重点项目为平台，在不改变资金性质和资金用途的前提下，把

---

① 资料来源：荆楚网——湖北日报。
② 新闻来源：人民网——中国共产党新闻，云南剑川：创新五大机制实施扶贫党建"双推进"，2014年4月1日。
③ 新闻来源：新华社，贵州省——创新机制，财政扶贫资金"四两拨千斤"，2011年12月4日。

投向相近或目标一致,但来源不同的各项支农资金统筹安排,集中使用,减少中间环节漏损,实现财政支农的规模效应,从而提高财政支农资金使用效率的活动。2013年12月6日恩施市人民政府印发了《湖北省恩施市龙凤镇综合扶贫改革试点资金整合方案》,规定了龙凤镇扶贫资金整合的资金来源除上级和本级财政预算安排的保障龙凤试点机关运转、救灾救济、计生、社保资金以及各类涉及群众个人的财政补贴资金外,原则上对以下项目资金实行整合:上级直接或经恩施市统筹调剂安排到龙凤镇的专项资金;本级财政预算安排到龙凤试点的财政专项资金;政府投融资建设平台筹集资金;对口支援和社会捐助资金;其他用于龙凤试点的专项资金。根据前文对扶贫资金范围的界定,我们很容易得出,龙凤镇扶贫资金整合的范围是要大于财政支农资金的整合范围的,但是资金整合的内在含义是不变的。结合彭克强[①]和百度百科的定义,我们可以将扶贫资金整合理解为,立足本地实际和经济社会发展规划,以扶贫资金使用效益最大化为目标,以主导产业或重点项目为平台,在不改变扶贫资金性质和资金用途的前提下,把投向相近或目标一致,但来源不同的各项扶贫资金统筹安排,集中使用,减少中间环节漏损,实现扶贫资金的规模效应,从而提高扶贫资金使用效率的活动。

(二)扶贫资金整合的意义

早在2005年,国家就已经出台了关于扶贫资金整合的指导意见,之后,地方省份相继出台了整合扶贫资金利用的具体实施方案。国家和地方之所以重视扶贫资金的整合,是因为整合扶贫资金具有重大的现实意义和历史意义,体现了扶贫工作发展的必然要求。具体体现在:

首先,有利于集中力量办大事。过去"撒胡椒面"式的做法不仅难以帮助农民脱贫致富,而且容易造成公共财政资源的浪费,

[①] 彭克强:《基于财政支农资金整合的理性反思》,《调研世界》2008年第2期,第6—10页。

通过资金整合，可以形成以项目为平台的部门以及行业协同的工作机制，使各类扶贫建设项目形成合力。这种合力的形成不仅有利于实现精准扶贫，对于提高贫困人口的致富能力来说也具有重要意义。

其次，有利于强化政府对农村的支持保护。近些年国家对农村扶贫的资金支持力度在逐年上涨，但是农村扶贫资金管理多头，使用分散，分解了政府对于贫困地区支农资金的保护力度。通过强化对扶贫资金管理体制的创新和优化，整合扶贫资金，提高政府对农村贫困地区的支出和保护力度。

最后，有利于财政资源的合理分配。项目之间通过资金整合不仅能够实现互利共赢，而且扩大了项目的辐射作用。与此同时逐步规范农业资金的投向，使政府能够从市场机制能发挥调节作用的领域退出，确保有限的公共财政资源得到合理的利用。

第二节 试点区扶贫资金的来源与使用方法

一 试点区扶贫资金的来源

2014年3月10日，恩施市人民政府发布的《关于推进恩施市龙凤镇综合扶贫改革试点扶贫搬迁移民建镇的实施意见》具体规定：整合扶贫专项、民族发展、生态移民、住房保障、危房改造、特色民居建设、本级新农村建设、巩固退耕还林成果土地出让收益等财政资金用于试点扶贫搬迁、移民建镇工作。2013年12月6日，恩施市人民政府印发的《湖北省恩施市龙凤镇综合扶贫改革试点资金整合方案》，该方案明确规定，除上级和本级财政预算安排的保障试点机关运转、救灾救济、计生、社保资金以及各类涉及群众个人的财政补贴资金外，原则上对以下项目资金实行整合：上级直接或经恩施市统筹调剂安排到龙凤镇的专项资金；本级财政预算安排到龙凤镇试点的财政专项资金；政府投融资建设平台筹集资金；对口支援和社会捐助资金；其他用于龙凤镇试点的专项资金。

在这些资金中，比重最大的是上级直接或经恩施市统筹调剂安排到试点的专项资金。从 2007 年至 2010 年，国家和省级财政投入恩施市扶贫资金 5.4 亿元，投入扶贫贴息贷款 9.2 亿元，以工代赈资金 1.9 亿元，民族发展资金 7988 万元，整合交通、水利、农业、住建等各类涉农资金近 15 亿元投入到重点贫困村，"整村推进"村平均投入达 100 万元以上。2013 年中央财政下拨给龙凤镇财政支持共 10559 万元，具体用途见图 4。

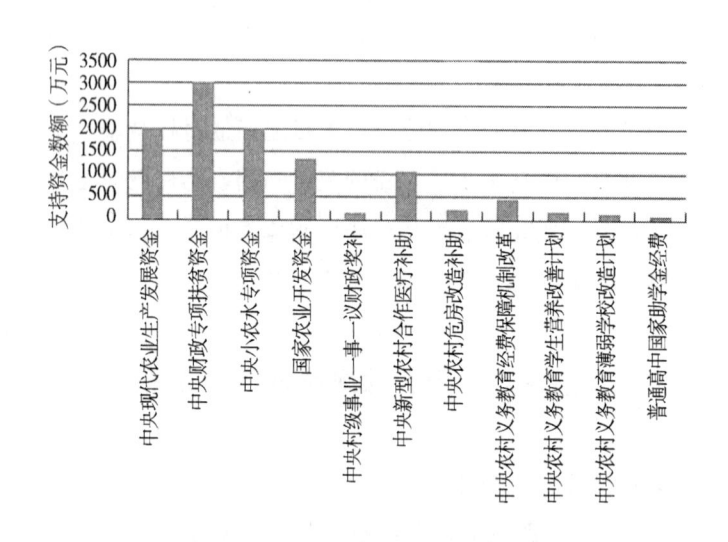

图 4 2013 年龙凤镇扶贫资金类型表

资料来源：恩施市龙凤镇人民政府公众信息网，http://www.eslongfeng.com.cn/。

从近些年龙凤镇的专项扶贫资金的增长趋势来看（图 5），国家投入的专项扶贫资金从 2011 年到 2013 年在不断上涨，从 2011 年的 34 万元，到 2013 年的 330 万元，涨幅近 10 倍，这主要是因为龙凤镇作为扶贫改革试点，财政扶贫资金的增加无疑对改善龙凤镇贫穷落后的面貌至关重要。

二 试点区扶贫资金的使用方法

早在 2005 年 4 月财政部就下发了《关于做好支农资金整合试

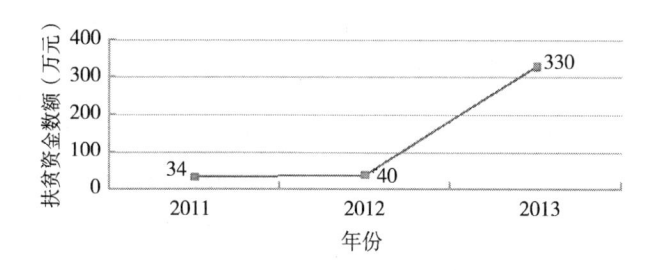

图 5　2011—2013 年龙凤镇扶贫资金趋势图

资料来源：恩施市龙凤镇人民政府公众信息网，http://www.eslongfeng.com.cn/。

点工作的通知》，在江苏、安徽、江西等省开展了形式多样的涉农资金整合试点。2006 年以后，在总结试点经验的基础上又相继扩大试点范围，我省作为中部强省积极响应中央政策展开了支农资金整合的工作。2007 年 12 月 7 日湖北省财政厅也下发了《湖北省整合财政支农资金工作绩效考评办法》，进一步推进全省财政支农资金整合工作，规范全省财政支农资金管理，提高资金使用效益，克服支农资金使用分散的现象。湖北省恩施市人民政府办公室也在 2013 年 12 月 6 日下发了《湖北省恩施市龙凤镇综合扶贫改革试点资金整合方案》，明确了恩施市龙凤镇进行资金整合的具体思路和原则。2014 年 2 月 14 号，湖北省也明确将整合涉农资金写入了省的"一号文件"当中，为全省的涉农资金整合提供了明确做法和管理制度。

（一）从整合方法来看

在扶贫资金整合的过程当中，龙凤镇政府按照"大类统筹，小类调整"的原则，对扶贫资金实行"大类间不整合，小类内整合"，进而提高扶贫资金的整合效率，通过整合扶贫资金实现产业发展、基础设施建设和社会事业的发展。具体的整合方法如下：

首先，确定统筹实施主体。龙凤镇政府根据资金的分类和项目性质，确定以下主体为项目实施主体：由政府投融资建设平台负责实施；由牵头部门负责实施；由龙凤镇政府负责实施；由企业及招商引资企业法人负责实施。也就是说谁是项目的实施主体，则由谁来负责整合资金。其次,确定整合资金的用途。镇政府根据试点项目建设的特点,将整合资金的用途分为以下4大类:一是基础设施建设类。整合车辆购置税用于公路建设专项资金、"一事一议"财政奖补资金、以工代赈资金、县乡公路专项资金等用于交通建设;整合人畜安全饮水资金、小农水专项资金、病险水库加固专项资金等用于农田水利建设;整合城镇供电、供水管网、污水处理专项资金及城市基础设施配套费、土地出让金等用于城乡社区建设。二是移民搬迁、民居改造及保障性住房类。整合扶贫专项资金、民族发展资金、生态移民资金、巩固退耕还林成果资金、特色民居建设资金、本级新农村建设资金、住房保障及土地出让金等用于移民搬迁、民居改造及保障性住房建设。三是产业发展类。整合支持农业、林业、水产、畜牧业、烟叶等产业发展的资金用于农业特色基地建设;整合农业综合开发、小流域治理、低产田改造、国土整治、中央现代农业、烟水配套工程、石漠化治理等资金用于农业基础设施建设;整合企业贷款财政贴息补助资金、劳动再就业资金、中小企业技术创新资金、中小企业发展专项资金、服务业发展专项资金、特色产业中小企业发展专项资金、高新技术发展专项资金等用于中小企业发展及农村合作组织建设。四是社会发展类。整合教育文化、医疗卫生、节能环保、城市公用等资金用于社会事业发展。从下列2011—2013年龙凤镇财政扶贫项目公示表(表1、表2、表3)可以看出,连续3年的扶贫资金的用途都是集中在以上4大类当中。再次,确定资金使用。对于扶贫资金的使用,试点办和龙凤镇根据试点规划要求,拟定试点项目库及年度项目清单报市政府,并根据项目计划,做好项目的投资概算及实施前的投资评审工作。龙凤镇根据整合范围、用途等,结合专项资金管理要求统筹安排使用。最后,在项目建设竣工之后,由龙凤镇统筹组织项目验收工作,也就是说将最后的监督工作由镇政府进行落实,但是具体由哪个机构进行最后的验收,以怎样的标准进行验收,我们的整合方案当中并未有细致的规定。

表1　　　　龙凤镇2011年度财政扶贫项目公示表

项目名称	项目建设内容	拨付金额（元）
大转拐村花椒基地建设	发展花椒500亩	100000
古场坝村维修公路	维修公路2千米	20000
杉木坝村偏岩组维修公路	维修公路2千米	20000
碾盘村煤泥坝组公路维修	维修公路2千米	20000
碾盘村至骆马店组公路维修	维修公路2千米	20000
吉心村关口葡萄基地及配套设施建设	发展关口葡萄1000亩及配套设施建设	90000
吉心村蔬菜基地建设	建蔬菜基地500亩，玉米制种300亩	70000
总计		340000

资料来源：恩施市龙凤镇人民政府公众信息网，http://www.eslongfeng.com.cn/。

表2　　　　龙凤镇2012年度财政扶贫项目公示表

项目名称	项目建设内容	拨付金额（元）
二坡村发展蛋鸡项目	发展蛋鸡	100000
双堰塘村蓄水池建设项目	建50立方米蓄水池一口	20000
杉木坝村公路维修	维修公路5千米	30000
二坡村村内道路改扩建	改扩建公路4.3千米	100000
水田坪公路维修	维修公路7千米	50000
吉心村发展葡萄200亩	发展葡萄200亩	100000
总计		400000

资料来源：恩施市龙凤镇人民政府公众信息网，http://www.eslongfeng.com.cn/。

表3　　　　龙凤镇2013年财政扶贫项目公示表

建设项目	建设内容	拨付金额（元）
双堰塘村发展茶叶	茶叶发展2000亩，及配套设施建设	1900000
双堰塘村扶贫搬迁	扶贫搬迁100户	800000
双堰塘村实用技术培训	实用技术培训1500人次	50000

续表

建设项目	建设内容	拨付金额（元）
龙凤镇新建互助社	新建互助社1个	150000
龙凤镇店子槽村公路改扩建	公路改扩建3千米	200000
龙凤镇柑子坪村瓦场坝公路硬化	硬化公路2千米	200000
总计		3300000

资料来源：恩施市龙凤镇人民政府公众信息网，http://www.eslongfeng.com.cn/。

（二）从资金管理来看

首先，明确资金整合管理机构。要使资金整合真正发挥团聚效益，关键在于资金的管理。龙凤镇政府通过成立恩施市龙凤镇综合扶贫改革试点资金整合管理办公室（以下简称整合办），该整合办设立在龙凤镇财政所，以整合办为中心明确专人负责整合资金的统一核算和管理，实行专账管理、专人监督的模式。在此基础上，在以整合办为核心的基础上构建"项目统筹、资金统拨、监管统一、绩效统评"的整合体系，提高资金使用效益。通过这样的方式避免了出现多头管理、条块分割、资金利用分散的情况（图6）。

其次，明确整合资金审批流程。涉及资金整合的项目在具体操作的过程当中该如何申请审批资金，恩施市龙凤镇在综合扶贫改革试点资金整合方案中给予了明确的规定，第一，由试点办或龙凤镇拟整合项目的实施方案和资金额度报市政府审批后下达通知到相关单位，即项目主管部门、市财政局、龙凤镇。第二，市财政局根据下达的整合资金通知和相关文件要求，将指标文件直接下达到整合办。市财政局相关科室根据指标文件分配资金到整合办，并一次性录入用款计划。第三，整合办按国库集中支付流程拨付资金，同时按要求报送所有整合资金相关报表，并办理年终决算。

最后，加强组织监督。在具体的工作过程当中，龙凤镇对相关涉及资金整合的部门予以了严格的工作规定。第一，加强组织领导，要在上级试点办和市试点工作领导小组的指导下，积极创新财

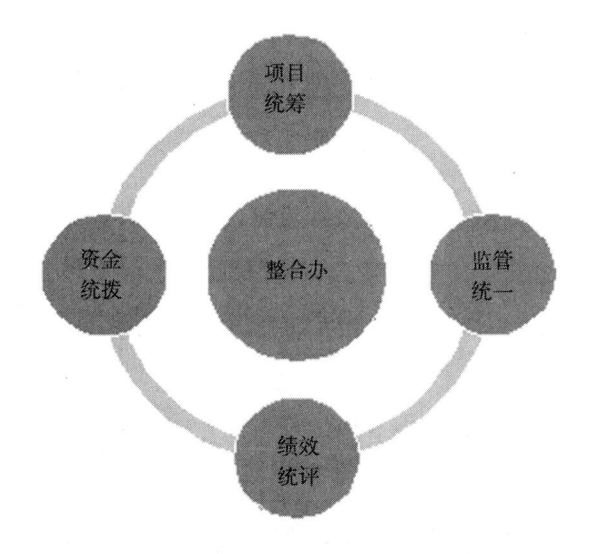

图6　龙凤镇扶贫资金管理模式图

资料来源：笔者根据相关资料绘制。

政资金使用管理方式，稳妥推进资金整合工作。第二，严格项目监管，制定和完善相关制度。相关制度的设立为资金整合的监管提供有益的依据。要严格执行项目建设"六制"管理，即项目法人制、招投标制、项目公示制、工程监理制、项目验收制、决算审计制。由试点办牵头，市监察、审计、财政以及相关项目主管部门参与配合，对项目进行督办和检查。第三，定期召开会议。试点办定期召开联席会议，充分利用财政政策，研究解决资金整合和使用过程中存在的困难和问题，使整合资金效益最大化。市直各部门要主动配合，加强沟通，积极争取上级相关部门的支持。

第三节　试点扶贫资金整合使用机制创新

试点按照"整合试点、整合政策、整合资金"的原则，以规划为引领，以项目为纽带，以项目有效实施为目标，建立政府领导、部门配合的工作机制。通过整合现有政策资源，集成分散的项目资金，进而提高资金使用效益。通过引导金融和社会资本加大对扶贫建设的投入，增强试点自我发展能力和加快扶贫攻坚步伐，为中西部少数民族地区脱贫致富奔小康探索发展路径，提供借鉴样板，积累有效经验。

一 创新指导思想，优化理念

科学的指导思想是工作开展的重要前提。因此，要开展机制创新，首先必须创新指导思想。龙凤镇资金整合指导思想的创新有以下几个方面：

第一，坚持政府主导下集中发展的基本理念。以王海涛书记为核心的恩施州委以"连片开发"为中心，统揽项目区工作全局，统筹安排各方面的政策、资金、项目、技术，广泛征求干部、群众意愿，充分调动和发挥群众的积极性、主动性、创造性，通过共同努力，改变贫困落后面貌，促进项目区全面协调和可持续发展。扶贫的关键是产业发展，恩施政府始终围绕产业化、城镇化"双轮驱动"，不断加强特色优势产业及其产业链建设，坚持政府为主导，将财政专项扶贫资金的70%以上集中发展产业，取得了不错的效果。如今恩施州已建成全国最大的白肋烟生产出口基地、全国最大的富硒茶基地、全国重要的商品药材生产基地，湖北省最大的高山蔬菜基地、魔芋基地、马铃薯基地和柚类产区。全州已建成国家、省级农业标准化生产示范区20个，成功创建全国绿色食品原料标准化生产基地7个。

第二，坚持整合资源的三级联动理念。坚持统一领导，统一规划，统一管理，整合所有行政资源、社会资源。实行县、乡、村三级联动，全力做好"连片开发"试点项目，以财政扶贫资金为保障，坚持"渠道不乱，用途不变，各司其职，各负其责"的原则，整合项目资金，调动群众投工、投劳、筹资的积极性，实现项目有序推进。

第三，树立整体推进和重点突破理念。充分尊重群众意愿，从群众最急盼解决的问题入手，从现实最可能解决的问题入手，从打基础、利长远的项目入手，做好基础设施、到户项目、产业培育等各项工作。强化工作举措，使每一个劳动力都不闲置，每一个干部都履职尽责，达到在项目区基础设施、产业发展、社会事业、能力建设上都有重大突破，形成亮点。龙凤镇吉心村在2011年被列为国家贫困村，当时全村共有人均收入低于1196元的贫困农户549户、贫困人口1956人，占全村总人口的75.2%。对于这样的一个贫困村，龙凤镇政府通过增进整合、重点推进、集中优势资金帮扶该村公路建设和农业产业建设，其中2011年为发展集心村关口葡萄及配套设施建设和蔬菜基地建设，国家分别投入了9万元和7万元，2012年集中优势资金10万元继续推进该村葡萄产业建设200亩。通过基础设施的建设和农业产业投入帮助农民脱贫致富。

二 坚持规划引领，统筹安排

为顺利通过资金整合的利用实现资金的集聚效应，试点制定了一系列的项目规划。这些规划方案为试点资金整合的具体操作提供了有益的指导。按照"渠道不乱、管理不变、各司其职、各记其功、形成合力"的原则，统筹土地整理、公路建设、易地扶贫搬迁、保障房建设、农村危房改造、城镇污水处理设施及配套管网建设等基础设施建设方面的资金和中小企业创新、农业技术推广、专项扶贫、农业综合开发、现代农业生产发展、小农水、林业补贴、"一事一议"财政奖补等产业发展相关资金，打破各个项目、产业扶持资金相对独立的约束，"打捆"使用资金，集中用于试点项目建设。

试点建设项目将采取"五个统一"的方式，统筹安排，用活资金。一是统一规划布局。编制规划时坚持专家为主、部门配合、群众参与，做到既有特色产业建设、基础设施建设项目，又有民生工程等社会公共服务项目，确保总体规划的科学性、长远性、开放性。二是统一招标，恩施市委和市政府对于扶贫资金的具体实施利用中，通过建立产业化平台，统一招标，加快对贫困地区基础设施建设、产业化建设等，通过统一招标，保证扶贫资金的公平性和透明度，进而实现扶贫资金的有效利用。在恩施市龙凤镇人民政府公众信息网当中，设置有专门的招标栏，及时地公开招标信息和招标结果。三是统一实施，根据扶贫资金的分类和项目性质，确定项目的实施主体，进而统一予以实施。四是统一监管，扶贫资金的管理在前文已经明确，均有专人负责，设立专账，由龙凤镇试点整合资金管理办公室对试点整合的资金予以统一核算和管理。五是统一验收。对整合资金建设的项目，组建专门的检查验收组，由纪检、监察、审计、财政等部门人员和相关技术骨干组成，采取临时抽查和定期检查的办法，全程监督项目实施。凡是不执行项目建设有关规定的，一律不验收、不报账、不拨款。

三 创新管理模式，保证效益

扶贫资金管理上的缺漏和监督上的失职是当前扶贫资金利用效率低下的重要原因，对此恩施市龙凤镇力求改善扶贫资金利用低下的现状，从以下三个方面优化扶贫资金的管理模式。

一是渠道不乱，针对部分强农惠农项目政出多门、重复设置的问题，该镇对强农惠农项目的申报实施进行了梳理，划分了主要责任单位，这个责任单位便是整合办。既确保强农惠农资金"分文必争"，又避免多头申报，浪费资源。二是用途不变，在编制总体规划时，针对各部门的特点作出合理的项目分布和资金计划。在确保资金使用性质不变样、项目建设任务不打折的基础上，推动总体规划顺利实施。三是各记其功，根据各部门的工作性质，合理安排工作任务，部门之间分工合作，部门跟着项目走，为项目建设服好务，为项目管理负好责，项目建设成果各记其功。坚持以整合办为中心，以项目需求为导向，通过对扶贫资金的捆绑利用，提高其使用效果。在资金投入上，按照"统筹安排、捆绑使用、集中投放、规范管理"的工作思路，整合各类项目资金，充分发挥项目资金的规模集聚效应，成倍数放大作用力，切实推进扶贫试点工作进程。

四 创新融资机制，确保资金

无疑，国家扶贫资金对龙凤镇的脱贫致富来讲作用重大，但是政府资金财力毕竟有限，如何通过融资来保证扶贫资金的需求和资金的有效利用，恩施政府采取了诸多措施来确保资金安全。

一是设立产业发展基金。2012年12月17日，湖北省恩施土家族苗族自治州政府召开第十次常务会议，原则通过了《恩施州武陵山少数民族经济社会发展试验区产业发展基金使用管理实施细则》。产业发展基金主要用于支持县市重大产业发展，重点支持优势特色农业、资源型新型工业、生态文化旅游业等项目。充分发挥基金使用效益，促进全州重点产业发展。基金来源由省财政预算安排，由投资收益、投资转让收入、利息收入和地方政府安排的相关资金等组成。基金使用遵循统筹规划、突出重点、注重效益、引导放大、循环滚动和专款专用原则。州人民政府为基金管理的责任主体，主要负责审定县市重点产业发展规划（以下简称产业规划）和重点建设项目，组织项目申报、评审，确定支持重点、支持方式和支持额度。县市人民政府为基金使用的责任主体，主要负责制定重点产业发展规划并建立项目库，组织实施经州政府批准的产业规划及项目，确保基金的安全和高效。州、县市财政部门负责基金拨付、核算、监督检查，以及基金分红、转让、退出、收回、补充等事项的管理；建立基金账户，实行专账管理，单独核算。显然，这样的产业发展基金旨在支持重点产业的发展，确保特色产业在发展壮大的过程当中资金的安全和到位，是资金整合利用的一种有效模式。

二是吸引联投机构支持。2013年6月22日，州委常委、常务副州长董永祥，副州长与省联合发展投资集团董事长李红云等，双方就支持湖北恩施龙凤镇综合扶贫改革试点建设达成意向性协议。李红云也明确表示省联投集团支持龙凤镇试点建设，将加大对恩施州的投资力度，主动介入，适时跟进，在资金上大力支持，在项目上优先考虑,助推龙凤镇试点建设取得实效。这也在一定程度上解决了地方发展融资的问题,确保了资金安全到位。

三是搭建融资平台,吸引外资支持。2011年12月27日,龙凤镇政府与市人社局、市劳动就业局、市农村信用联社、市金源担保公司签订了全民创业融资战略协议,金融部门首期为龙凤镇授予3000万元的信用贷款,用于解决企业流动资金不足的难题,推动全民创业工作。恩施州委书记王海涛同志在2013年5月2号湖北恩施全国综合扶贫改革试点规划编制情况汇报会上的讲话明确表示要利用本土优势去外界招商引资。

第四节 投融资机制的进一步完善

目前,我们对试点投融资机制创新的观察仅限于资金整合使用,试点投融资机制创新的成效还有待深入观察。现就根据目前情况,对试点投融资机制创新有待完善之处提几点建议。

一 转化资金监管规则,完善监督机制

在整合方案中,对扶贫资金的监管只是寥寥数语,如何协调各部门,怎么进行项目招标?资金如何配给、具体由哪个部门负责?如何实现跨部门跨级别进行监管整合?都没有进行具体和详尽的规定。这对具体落实和操作甚为不利,也对扶贫资金利用的暗箱操作提供了空间和可能。因此,有关部门需要对扶贫资金的监管规则进行细化,既便利相关部门的有效执行,同时也使监管机构有章可循。当然,规则的制定非一朝一夕之事,需要相关部门在中央政策方针的指引之下结合试点实践反复商讨,充分论证。

整合后的扶贫资金相对集中且金额较大,首要的就是采取得力措施确保资金使用安全,因此需要对资金整合的各个环节实行全程监管。在资金支付上,要严格实行国库集中支付制度;在项目执行上,实行政务公开,推行项目公示制、工程招标制、政府采购制和

工程监理制等；在资金监管上，实行财政报账制，并有效发挥纪检、监察、审计部门职责，加强整合资金的监督、检查、审计，逐步建立起财政支农资金整合项目考核考评体系。把对项目工程效益的动态跟踪调查和分析监测评价工作贯穿项目前期准备、中期建设、后期效果和最终效益评价全过程，保证项目工程效益的最大化。同时要加大对腐败行为的打击力度，提高扶贫资金运作、管理人员的素质，加强财政干部在业务技能和涉农资金管理政策等方面的培训学习，让财政干部掌握各项涉农资金政策，提高其工作能力和服务水平，降低因为扶贫项目决策失误而带来的有限扶贫资金浪费的几率。

财政部门要主动搞好与各部门的协调配合，在项目选择、资金安排和监督管理上充分发挥各部门的职能和优势，努力形成齐抓共管的工作机制，提高扶贫工作的整体水平和效益。在资金管理上其他部门应充分尊重财政部门的意见，项目管理与其他部门具体负责实施，财政部门负责项目的审定和监督。只要理顺了财政部门与其他部门之间的关系，调动了各个方面的积极性，就会形成一种合力，为扶贫工作提供一种良好的工作环境。

二 催生脱贫内生机制，扩大融资渠道

扶贫资金的整合最终目的是要解决资金利用率低下的问题，但是前提是必须要有足够的资金来整合，也就是要解决"钱怎么来"的问题。从目前试点情况看，绝大部分的扶贫资金来自于政府的投入。而具有重要作用的社会扶贫资金却相当少，这主要源于公益扶贫资金、外来捐助等相关社会力量的动员不够。扶贫负担由政府来承担是政府的职责所在，但到目前为止，我国农村仍有近1亿贫困人口，贫困地区的基础设施建设和社会文化事业发展仍严重滞后，部分已经解决温饱问题的群众，因病、因灾返贫问题也很突出。完全依赖政府进行扶贫会加重政府的负担，而忽略社会力量的动员，又不利于扶贫资金的筹措。

就我们的调查而言，试点区偏远落后的地方的融资尤其难。这些地区难以依靠市场机制吸引有效的资金注入，因此也特别需要政府指导和帮扶。首先，可设立专业的担保公司和小额贷款公司，为试点区域内符合条件的小企业提供金融服务，与此同时要简化相应的担保手续。其次，可以借用湖北省武汉市、大冶市和鄂州市的农村综合产权交易所，构建相关的产权交易机构，激活农村土地，唤醒沉睡的资产，为农村新型城镇化建设提供发展的内生动力。最后，鼓励、吸引从本乡走出去的能人和富人，以名誉激励等方式吸引其对家乡投资，比如可以以其名字来命名其扶植的项目，实现先富带后富。

三 转变扶贫模式，实施精准扶贫

群众的脱贫致富，单纯依靠资金整合进行"输血式"的扶贫是远远不够的，如何实现输血式到造血式的转变，是扶贫的关键。尽管当前试点区在逐渐启动产业扶贫，比如近年来，国家烟草专卖局向恩施州投入10亿元综合扶贫开发专项资金，其中，5亿元资金用于试点扶贫，重点以青堡村为核心，发展现代烟草农业、实施基础设施综合配套。通过5年多的综合开发，恩施州烟草产业共为烟农提供现金收入10亿元以上，综合纳税由2006年的2.04亿元增加到2012年的8.34亿元。烟草工商业缴纳的税收占全州财政总收入的50%，突破了50亿元。就数据来看，产业化扶贫已经卓有成效，但是我们在对试点偏远乡村地区进行走访调查中发现，大多数村民仍旧生活贫困。虽然我们不能否定产业发展在扶贫中的重要作用，但应以大局为重，以广大贫困村民的福祉为重，想方设法提升其脱贫的内生机制。

在扶贫资金得到保障的基础之上，如何保证扶贫资金真正落实到需要帮助的群众身上，就需要采取精准扶贫的策略。"精准扶贫"也是李克强总理在《政府工作报告》中对扶贫工作的重要指示。恩施市市长李国庆在2014年5月17日全市扶贫工作会议上说："在小康路上不让一个人掉队，要把贫困人群装在心中，为百姓办实事，要做好特殊贫困人群的识别工作，把'好钢用在刀刃上'，'实施好精准扶贫，消除贫困，改善民生'。"具体在操作层面，结合恩施实际，我们认为应当从以下几个方面实行精准扶贫：一是对贫困人口的识别要"精准"。这些年来，恩施贫困人口每年以10万人以上的数量减少，但具体的贫困人数根据不同的统计口径出现了很多差异。我们需要根据国家颁布的统一标准，对贫困人口进行调查摸底，逐村逐户、全面准确地把贫困对象锁定到每一户、每个人。二是扶贫政策措施要"精准"。针对不同的贫困人口和致贫原因，扶贫政策措施既要普惠，又要因地制宜、因人制宜，一地一策、一家一策。对于恩施龙凤镇真正特困人口，如何脱贫？扶贫政策、措施、办法和路子都要精准到每家每户每个人。三是干部作风要"精准"。"一分部署，九分落实"。"精准扶贫"要求我们干部要有心系群众的情怀、科学务实的态度、改革创新的办法，求真务实，将有限的扶贫资金真正用于"刀刃"上。

扶贫资金在投入使用过程中，要加强"输血"，解决贫困人口眼前的困难，为维持简单再生产和扩大再生产打下坚实的基础。但不能仅偏重"输血"，"输血"不是扶贫的目的，相反会造成帮扶对象的自卑和依赖心理。因此，在"输血"的同时，更要加强"造血"，开发新产品和资源，发展第二、三产业，让扶贫资金真正成为启动经济发展的助推器，充分发挥扶贫资金的经济效益、社会效益和生态效益。就目前来看，试点区域已经着手开始产业化扶贫，通过发展特色产业，让群众共享改革的成果。

扶贫资金的利用目的在于帮助困难群众脱贫致富，让贫困群体共享改革的红利，实现社会的共同富裕。在当前管理多头和监督缺位等弊病丛生的体制中，如何确保扶贫资金的高效利用，考验着地方政府领导者的管理智慧。试点破除旧的制度弊病，优化管理理念，坚持统筹安排，创新管理模式、创新融资机制。在以整合办为核心的基础上构建"项目统筹、资金统拨、监管统一、绩效统评"

的整合体系，按照"大类统筹，小类调整"的原则，对扶贫资金实行"大类间不整合，大类内整合"，用于产业发展、基础设施建设和社会事业的发展。这有效地提高了扶贫资金的利用效益，但任何机制的改革和创新都不可能尽善尽美，扶贫资金的整合涉及部门较多，难度较大，如何做好部门协作，扩大融资渠道，催生脱贫的内生机制，这些都将面临重大挑战。我们相信，试点的投融资机制必将随着实践的深入而不断得到完善。

第六章 镇村治理机制创新

镇村治理是治理体系中的基础性环节，对于当前我国正在推行的治理体系和治理能力的现代化有着极其重要的意义。由于发展程度以及社会文化的差异性，各地的镇村治理状况也大相径庭。而作为中西部少数民族贫困山区，镇村治理的现代化之路显然较东部地区漫长。龙凤镇作为我国综合扶贫改革的试点区，虽然在镇村治理的现代化上起点较低、起步较晚，但改革伊始，即以技术手段和政策创新大力推进，通过"高职低挂""人岗相适""网格化管理""村医村教入两委"等措施提升基层治理能力，更好地连接了国家与社会，为镇村治理的机制创新进行了有益探索。本章在分析试点镇村治理现状的基础之上，对当地镇村治理机制创新的经验予以总结和归纳，并试图在此基础上提些建议。

第一节 试点区镇村治理的现状

一 我国镇村治理的现状

镇村治理是一个涵盖面极广的概念，对于如何理解和界定，取决于研究者的研究方向和研究视角。目前，学界关于镇村治理的讨论主要集中在以下几个方面：一为乡村关系视角，即通过乡村关系考察镇村治理的基本结构并以此进行类型学划分从而将抽象的镇村治理研究具象化。[1] 二为镇村政府职能视角，即以乡镇政府的职能

---

[1] 贺雪峰、董磊明：《中国乡村治理：结构与类型》，《经济社会体制比较》2005年第3期，第42—50页。

为着眼点，探讨镇村治理的外延及其变迁。[①] 三为镇村体制视角，即按照结构功能主义的分析方法，从乡镇体制切入，探讨镇村治理的内涵及制度变迁。[②] 四为基层治理视角，即从镇村的基层治理实践上来探讨镇村治理的结构框架，注重镇村治理对乡村社会产生的影响。[③] 本文的研究主要基于基层治理视角进行，认为镇村治理即是基层政府或组织通过公共权力来配置社会资源，从而对乡村社会进行组织、调控和管理。其在当前中国的政治语境下，镇村治理的目的是通过善治改善村民的生活，实现农村的和谐。

改革开放以来，中国发生了翻天覆地的变化，在基层治理方面，我国逐步形成并完善了"乡政村治"的基层治理格局。[④] 其中"乡政"指乡（镇）作为国家在农村设置的基层政权组织，代表国家依法行使政治、经济、行政等管理权力，在基层治理上突出政权建设。"村治"则表示村内事务由全体村民通过自治组织依法实行自治，在基层治理上突出村民自治。虽然这种改革被认为既有效保障了农民的权益，又防止了国家政权对农村的侵蚀，但是这一改革也改变了我国镇村治理的原有基本体制，从制度上割裂了乡镇层面和村庄层面的基层治理。表1分析了基层治理在乡镇层面和村庄层面的不同表现。我们可以看到无论是从基层治理合法性来源还是从基层治理主体的角色定位上两者都存在着显著差异。所以，本书认为在基层治理视角探讨镇村治理时不应该将乡镇和村庄合二为一，而应该分别探讨乡镇政府基层治理和村委会基层治理。

[①] 侯保疆：《论乡镇政府职能的转变》，《社会主义研究》2004年第4期，第111—113页。

[②] 雷海亮：《乡村治理与乡镇体制改革》，2012年。

[③] 贺东航：《我国集体林权制度改革后的农村基层治理机制研究》，《当代世界与社会主义》2010年第3期，第120—125页。

[④] 徐勇：《论中国农村"乡政村治"治理格局的稳定与完善》，《社会科学研究》1997年第5期，第34—35页。

表1 　　　　　　基层治理在农村层面和乡镇层面的区别

	农村基层治理	乡镇基层治理
基层治理的合法性来源	村民（自下而上）	国家政权（自上而下）
基层治理的实施主体	村民自治委员会	乡镇政府
基层治理主体的角色定位	村民意志代理人	国家意志的基层实施者

资料来源：笔者编制。

如果说，"乡政村治"的建立完善一方面断送了村庄精英通过村级组织进入国家基层政权的晋升之阶，同时另一方面也阻隔了乡镇政府通过对村级组织人事控制的权力下沉，那么，之后的农业税费减免和公共服务下乡则意味着乡镇与农村的经济联系的缺失与重构。

2006年，中央政府在农村税费改革多年的试验基础上，彻底地废除了农业税制度，自此中央政府停止了对农村的汲取，农村进入无税负时代。与此同时，随着公共财政和公共服务下乡，政府开始反哺农业，一方面，通过一般转移支付帮助村民自治委员会的运作；另一方面，通过项目财政完善农村的基础设施和基本公共服务。由此，中国的镇村治理的两个主体、乡镇和村庄的关系，由前者对后者的汲取变为了给予。

二　试点镇村治理的现状

（一）恩施市社会和经济发展情况

恩施市是湖北省恩施土家族苗族自治州首府，地处我国中西部地区的武陵山区，北临重庆市。全市面积3972平方千米，人口79万，其中有土家族、苗族、侗族等少数民族30万人，占总人口约38%。恩施市下辖3个街道办事处、1个风景区管理处、3个镇、9个乡、1个民族乡。[1] 恩施市是我国国家贫困工作重点县，全市人均生产总值为16151元，仅为全国平均水平的42%。[2] 与此同时，

---

[1] 词条：恩施市，资料来源：维基百科。
[2] 《2012年恩施市统计年鉴》。

恩施市的社会经济发展具有以下几个特点：第一，城镇化水平低，农村人口比重大；第二，山多人稀，但是人均耕地面积少；第三，以第一产业为主，其他产业基础薄弱，经济发展水平落后；第四，虽然国家对于少数民族的转移支付很多，但是依然无法满足公众日益增长的公共服务需要，公共服务水平与中心城区差距较大。恩施作为中西部农村地区，由于地区经济发展的限制，大量青壮年劳动力外出打工，"空心化"现象严重。

（二）试点镇村治理模式

在镇村治理上，恩施也形成了"乡政村治"的基本格局，即建立了乡镇基层政权来对所在乡镇基层事务行使公共权力，而在村庄内部实行村民自治。虽然在形式上，村级治理和乡镇治理并行不悖，但是，在恩施的镇村治理实践中，乡镇权力往往对村委会进行了侵蚀，由不同的系统转换为近似于上下级的关系。而产生这种情况主要有两方面原因：一方面，政府在推进"村财乡管"之后，乡镇政府强化了对村委会的控制。"村财乡管"指村里面的财务统一由乡镇统筹管理。依据在恩施市的调研，"村财乡管"的主要表现形式是，村里支出情况报乡镇经管站统一建账，乡镇政府通过"村财乡管"约束了村庄的经济活动，从而加强了对村委会的实际控制；另一方面，虽然村庄实行自治，但是党组织架构的隶属关系和党对政府的行政指导关系没有发生变化，此外，乡镇党委对于村支部书记拥有提名权，由此，乡镇通过党组织也加强了对村庄的控制。而这也直接导致了乡镇事权的下沉。所以通常情况下，村委会除了承担自身日常工作外，还必须承担上级部门交代的各项任务。

第二节 试点区镇村治理面临的困境

一 试点基层治理面临的困境

（一）无力承担农村地区的发展建设

如图1所示，龙凤镇2011年的地方公共财政预算收入为1867

万元，但是财政支出却高达 2568 万元，是预算收入的 1.38 倍。2012 年，龙凤镇的预算收入较上一年度增加 14.5%，达到 2137 万元。然而，财政支出却上升了 19.74%，升至 3075 万元。由此，财政缺口也从 2011 年的 701 万元，上升到 2012 年的 938 万元。如此巨大的财政缺口一方面使得基层政府存在高债务风险；另一方面也导致镇政府在农村发展建设中束手束脚。

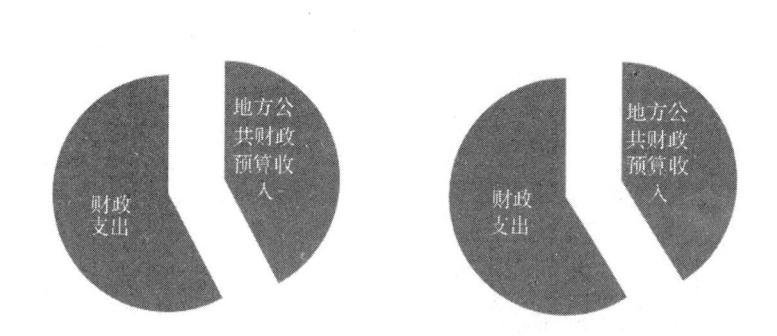

图1 试点 2011 年和 2012 年财政收支情况

资料来源：龙凤镇统计站：《湖北省恩施市龙凤镇 2012 年乡镇基本情况卡片》，2013 年，第 2 页。

目前恩施市的乡镇财政主要用于维持政府日常运作，而对于与农村地区发展建设相关的各项公共服务投入严重不足。如图2所示，在龙凤镇财政支出结构上，2/3 左右的年初部门预算支出用于人事和行政支出，其中包括工资福利支出（在职人员工资、津补贴、奖金、社会保障费、其他）、对个人和家庭的补助（离退休费、住房公积金、生活补助、其他）以及政府为维持日常运营所购买商品和服务的支出。只有 1/3 的预算以项目的方式用于与农村相关的各项事务，包括政策性项目支出（计划生育目标考核、在乡复员军人生活补助、村级转移支付及村级农业税附加、人口与计划生育事务支出、公路与水路运输支出、村级安全支出）、经常性支出项目（项目经费、村干部工作、村运转工资、村运转经费、社区党员活动经费、社会抚养费返还）和以钱养事项目支付（计生服务、文化体育服务、社保服务、农业服务、畜牧兽医服务、水利水产服务、乡村公路服务）三块。上述如此多的开支项，却只对应不到1/3的预算，可想而知，镇政府财政在现实中往往只能做到勉力维持现有的工作职能，根本无力为农村发展提供资金资源，也无法满足农村居民日渐增长的公共服务需求。

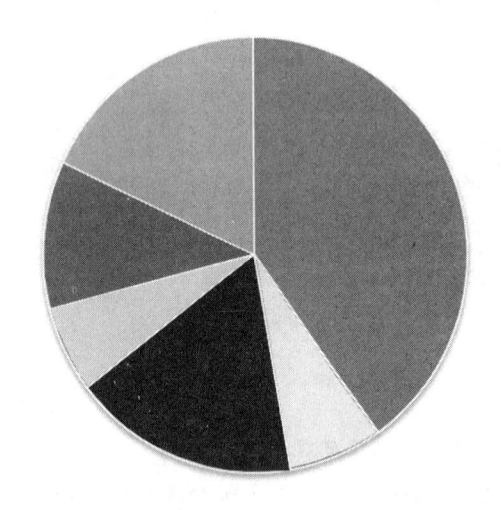

图2 恩施市龙凤镇2013年度部门预算情况

数据来源：龙凤镇党政综合办公室：《龙凤镇2013年部门预算编制方案》，2013年3月22日，第3—4页。

村委会作为村民自治组织，本身是没有任何财政收入的，其日常开销以及村委会成员工资目前主要由上级财政转移支付供给，同时目前恩施地区实行"村财乡管"村里的各项财务统一由乡镇代管。如图3所示，我们可以看到恩施龙凤镇试点各行政村的财政收入情况，各村的经费统一为一年23000元，并不随着村庄人口、面积、村民生活水平变化而变化，村干部的工资也遵循着统一的标准。

上级政府的转移支付旨在维持村集体的日常运作，并没有涵盖村里各项公共服务建设。然而，村里的各项公共服务的提供在很大程度上是属于村委会的工作事项，例如村里要建一个文化中心、建一个图书室等，这些在很大程度上，都要由村委会自行筹措资金。而从目前来说，资金来源主要有两方面，一方面来源于向上级部门争取项目资金，但是由于项目经费有限，很多村子享受不到，并且，能否申请到项目往往和村委会完成上级任务的情况相关联，如计划生育的完成率、新农保的参保率等，而非该项公共服务的迫切程度；另一方面来源于通过"一事一议"向村民集资，但是，这样一来将成本重新转移到了村民手中，二来因为公共服务的非排他性，村民间存在一种"搭便车"心理，总希望别人出钱自己享受；三来由于信息间缺乏有效传递，村委会的组织成本也过大。由此，导致了农村公共服务停滞的状态。

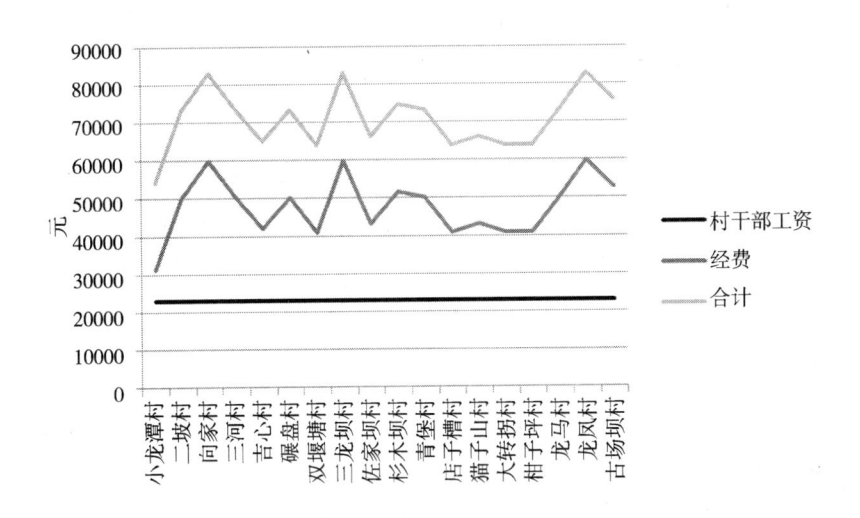

图3 湖北恩施扶贫改革试点村级转移支付收入各村情况表

数据来源：龙凤镇党政综合办公室：《龙凤镇2013年部门预算编制方案（附录表格）》，2013年3月22日。

以龙凤镇为例，目前该镇的公共服务主要集中在教育、医疗、文化、社会福利等方面，而且根据调查组的了解，很多公共服务并没有满足百姓的需求，在文化方面，图书馆、文化站全镇只有一处，影剧院一处都没有，体育场馆也一处都没有，在某些方面，公共服务非但没有完善，反而出现下滑。在教育方面，中学生人数从2011年的2304人下降至2012年的2279人，下降了1%，但是与之配套的老师却从原来的150人下降至128人，减少了15%。大村化使得原本各自然村就极为稀少的公共服务项再度向行政村集中，特别是在教育方面，虽然集中办学有利于整合教育资源，提高教育质量，但是随着原来村子里的学校的消失，一些学生上学的距离较以前明显增远，人民群众对此并不满意。在调研组的访谈中，村集体穷，没有资金去提供公共服务是导致这一现象的重要原因。

（二）忽视地区长远发展

在恩施基层地区，镇村治理有一个重要的制度困境，即在政绩推动下，县乡政府急于作出成绩，所以在主导地方发展时，通常是集中关注大项目，以求达到立竿见影的效果，凸显政绩，而忽视农村各个层面的均衡发展，以及农村地区的长远利益。这即是一种项目主导的发展模式。

这一现象并不是恩施独有，而是目前普遍存在的现象，政绩往往是地方发展的第一导向。因为官员任职地是流动的，任职期是有限的，为了作出成绩，地方官员往往选择一些收益期短的项目进行建设，而较少从农村地区的长效发展上进行考量，而这也直接导致了乡镇政府发展目标的短期化。

而对于乡镇官员来说，一方面，由于乡镇政府作为政权架构的底层缺乏对于地区发展的决策权，他们只能遵循上级官员的项目导向型发展模式；另一方面，他们虽然较上级政府更加固定，但是他们也有政绩需求，也会有短期逐利倾向。此外，恩施地区乡镇政府财政资金的缺乏，使得其难以独立支持所属地区的发展，由此，乡镇政府不得不依附上级政府拟定的发展模式，以获取上级政府对农村地区发展的财政支持。

在镇村治理中，这种乡镇层面的短期化的利益导向不可避免地会与世代生活在此的农民的长期利益导向发生冲突，而在这种冲突中，乡镇政府凭借对于公共权力的掌握往往占据主动，甚至在一些发展项目上，动用强制手段而忽视农民的意愿。乡镇治理的主体乡镇政府与客体当地民众虽然可以通过沟通或者与村委会的合作使得发展的执行方式"下沉"，但是，在发展的决策上，由于乡镇政府和村民都没有太大的话语权，所以真正的矛盾总是难以调和。

此外，在镇村治理过程中，由于乡镇层面政绩导向下的逐利倾向，在推进所属地区发展时，只是借助资金和项目进行堆砌式发展，而不太注重制度创新。在访谈中，有干部坦言，有些镇村的发展只是靠着大量的资金与项目堆砌，不具有太强的推广效应。

(三) 治理半径不足

大村化是目前农村发展的一个重要趋势，也是促进镇村治理的有益探索，恩施州在这方面进行了一定的探寻。目前，恩施市共有172个行政村和34个社区。但是，管理半径的增大也增加了基层工作的负担与难度，尤其在恩施市的农村地区，人员居住分散，更使得农村居民委员会难以承担村民自治的各项职能。

恩施作为我国中西部山区，山多人稀，加之原有的不同民族的生活习惯的差异，使得该地区人们居住分散且距离中心城市较远。而自然条件的限制导致了该地区交通不便，很多住在山上的村民去一次村委会单程就超过两个小时。此外，恩施市由于地方财力限制，很多基础设施都没有配套，例如，虽然在各个行政村之间通了公路，但是各自然村之间的公路还未完全建成，行政村与自然村之间、各自然村之间交流还不是很畅通。而这些都使得村民间以及村民和村委会之间沟通较少，严重影响了地方社会经济活动的开展。一方面加重了村委会进行社会管理的难度；另一方面增加了村委会提供公共服务的成本。

随着社会经济的发展，村委负责以及参与管理的事务越来越多，工作面也越来越宽，然而，村委的人数并没有随着大村化的推进进行相应的调整。以恩施市龙凤镇为例，经调查，扩大之后的行政区的平均村"两委"人数只有6人，加上大学生村官、驻村干部、"三扶一支"等也平均才不过 9 人参与村级事务管理。而 19 个地方基层组织所辖的平均人口达到 3442 人，这也就意味着 1 个村官要负责将近 400 人。而且这 400 人还不是集中居住而是分散在各个田间地头。图 4 反映了恩施市龙凤镇各村的村庄管理者与村民的比值。

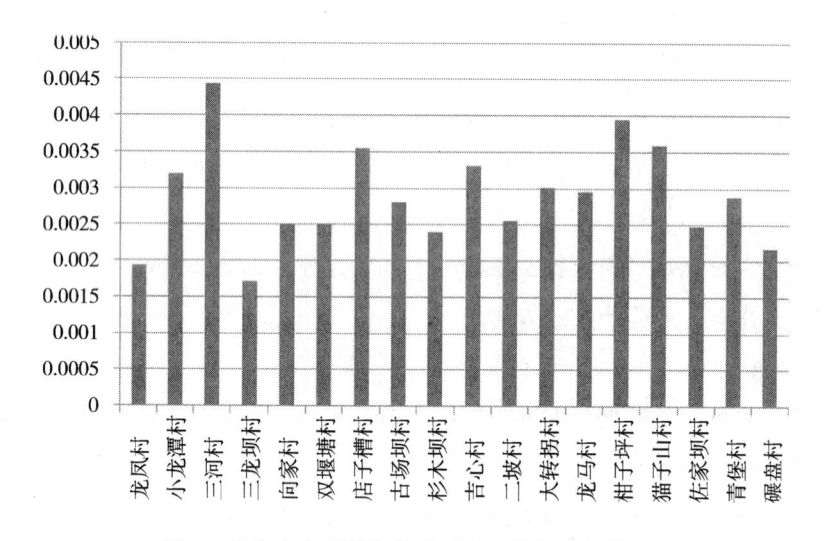

图 4　恩施市龙凤镇各行政村村庄管理者与村民比

数据来源：龙凤镇统计站：《龙凤镇 2012 年农村基层统计年报》，2013 年 11 月 22 日，第 1 页。

中共龙凤镇委组织部：《龙凤镇村（社区）"两委"成员及驻村干部花名册》，2013 年 3 月，第 1—3 页。

此外，镇村权责界定不明确也使得村委会实际承担着比职责范围内更大的工作量。以目前的村委人数，在缺乏高效治理手段的情况下，很难同时兼顾上级任务摊派与下层民众诉求。虽然，当前在恩施市推行的网格化管理试点，从一定程度上可以帮助政策民情的上传下达，但是，对于目前一些生活在山区的居民，还是存在信息不畅的问题，村委会的基层治理工作依然面临很大挑战。

（三）村庄管理者热情不高

目前，村委会基层治理的激励困境主要体现在以下三个方面：

第一，村干部工作繁重，压力过大。随着当前农村地区的经济发展，村民们对于各项公共服务的需求不断提高，对村委会的职能有了更高的要求。在当前镇村间事权划分不明晰的情况下，"新农村建设"以及恩施作为扶贫试点在"扶贫开发"中乡镇政府的事权不断"下沉"，使得村委会在回应农民的需求的同时还必须要帮助上级政府在村级组织中开展各项工作。这使得恩施地区村干部普遍工作压力偏大。

第二，村干部缺乏晋升渠道，前途渺茫。随着人事制度的不断改革深入，公务员队伍出现精简机构、压缩编制的现象，公务员"逢进必考"的铁律使得恩施地区普遍文化程度不高的基层村干部缺乏晋升途径。村级管理者在承担公务员职责的同时，却难以真正成为公务员。

第三，村干部社会福利保障水平较低，缺乏保障。在恩施市，村干部在承担着与镇上公务员近乎同质的工作下，所得的收入却低于乡镇公务员，在养老金待遇上颇为明显。

（四）村民自治主体文化程度低

在恩施市，由于经济贫困、交通不便造成了该地农村在文化教育上的落后，而这也对村民自治产生了不利影响。表2显示了抽样调查中，恩施农村的劳动力文化程度分布，我们可以看到，作为村民自治主体，恩施市农村居民普遍文化程度偏低，超过80%的人只有小学、初中文化，而拥有大专及以上文化程度的只有1.5%。文化水平的限制使得村民在村庄制度建设、公共讨论等集体活动中，缺乏相关的知识背景支撑。此外，在恩施农村地区，青壮年劳动力长期在外打工，留守者多以老人、小孩为主。而留守老人往往文化程度偏低，民主观念相对淡薄，对于事情的看法也容易人云亦云。留守儿童虽然普遍会接受九年义务教育，但由于未到法定年龄，尚不能作为村民自治的主体。

表2　　2012年恩施市农村100户抽样调查劳动力文化程度

文化程度	频数	百分比（%）
不识字或识字很少	7	2.6
小学文化程度	85	31.5
初中文化程度	136	50.4
高中文化程度	33	12.2
中专文化程度	4	1.8
大专及以上文化程度	4	1.5

数据来源：恩施市统计局：《2012年恩施市统计年鉴》，2013年7月24日，第73页。

另外，村庄的文化程度往往直接决定着其村委会成员的文化水平。在恩施地区，本地村干部文化水平普遍偏低，但是通过政府推行的大学生村官计划、"三扶一支"计划以及乡镇干部在村挂职等政策，提升了农村基层管理者的整体文化素质，以恩施市龙凤镇为例，如表3所示村干部的文化程度普遍比村民高一个水平。尽管文化程度的高低不能直接决定村委会基层治理的能力，但是知识背景的完善，使得村干部工作更有针对性与规划性。然而，上述方法也存在一些问题。无论大学生村官还是"三扶一支"计划等，选拔的人员并不属于农村群体，对于农村治理他们只是新进入者，往往对于恩施农村地区并不了解，所以无法真正指导基层治理实践。与此同时，很多选调生、大学生村官只是以农村为跳板，对于农民生计、公共服务提供等村庄基本事务并不十分关心，更遑论村庄的长远发展。他们以政治前途为考量，通常更愿意配合乡镇政府的行为而非农村自治主体的利益诉求。

表3　　　　恩施市龙凤镇村委班子成员文化程度

文化程度	频数	百分比（%）
小学文化程度	3	1.8
初中文化程度	32	18.9
高中文化程度	62	36.5

续表

文化程度	频数	百分比（%）
中专文化程度	33	19.4
大专及文化程度	17	10
大学本科文化程度及以上	23	13.5

数据来源：中共龙凤镇委组织部：《龙凤镇村（社区）"两委"成员及驻村干部花名册》，2013年3月，第1—3页。

第三节 试点区镇村治理机制创新的路径

创新镇村治理机制，应推动镇村治理能力的现代化。与此同时，镇村治理作为连接国家与社会的重要途径应该更好地将基层民众与上级政府联系起来，使得政策能够真正落到实处。为此，试点积极作为，出台了很多政策措施，努力进行镇村治理机制创新。

一 乡镇层级治理机制创新

2013年7月，恩施市政府为了提升乡镇政府基层治理的能力和效率，以龙凤镇为试点，通过人事配备、组织架构和管理机制的调整创新了乡镇层面现有的镇村治理机制。其中，人事配备的调整主要体现在"高职低挂"上，组织架构的调整则体现在"人岗相适"上，而管理机制的调整主要体现在"网格物业化管理"上。

（一）乡镇人才机制上的"高职低挂"

"高职低挂"顾名思义，即较高行政级别的官员在低于自身行政级别的行政岗位上挂职。在恩施市，以龙凤镇为试点，选派了两名市级领导兼任龙凤镇党政正职（市委常委、常务副市长兼任龙凤镇镇委书记，市政协副主席兼任龙凤镇镇长）具体负责龙凤镇和试点办工作。不同于其他地方以锻炼干部为目的的"高职低挂"，恩施市是直属领导向下挂职，意在通过高职低挂使得乡镇党政正职的行政级别间接被提高，凸显乡镇工作的重要性，从而更加有效地整合资源,推行各项政策。在恩施的乡镇治理实践中,我们可以看到,通过"高职低挂",龙凤镇获得了更多发展必需的资金和政策支持,在整合资源方面,由于市级领导的挂职,市级各个部门主动配合镇村的建设,有效地推进了各项工作的开展。

(二) 乡镇治理机制上的"人岗相适"

"人岗相适",简而言之就是把合适的人放在合适的岗位上。恩施市龙凤试点在组织架构上,打破了原先的"定编制、定职责、定机构"的"三定"方案,重新设置机构,通过整合龙凤镇、试点办以及其他外部支持力量的干部资源,建立了7个办公室,综合履行试点工作和镇政府职能,实现"岗得其人,人尽其用"。图5为恩施市龙凤镇组织结构示意图,其中各个部门及其下设机构和下设机构职责见表4。组织结构的细化使得各项工作得以细化,避免了在镇村治理中经常出现的权责不明、互相推诿的现象。与此同时,恩施市的"人岗相适"的组织结构调整,大大提高了乡镇治理工作的效率,有力保障了各项目标的完成。以退耕还林工程为例,恩施市龙凤镇新一轮退耕还林中,退耕还林工作专班不到一个季度时间完成的退耕面积已经超过了上一轮退耕还林中龙凤镇总共退耕的面积。

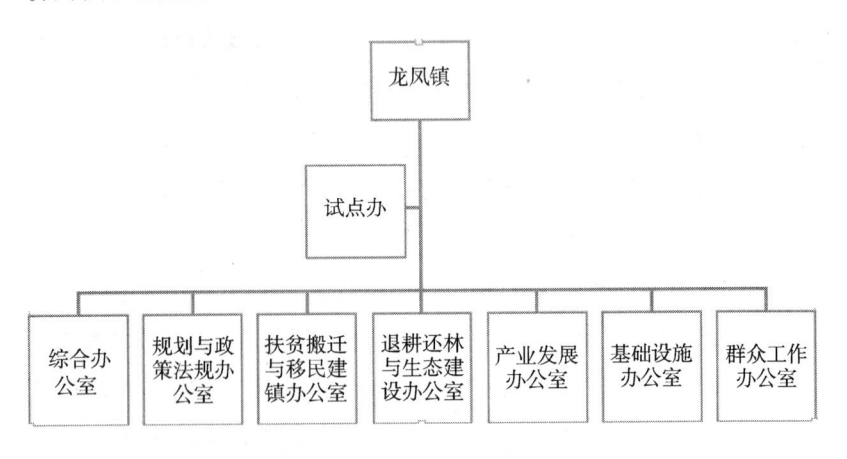

图 5 恩施市龙凤镇组织结构示意图

资料来源:中共恩施市委组织部:《湖北省恩施市龙凤镇综合扶贫改革试点领导小组办公室和龙凤镇组织架构优化方案》,2013年6月28日,第3—5页。

表 4　　　　　　　恩施市龙凤镇机构划分及工作职责

部门	下属负责机构	工作职责
综合办公室	综合协调工作专班	党政群团工作综合协调、检查督办、财务管理、内勤服务及档案收集整理等工作
	督查工作专班	工作督查和工作人员综合考评
	党政工作（含工青妇等）工作专班	文字材料、影像资料收集
规划与政策办公室	规划编制工作专班	协调综合扶贫试点总体规划和专项规划的编制工作
	法规政策工作专班	体制机制创新、项目策划及争取工作，围绕"双轮驱动"，探索建立农村土地流转机制、"一元化"户籍管理制度，人才引进、培养和管理制度，镇村治理机制，创新财政资金使用管理机制
	宣传工作专班	引导金融和社会资本参与试点建设，探索建立贫困地区产业发展基金
扶贫搬迁与移民建镇办公室	扶贫搬迁工作专班	开展中心社区、保障房建设、扶贫搬迁、农村危房改造、特色民居建设
	移民建镇工作专班	协助移民建镇、居民点的选点布局及规划设计工作；开展移民建镇协调服务及居民点建设工作；收集整理相关信息资料、统计报表等工作
退耕还林与生态建设办公室	退耕还林工作专班	协调退耕还林总体规划、实施方案、作业设计的编制工作；负责退耕还林工程建设进度和组织年度检查工作；配合做好退耕还林的确权发证工作、政策补助兑现工作
	生态建设工作专班	组织评估生态环境质量状况，监督对生态环境有影响的自然资源开发利用活动、重要生态环境建设和生态恢复工作。指导农村生态环境保护，组织指导农村环境综合整治工作
产业发展办公室	农业工作专班	茶叶、烟叶、蔬菜、畜牧业等农产品基地建设，开展农村土地整理，实施农业技术推广、专项扶贫、农业综合开发、小农水、退耕还林、林业等项目
	工业工作专班	协助做好工业经济发展规划及商贸、物流业发展规划，落实产业项目建设
	服务业工作专班	协调有关部门培育农业企业及专业合作组织
	旅游业工作专班	建设5个园区，建设标准化菜市场和农业生产资料市场生态旅游产业发展

续表

部门	下属负责机构	工作职责
基层设施建设办公室	城镇基础设施建设工作专班	协调有关部门加快城镇规划、建设与管理；实施试点城市综合体及道路交通建设，推进城市公交、供水、燃气向镇村延伸；完善城镇污水和垃圾处理设施配套管网建设，实施农村饮水安全、流域治理工程
	农村基础设施建设工作专班	推进农村电网改造升级，改善城乡电力、通信、网络、广播电视等公共基础设施
群众工作办公室	综治维稳（安全生产）工作专班	组织发动群众工作及群众的法制教育；负责征地拆迁、"两违"清理工作；掌控各类社会信息，处理矛盾纠纷及信访案件
	民生服务工作专班	推进人口与计划生育工作，开展民政等群众工作
	科教文卫及就业工作专班	教育扶贫建设，提高医疗卫生和社会保障能力，加强公共文化服务体系建设，开展农村劳动力转移培训，提升全民科技水平，积极建立统一规范的人力资源市场
	社会保障工作专班	推进农村福利院和养老机构建设及加强基层就业和社会保障事业发展

资料来源：中共恩施市委组织部：《湖北省恩施市龙凤镇综合扶贫改革试点领导小组办公室和龙凤镇组织架构优化方案》，2013年6月28日，第3—5页。

（三）乡村治理机制上的"网格化物业管理"

"网格化物业管理"即以社区网格作为镇村治理的基础单元，村庄社区作为依托、政府部门借用信息系统开展公共服务和社会管理的新机制。图6为网格化管理的运行机制，镇社会管理创新小组为全镇社会管理创新工作的领导机构，对全镇社会管理创新工作的重大决策作出决定和重要事项作出部署。下设镇网格化管理中心，负责全镇社会管理创新综合平台建设。按照"街巷定届、规模适度、无缝覆盖、动态调整"的划分原则[1]，目前，龙凤镇已将该镇

---

[1] 龙凤镇党政综合办公室：《龙凤镇社区网格物业化管理实施方案》，2014年1月3日，第3页。

无缝隙划分为 159 个网格，并按照物业化服务标准和需要，以村民推选和公开招考等方式选聘 159 名网格员。与此同时，按照恩施市网格化信息系统建设统一部署，龙凤镇在镇、村（居）建立了两级信息应用平台，镇政府投入 80 万元建立镇信息指挥中心、在村（居）建立了网格管理工作站 19 个，形成社会服务和管理信息收集和传递的高速通道。此外，当地还为每个网格员配备了手持终端设备，以保证信息收集和处理的方便快捷。

网格化物业管理作为一种点对点式的事件处理模式，大大减少了管理的中间环节，通过信息化的手段大大提高了社会管理的效率。例如，3 月 13 日 11 时 53 分，粮管所网格员黄振平上报龙凤坝化肥厂宿舍区垃圾池未清运，该案件立刻通过信息终端上报给社区和市直部门并被恩施市城管局受理，随后城管局派出龙凤环卫所罗亮处理，48 小时之内基层所反映问题即得到解决，极大增强了镇村治理中基层与政府之间的高效互动。

恩施市在上述三方面进行了镇村治理的机制创新，这三条路径对于目前中国乡镇层级的基层治理有着重要的启示作用，尤其是对于一些像恩施市一样的中西部贫困山区更是意义非凡。在中国现有的行政体制下，乡镇各部门往往处于乡镇政府和上级主管单位的双重领导之下，而且这两者具有相同的行政级别，由此难免会出现组织上的相互干扰。此外，乡镇政府作为乡镇发展的主要推动者，在基层治理上有着不可替代的作用，但是，乡镇政府除了整合本乡镇的资源促进发展外，如何整合县级的资源是基层治理的一个重大问题，特别是在乡镇发展过程中，一些特定产业的发展往往离不开县级相关部门的通力合作，而平级的行政级别无疑难以在制度上保证县级部门对于乡镇事务的关注和投入。"高职低挂"很好地解决了这一问题，保障了资源的供给，引导了更多的财政资金向乡镇的倾斜，有利于解决目前乡镇普遍存在的财政困境。而"人岗相适"则很好地解决了目前中国行政体制中存在的机构职能重叠问题，通过组织架构的重构实现了地区有

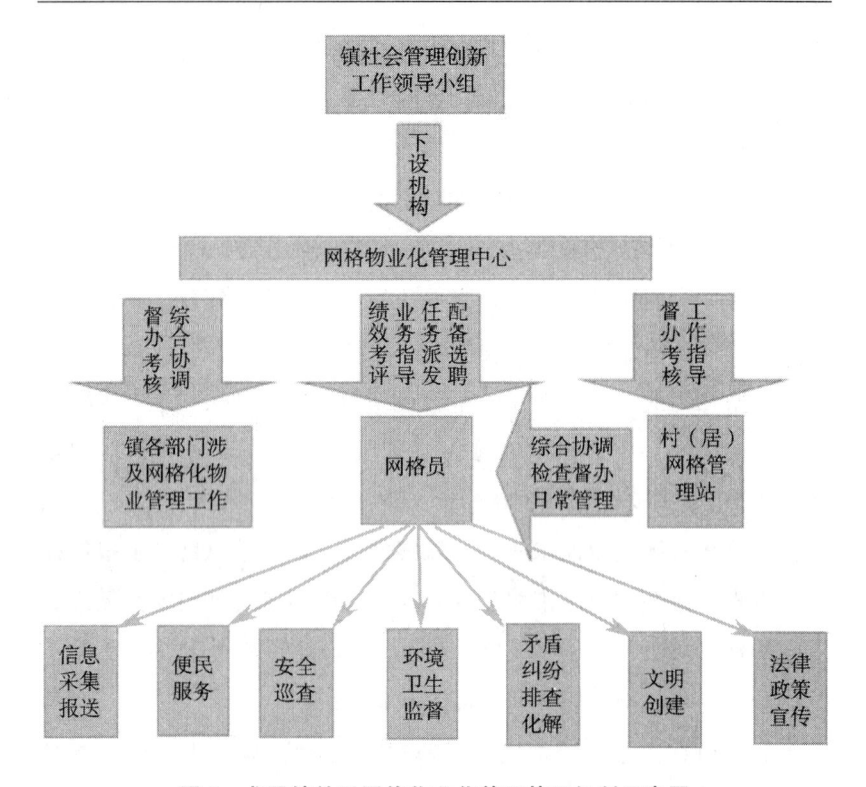

图 6　龙凤镇社区网格物业化管理管理机制示意图

资料来源：龙凤镇党政综合办公室：《龙凤镇社区网格物业化管理实施方案》，2014年1月3日，第3—5页。

针对性的快速发展。此外，"网格物业化管理"的推行则有效解决了当地由于人们居住分散造成的治理困境，保障了信息的上传下达，这对于像恩施这类边远少数民族山区有着重要的意义。但是，前文所说项目导向型的发展模式依然是恩施乡镇发展模式的常态，"高职低挂"虽然拉近了村民与政府高层的距离，但是民情的上传并不必然带来政策的改变，高层官员同样存在着政绩导向，同时由于视野宏观化，所以"高职低挂"者更可能忽视治理的细节，在地区发展的同时，却无形中损害了少部分群体的利益。而与之同时，"网格物业化管理"带来政府高效治理的同时也在无形中削弱了村民基层自治。

二 农村基层治理创新之村医村教

2013年9月,恩施市在龙凤镇开展了"村医村教①"的试点工作,即在农村现有医疗工作者和教育工作者中择优选拔一批人,使之加入到村"两委"班子中,参与农村基层治理。11月,龙凤镇完成了宣传发动、调研摸底、推荐考察、组织选举、任职岗前培训等第一阶段②工作任务。目前,全镇最终共确定24名村医村教进入村级"两委"班子参与工作,涵盖18个行政村。其中有7名村教、3名村医进入村支委担任委员,有14名村医进入村委担任村务协理员。

陈以俭原是龙马村小学校长,2013年9月下旬,他自愿报名申请进入村"两委"班子,并顺利通过择优选拔。"我是本地人,早就想为村里做点事情,但以前没有这个身份,怕别人说我逞能、出风头。作为村党支部委员,我将在做好学校管理工作的同时,积极参与村级事务管理。"③当村"两委"班子为在全村内推进茶叶种植感到压力颇大时,陈以俭通过劳技课,向学生们传授与茶叶相关的知识,并嘱咐学生也将这些知识传给父母,而后又通过家访等形式,向学生家长宣扬种茶的好处。渐渐地,当地人在陈校长的劝说下,改变了原有的种植习惯,开始种茶叶,使得上级目标得以顺利完成。目前在恩施市,还有很多通过村医村教政策加入了村庄的日常治理工作中来,除了在政策宣传上,在纠纷调处、促进农村和谐稳定上村医村教也起着重要的作用。

目前,恩施市全市共有181名村医村教进入村"两委"班子,

---

① "村医村教"即村里的医生和教师,通常情况下村医包括村卫生室工作的镇卫生院下派医生、集体医生、乡村医生;村教包括村级小学或教学点工作的教师。
② 宣传发动阶段(2013年9月下旬至10月中旬)。对龙凤镇村医村教基本情况、思想状况、工作能力、日常表现等开展调查摸底,全面掌握候选对象信息;研究制订村医村教进入村级"两委"班子试点工作实施方案;宣传村医村教参与村级工作的目的意义、目标任务、方式方法;做好村医村教进入村"两委"班子的各项筹备工作。
③ 资料来源:恩施试点网。

关于村医村教进村"两委"班子的各项制度已经日趋完善，表5显示了与之相关的各项政策。

表5　　　　　　　　恩施市村医村教相关政策

	村医村教进入村级"两委"班子的具体政策
选拔方式	择优选用、分类进入、控制职数、程序合法
角色定位	党的政策宣讲者、农民致富的带头者、构建和谐社会的维护者、村级事务的参与者
培训内容	农村基本政策、规范村务管理、如何在服务型党组织建设中发挥作用等与村级"两委"日常工作息息相关的课题进行了专题讲座
工作职责	村医：一是做好党的路线、方针、政策宣传解释工作；二是参与村级重大会议和活动，积极出谋划策；三是参与制定完善村级班子制度；四是负责为群众提供疾病预防与控制、基本医疗、健康知识教育等公共卫生服务；五是了解收集群众需求，及时与村"两委"沟通反馈，协助化解有关矛盾纠纷；六是协助完成农村合作医疗的宣传和征收工作；七是协助抓好计划生育工作；八是完成村"两委"分配的其他工作任务。 村教：一是做好党的路线、方针、政策宣传解释工作；二是参与村级重大会议和活动，参与讨论村级重大事项；三是参与制定完善村级班子制度；四是负责做好适龄儿童的九年义务教育；五是负责开展对留守儿童的关爱帮扶工作；六是组织开展群众性健康文体娱乐活动；七是协助排查各类不稳定因素，配合完成综治维稳和矛盾调解等工作；八是完成村"两委"分配的其他工作任务
工作方式	在做好本职工作基础上，利用坐班接诊、上门问诊、家访、家长会、"家校通"手机短信平台等多种沟通渠道形式
工资待遇	每人每年1500元的标准给予通信交通补贴，纳入市级财政预算
考评机制	建立定期联系沟通制度，及时了解村医村教思想、工作状况，实行"双月"工作联系会议制度和半年群众评价机制，加强对村医村教进入村级"两委"班子成员和村务协理员的跟踪管理
激励措施	对热心服务群众、主动参与村级管理并作出一定贡献的村医村教，在评选表模和推选各级党代表、人大代表、政协委员时予以优先考虑。借鉴乡镇公益性服务单位"以钱养事"的办法，按照工作绩效与工作报酬全挂钩的原则，严格考核兑现；根据绩效考评结果，确定工作报酬兑现比例

资料来源：中共恩施市委组织部办公室：《关于在全市开展优选村医村教进入村级"两委"班子工作实施方案》，2013年11月20日，第5—6页。

村医村教通常在农村地区都有着较好的声誉，村民长期和医生、教师打交道，非常尊重且愿意听从他们的观点。所以村医村教在农村地区开展工作有着天然的优势。与此同时，村医村教进入村"两委"班子对于解决恩施市村庄基层治理中面临的困境也有着重要的作用。恩施市市委组织部部长王兰英坦诚，在过去，要求村干部走进每个农村家庭极不现实。但村医村教进村级"两委"，让村干部力量得到补充，让村级组织的触角延伸到千家万户，成了可能。原来由于村民居住分散化造成了沟通的缺乏，也随着村医村教的进入有了一定的改善。相应的，村干部分摊的压力也较以前少了。与此同时，村医村教一旦进入村委任职，其补贴福利统一由恩施市市级财政负担，不会给地方上造成压力。此外，村医村教作为典型的农村知识分子，他们的文化程度普遍比一般村干部高，这有利于提升村庄基层治理的层次。正如华中师范大学贺东航教授所说："村是我国最基本的行政单元，连接国家与社会，农村的稳定直接关乎整个社会和国家的稳定。而将村医村教纳入村级组织，当好基层治理的润滑剂，是基层治理体制创新的有益尝试。"[①]

第四节 试点区镇村治理机制创新的建议

一 增加政府转移支付力度

在进行基层治理时，财力不足是一大困境。作为全国贫困县，恩施市农村基础设施缺乏，乡镇政府在财政收入不足的情况下，却有着极大的支出需求。因此，试点在一般转移支付和专项转移支付上应该更多向农村地区偏移，给予龙凤镇政府更多的财政支持，帮助其促进农村发展。与此同时，恩施市可以通过项目融资以及招商引资向农村地区注入更多的资本，以实现城乡一体化的发展目标。

---

① 2012 湖北省两会时，贺东航教授作为省政协委员接受媒体采访时的发言。

二 改革乡镇政府的现有考评体系

乡镇政府的考评体系是镇村治理的核心议题。目前，在恩施市针对乡镇政府的考评体系的构建往往源于顶层设计，乡镇政府作为政权组织链条上的基本环节，其组织构成、职员升迁、绩效评估主要取决于上层环节。这也就造成了前文所述的"向上看"以及短期化导向问题。由此，难免产生一些与乡村需求本身矛盾的地方。要解决这些矛盾，必须建立乡镇政府与农村居民之间的交互式联系。乡镇政府在行使镇村治理的权力时，亦应强调其负有接受农村居民的监督的义务，坚持人民群众路线，发挥农村居民的主观能动性，加强他们在乡镇政府基层治理问题上的话语权，使之达到真正的"善治"。

在此，可借鉴成都市新都区的经验，将四个层面的"民评官"——评议区级党政领导、评议区级各部门领导、评议镇级领导、评议村级领导实践与试点镇村治理的现实相结合。通过镇村治理机制的不断创新完善，使得试点党政干部在镇村治理中受到越来越多来自农村基层的监督。

三 提升村民自治组织治理能力

通过对于恩施市相关部门以及试点区的访谈，我们了解到，恩施市准备大力推行网格化管理，创新现有社会治理模式，以应对由于人口居住分散所产生的基层治理能力困境。的确，这一措施的推行有利于增强信息的通畅，保证国家各项政策的"下达"。但是，这也有一个问题，网格化的治理方式会不会对村民自治产生影响，削弱村民自治能力。在农村基层治理中，村民自治是其中的核心要义。所以在推行网格化治理的同时，应着力提升农村居民的自治能力。通过切实发展农村民主，保障村民享用更多更切实的民主权利，使村民在民主实践中，提高完善民主参与意识，提升相关素质，让村民通过自治从根本上解决村社治理中存在的问题。

四 加大对于贫困农村的帮扶力度

由于农村居民普遍比较贫穷，通过向村民集资的方式难以筹集到开展各项公共设施建设所需的基本资金，而且也容易引发农村基层治理中的干群矛盾。试点应该加大对所辖农村的帮扶力度。随着鄂西生态旅游圈的建立，恩施的生态旅游必将成为外部投资者关注的重点。试点在发展生态旅游业的同时应通过政策优惠鼓励"资本下乡"参与新农村建设。同时，要大力帮助农村地区发展特色产业，以带动农村居民增收，缓解紧张的村财收入，才能为基层治理提供资金保障。

第七章　产权和经营机制创新

产权制度是农村各项制度的核心和基础。随着改革步伐的加快和重点建设项目的实施，试点区农村产权和经营制度创新活动日益活跃。试点从自身实际出发，坚持解决农村基本经营制度，推动"四化同步"科学发展。通过开展一系列的农村产权和经营机制创新工作，努力探索农村生产关系适应生产力发展的新模式。本章主要分析试点区农村产权与经营现状、产权制度改革，总结龙凤镇农村经营机制创新实践经验，并针对试点农村产权和经营机制创新实践提几点建议。

第一节　试点区产权与农村经营现状

一　试点农村产权现状

产权是财产权利的简称。诺斯指出："产权是个人对他们所拥有的劳动、物品和服务的占有权利。"[1] 产权包括狭义的所有权、占有权、支配权（处置权），体现了权利人对财产的实际经营和管理职能。产权制度则是对产权关系的制度化或制度化的产权关系，是关于财产权利划分的规则和人们行使财产权利的行为准则。农村产权制度则是调节农村各种财产关系的制度总称，以家庭承包经营

---

[1] 诺斯：《制度、制度变迁与经济绩效》，上海三联书店 1994 年版，第 45 页。

试点区龙凤镇的农村产权制度改革创新活动是与近年来进行的综合扶贫改革相伴而行的。近年来龙凤镇在农村产权制度改革方面做了较多的工作，但现行的产权制度与当地的市场经济发展要求仍不完全相适应。例如土地、房屋属于农民的财产，而大多数农民的收入主要来源于生产性收入和劳动性收入两个部分，基本上没有财产性收入。而且农村土地承包制也没有解决农村土地所有权问题，农村土地产权模糊状态还没有根本转变过来。国家赋予的农民长期而有保障的土地使用权，或曰物权性质的土地承包权，或曰法律规定的占有、使用、收益、处置、转让、抵押、继承等权利屡遭侵害，表现为所有权主体虚置，使用权缺乏自主性、稳定性，转让权不自由，并由此引发了困扰"三农"的诸多问题。[2] 以龙凤镇为例，主要问题表现在以下两个方面：

（一）农村土地产权残缺

土地产权是指与土地占有相关的各项权利的总称。土地产权残缺则是指与土地及其相关的一组权利束受到了侵害，并由此导致相关权利主体的财产或利益遭受损失。土地产权的残缺会造成分配制度的残缺和分配行为的混乱，直接影响到产权的激励作用和产权制度的效率，造成对农民的经营和投资激励不足。

恩施龙凤镇的农村经济主要以传统种植业、养殖业和劳务输出为主。在现行的制度安排下，龙凤镇的农村产权主要包括农村集体经济组织和以户主为代表的农民个人两个层面的五种资产产权，即集体土地所有权、集体土地使用权、农户房屋产权、土地承包经营

---

[1] 农村产权制度的核心是农村土地产权制度和集体产权制度，主要包括农村土地管理和经营制度、集体资产收益分配制度等，主要产权权能包括所有权、承包权、经营使用权、收益权、分配权等多项权利。杨敏：《成都农村产权制度改革研究》，西南财经大学，2009年。

[2] 舒晓煜、覃章梁：《农村经营体制创新调研报告》，《清江论坛》2013年第3期，第44—45页。

权和林权。统计数据显示，该镇现有土地资源324571亩，其中耕地55583亩，林地237130亩，集体建设用地3726亩，宅基地18724亩，园地、水面、荒地等9408亩。全镇已对农户承包的土地和林地全面发放了经营权证和林权证，除个别存在纠纷和长期外出未归的农户尚未发放外，统计发放率达95%。同时，农户之间土地经营权流转有较多实例，镇职能部门也加强了对该项工作的管理，共有1300户3767亩签订了耕地流转合同，变更了土地经营权证。但经过调查发现，尚有较多数流转户并未签订流转合同，由此引起的土地纠纷较多，调处的难度也随之加大。

龙凤镇农村土地产权残缺的状况与全国其他地方的问题类似，主要表现在所有权的虚置、使用权的混乱和土地流转的不完善。

所有权虚置，首先表现为现行土地所有权者的地权界定不清。《中华人民共和国土地管理办法》规定：农村土地应该由村所有，也可以由乡村所有或组所有。在此规定下，现实中的"集体所有"大多数为村民小组所有，但也有地权界定不清晰的，常常引发土地集体所有权的虚置。"集体"到底是指哪一层次，法律规定含混不清，因此农村土地的所有权主体是缺失的。其次，国家、集体、农户对土地的权属关系不清。作为土地所有者的集体对土地充其量除了在农户之间进行调整一类的分配权力外，并不拥有法律赋予所有权的全部权力，国家凭借行政命令在很大程度上实行集体对土地经营权的处置——种植权和收益权的种种限定。

在使用权的混乱方面，则表现为农地所有权的残缺造成的承包经营权缺乏明晰性、安全性、稳定性，导致了农户对土地投资的积极性受挫，降低了土地边际生产率，阻碍了农地流转。一般来说，家庭承包责任制在某种程度上实现了所有权与使用权的分离，但这种分离是不稳定、不彻底的。例如，和土地使用权相关联的权利得不到实现，如抵押、拍卖、转让、继承等。根据课题组的调研数据，到目前为止龙凤镇耕地流转面积约为3767亩，占耕地总量6.77%，远低于全国26%的平均水平。这较大程度上是由于土地使用权混乱带来的不安全和不稳定所致。

农民只拥有土地的使用权,而不具有对土地的实际占有权、完全经营权、自由转让权、入股权、抵押权和继承权。产权的不完整,在很大程度上抑制了农民投资和经营的安全感与积极性,也阻碍了农民增加农地流转的积极性,不利于农业生产的持续发展,影响农民收入的长期增长。在调研中,龙凤村的张主任表示,一方面,一些外出务工的农民,将承包的土地长期撂荒,导致良田变成杂树丛生的荒地;而另一方面,一些社会资本有意进入农业产业,却又缺乏土地资源。因此,建立稳定的、明晰的和有保障的地权是土地产权界定所要解决的核心问题,也是建设社会主义新农村的首要任务之一。

(二) 农村与城市土地权利不平等

现实的农村土地的"集体所有权"不具备所有权"完全的支配权、绝对的处分权和物权的独立性"的权利,它不具备占有、使用、收益、处分的所有权全部权能。《土地管理法》规定任何单位和个人建设用地必须申请使用国有土地,而不能使用农村集体所有土地。必须使用农村土地的须先把农村集体所有的土地让国家征用,将该集体土地转变为国家所有后,再由政府将该国有土地使用权出让给建设单位或个人,方可进行建设项目。由于土地的国家所有与集体土地权属的不平等的现状,现行土地制度严重地限制了农村集体土地的转移和流动,使广大的农村土地资源在市场经济和商品经济中无法发挥其应有的效益。[①]

值得一提的是,在对农村土地的征用过程中,政府普遍扮演着三重角色:一是征地补偿标准的制定者;二是交易当事者;三是强制交易合同执行的执法者。在这种制度框架内,农民几乎没有任何讨价还价的余地。根据调研了解可知,在龙凤新区建设的征地拆迁

---

① 国家土地所有权与农村集体土地所有权不平等的立法比较 [2009 - 11 - 28]. http://china.findlaw.cn/fangdichan/tudiguanli/tdsyqq/21986.html。

过程中，当地政府缺乏综合统筹理念，没有给本地原住失地农民预留必要的生存发展空间，没有规划专门为失地农民解决生存发展的再就业基地，使被征地农民在失去土地这个生产资料以后缺少与社会经济同步发展的基础条件和信心，形成了在无法抗拒征地的前提下采取其他手段谋求更多的利益来减少对失地后生存发展的恐惧的现象。这种不合理的农地产权制度与不公平的征地方式，让农民在失去土地时无法获得合理的补偿，也就导致了更多的农民对征地拆迁心生畏惧，反而会更容易把农民束缚在土地上，不利于农民人口流动，还严重影响了城镇化和新农村建设的进程。

二　试点农村经营现状

经营体制是影响农业和农村经济发展的核心问题，我国现行的农村经营体制是双层经营体制。所谓双层经营体制，是我国农村实行联产承包制以后形成的家庭分散经营和集体统一经营相结合的经营形式。[①] 分散经营与统一经营相结合的双层经营责任制，可以恰当地协调集体利益与个人利益，并使集体统一经营和劳动者自主经营两个积极性同时得到发挥，取得更大的经济效益。[②] 然而，在现行的家庭联产承包责任制下，根据集体土地的质量和数量，将土地按人口或按劳动力平均分配，小规模的土地经营模式，不利于农业生产的社会化、市场化、规模化和集约化发展。根据课题组的调研，试点农村产业经营普遍存在着经营分散、农产品供给层次较低的问题。

[①] 按照这一经营形式，集体经济组织在实行联产承包、生产经营，建立家庭承包经营这个层次的同时，还对一些不适合农户承包经营或农户不愿承包经营的生产项目和经济活动，诸如某些大型农机具的管理使用，大规模的农田基本建设活动，植保、防疫、制种、配种以及各种产前、产后的农业社会化服务，某些工副业生产等，由集体统一经营和统一管理，从而建立起一个统一经营层次。

[②] 向光辉、潘锦万：《农村产权制度创新调研报告》，《清江论坛》2013年第3期，第46—49页。

（一）土地经营分散

农业发展的国际经验也表明，创新经营组织模式、提高农民进入市场的组织化程度，是推进农业规模生产和协同经营的客观规律。一方面，随着我国农村改革推进和农业市场化的发展，传统农村基本经营制度下的社区性农村集体经济组织，不再统一组织农户生产经营，且其服务功能从提供农业生产经营为主向提供社区公共产品为主转变，难以为农户有效提供生产经营服务；另一方面，现代农业是专业化、规模化、标准化的农业，面对日新月异的新技术和千变万化的大市场，一家一户农户对组织抱团和专业服务的需求也日益增长。因此，在坚持集体所有与家庭承包统分结合的基础上，迫切需要推动社区合作与专业合作相分离，创新和完善农村基本经营制度，加强农业的规模化、组织化程度，加快构筑现代农业生产经营组织体系和服务体系。

试点农村经营主要以家庭为单位的个人小规模自给自足式耕种经营，耕地较为分散、机械化程度低、产业性不强为特征。近年来为了增加农民收入，龙凤镇在个别村进行了大胆尝试，采取"返租倒包"的模式，发展农业产业，并且收到了明显的实效。同时，也引进烟叶公司，由公司付给农民租金，将承包地连片成块地租用过来，再返租给有经营能力的大户用于种植烟叶，大户请农民在基地打工，公司、大户赚了钱，农民增加了收入，规模经营发挥了效益。

以龙凤镇青堡村为案例，该村作为恩施市烟叶产业发展的重点区域之一，全村规划2013年至2016年基本烟田保护面积6000亩。2013年，青堡种植烤烟1565亩，其中规模化连片种植970亩，收购量3260担。为进一步扩大烟叶种植规模，青堡烟叶合作社正组织土地流转工作，共涵盖青堡上中下坝的农田2000亩左右，农户318户。[1] 恩施市结合青堡村烤烟种植新区及烟田分布零散的实际，

---

[1] 龙凤镇青堡村烟田整理工作有序推进［2013-12-26］．http://www.ienshi.gov.cn/zxdt/20131206/1709.html。

成立了青堡烟农综合服务合作社，为烟农统一提供育苗、机耕、植保、烘烤、分级、运输等专业化服务，让烟农轻松种烟。目前，青堡种植面积达到 1600 亩，种植主体 20 户，户均种植面积 80 亩。[①]但全镇大部分地方仍然处于分散经营的状态，效益低下。

（二）农产品供给层次低

城乡居民收入水平和生活水平普遍提高后，在农产品数量得到满足的基础上，将越来越重视对农产品质量的要求，并对农产品的多样性和供给方式提出更高、更新的要求。目前越来越多的消费者更加讲究农产品消费的安全性、优质性、选择性和服务性。家庭联产承包责任制逐渐形成的小生产与大市场的矛盾，则导致了农产品供给层级低与群众需求层次高之间的矛盾，阻碍农村市场经济的发展。

总体来看，目前试点区农产品供给结构层次较低，农产品品种和品质的结构性矛盾明显。据了解，龙凤镇主要农产品集中于粮食和蔬菜，一些特色的农产品少而规模小，没有形成规模经营，并且其附加值较低，难以帮助农民脱贫致富（图1）。

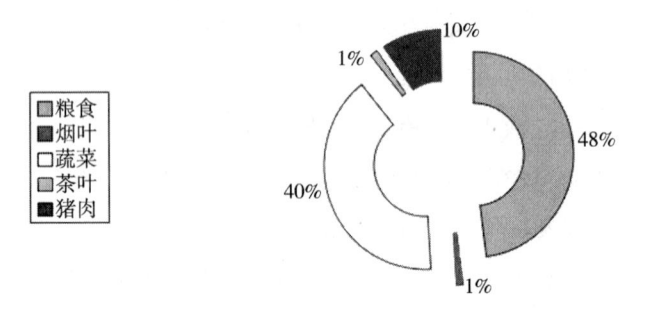

图 1　2012 年龙凤镇主要农产品比重

资料来源：笔者根据相关调研资料绘制。

---

① 走基层看试点——青堡这一年．[2013-11-22]．http://www.ienshi.gov.cn/zxdt/20131122/1623.html．

由于产业结构仍沿袭传统模式，农业发展受需求约束的特征突出，调整滞后缓慢，造成相当部分农产品不能适销对路，造成农民增产不增收。农业经营的分散性和小规模性，也使农户根本无力抵御市场竞争、需求变化带来的巨大风险。再加之农民组织化程度低、素质低以及封闭式经营，使农户直接进入市场的交易费用昂贵。龙凤镇在农产品的生产和加工上也普遍处于相对弱势地位，没有形成拳头产品，富有本地特色的有影响力的产品较少。尚没有形成一个大型的农产品的加工园（目前在建），农产品附加值挖掘力度不够，有待进一步提升。另外，农户普遍缺乏获得市场信息的有效渠道，缺乏对信息进行分析、过滤、判断、选择的能力，因此，农产品的生产、供给面临高风险的市场环境。

第二节 试点区产权制度改革创新

试点进行农村产权制度改革的根本原因在于现行的产权制度不健全、不完整，与市场经济发展要求不相适应。改革就是要通过明晰产权和建立相应的产权交易制度，让农民的资产变成资本，让资本带来利润。农村产权制度改革能实现两个效益，一是解决农村产权明晰问题，强化集体经济组织和个人对农村产权的自主权，特别是处置权；二是激活农村生产要素，赋予农村产权商品属性，促进其流动增值，赋予农民利用农村产权自主发展的能力，解决发展过程中的资金瓶颈问题。由此看来，试点的农村产权制度改革，确权是基础，多项产权制度改革是主攻方向，流转是重点，增值是最终要达到的目标。

一 明晰产权

改革的基本思路是"明晰所有权、放活经营权、落实处置权"，着力建立"归属清晰、权责明确、利益共享、流转规范"的现代农村产权制度，实现"地有其主、主有其权、权有其责"。其本质是还权赋能，即把农村产权，特别是农民的自主权、处置权还给农民，便于农民将其土地、房屋等生产要素转变为资产、资本，提高农民进行市场流通增值的能力。其中，农村产权明晰化主要是针对集体土地所有权、集体土地使用权、农户房屋产权、土地承包经营权和林权。同时，配套进行集体财产产权和农村公益设施所有权及使用权的产权明晰工作。根据调研所获相关资料，明晰产权的做法大致如下（图2）。

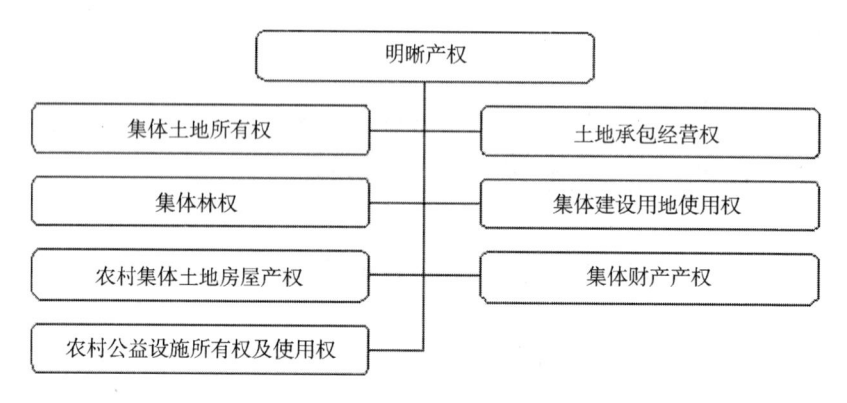

图2 龙凤镇明晰产权结构示意图

资料来源：笔者根据相关调研资料绘制。

1. 集体土地所有权。龙凤镇农村集体土地依法属于镇、村、村民小组集体所有的，按程序对农村集体土地所有权进行测量登记，经公示无异议后，核发所有权证书。分别由镇集体经济组织、村集体经济组织或村委会、村民小组代表集体行使所有权。

2. 土地承包经营权。在坚持集体土地所有权不变的前提下，按照地块、面积、合同、经营权证"四到户"的要求，对承包土地进行全面清查，及时补签合同，补发经营权证，确立农民集体土地承包经营权人的主体地位。

3. 集体林权。在坚持集体林地所有权不变的前提下，完善林权勘界、登记、公示工作，及时核发林权证。据调研了解到，全镇对农户承包的土地和林地发放了经营权证和林权证，除去个别存在纠纷和长期外出未归的农户未发放，总体发放率达95%。

4. 集体建设用地使用权。在坚持集体建设用地所有权不变的前提下，经实地勘界、登记、公示后，核发使用权证。相关权利人经有关机关批准后，在符合土地利用总体规划的前提下，可取得集体建设用地使用权。对农户的宅基地按照规定的标准进行严格审核确认后，发放宅基地使用权证。

5. 集体财产产权。龙凤镇在坚持集体财产归集体经济组织成员共同所有的前提下，全面清理核实农村集体经济组织的各类资产、负债和所有者权益，并经村民会议或村民代表会议确认、公示，镇人民政府签署意见后，报管理部门备案。

6. 农村集体土地房屋产权。通过建立城乡统一的房屋登记管理制度，对合法建设或依法取得的农村房屋统一登记在册，设立统一的房屋登记簿，核发农村集体土地房屋所有权证。

7. 农村公益设施所有权及使用权。按照"谁投资、谁所有、谁受益、谁负担"的原则，明晰农村公益设施的所有权，做好农村公益设施所有权、使用权的登记、确权工作。

二 六项产权制度改革

为加快试点区发展步伐，推进农业产业快速发展和扩大经营规模，提高土地林地的利用效率，持续增加农民收入，试点产权制度改革从六个方面展开，分别是土地承包经营权、林权、土地房屋产权及宅基地使用权、集体建设用地使用权、集体财产股份制和公益设施管理体制。

首先，土地承包经营权的制度改革作为农村产权的重要组成部分，试点坚持"稳定承包权、盘活经营权，公平、公正、公开和依法、自愿、有偿"的原则，推动农业产业化、规模化发展。通过引导农户采取转包、转让、互换、出租、股份合作等多种方式进行土地承包经营权流转，促进农业适度规模经营。鼓励农户将土地承包经营权委托村集体经济组织集中流转，农村集体所有而未利用的土地可通过招标、拍卖、公开协商等方式发包经营，或由农村集体经济组织成员实行股份合作经营。龙凤镇还就此提出了三种流转方式：租赁—业主直接经营型、租赁—农户承揽经营型、土地入股。

租赁—业主直接经营型。土地由村经联社从承包农户处反租回来，然后再统一租赁给业主，所有租赁的土地由业主统一进行经营管理，经营土地的用工原则上安排原承包农户的劳动力，按劳付酬，如果不能满足需要，可另招他人。

租赁—农户承揽经营型。土地由村经联社从承包农户处反租回来，然后再统一租赁给业主；有经营能力的农户再与业主单位签订承揽种植合同，由业主单位为各承揽种植农户按成本价统一提供种子（苗木）、肥料及农药，进行统一技术培训，统一管理措施和采收标准，按市场价或略高于市价标准对各承揽种植农户的产品进行统一收购。承揽种植农户可优先承揽本户原承包的土地，也可承揽业主单位租赁的其他农户的土地。承揽种植农户因种植农产品所获的各项政策补贴（如退耕还林补贴等）全部归各承揽种植农户。

土地入股。将承包农户的承包土地的承包经营权（含地面附着物）按认可的评估价转为股权，土地由村集体收回统一开发经营，承包农户以股权入股，按股分红，实行利益均沾，风险共担。①

在推进集体林权制度改革方面，试点按照《中共湖北省委、湖北省人民政府关于深化集体林权制度改革的试行意见》的安排部署，基本完成明晰产权、承包到户的主体改革任务，确权工作基本上达到95%左右。同时推进相关配套的改革，积极培育林业生产要素市场，并鼓励林地经营权、林木经营权和所有权等林业生产要素的合理流转。

其次，在农村集体土地房屋产权及宅基地使用权制度改革

---

① 恩施市农村经管局：《湖北省恩施市全国综合改革试点土地承包经营权流转试点方案》，2013年4月，第3页。

上，根据规定，依法建设的农民自建房屋、乡镇企业房屋、农民集中居住区房屋，经批准可自主上市流转，逐步实现城乡房屋同证同权。通过集中居住置换出的宅基地，视为村（组）集体建设用地。另外，农户自愿放弃的宅基地，相关部门会给予合理补偿和奖励。自愿放弃宅基地并进入城镇居住的农户，还可享受经济适用房政策。

在推进集体土地房屋产权和宅基地使用权制度改革的同时，试点也积极推进农村集体建设用地使用权制度的改革。在确保符合土地利用总体规划、城乡建设规划、产业布局规划以及所有权不变的前提下，报经市人民政府批准后，农村集体建设用地使用权可进入农村产权交易所等有形市场，通过出让、出租、转让、抵押和作价入股等方式进行流转。农村集体建设用地使用权流转的时候，其地上建筑物和其他附着物随之流转，并规定集体建设用地使用权发生流转后，必须按批准用途合理有效使用土地。

最后，推进农村集体财产股份制改革。以龙凤村、三河村、三龙坝村等经济发展较快、居住相对集中、城镇化进程较快的村为重点，以股份合作为主要形式，积极推进农村集体经济组织财产股份制改革，建立起产权明晰、责权明确、利益共享、监管有力的农村集体经济组织产权制度。对于那些暂不具备改制条件的村，按照"三资"[①]管理的要求，认真做好清产核资、产权登记和监管代理工作，管好用好集体"三资"。

此外，在开展农村公益设施管理体制改革方面，以明晰所有权为核心，推动农村公益设施的所有权、使用权以租赁、承包、拍卖、股份合作等多种方式进行流转。通过放开建设权、出让所有

[①] 农村集体"三资"是指农村集体的资金、资产、资源。农村集体"三资"属于村（组）集体经济组织全体成员集体所有，是发展农村经济和实现农民共同富裕的重要物质基础。加强农村集体资金、资产、资源管理，有利于稳定和完善农村基本经营制度，维护集体经济组织和农民群众的合法权益；有利于盘活农村集体存量资产，增加农民财产性收入。

权、转让使用权、搞活经营权、落实管理权、明确受益权，逐步建立起产权明晰化、投入多元化、服务社会化的农村公益设施建设管理体制。并积极探索建立多种形式的使用管理体制，使改革后农村公益设施产权所有人可继续享受国家的各种扶持政策。

三 产权流转市场体系建设

产权制度创新，必须与产权流转市场体系建设紧密联系。试点为深化地区农村产权制度改革，推动农村产权流转，进一步对农村产权交易管理体制和运行机制进行了调整和完善，基本搭建了一个交易品种齐全、组织架构清晰、管理制度规范、交易模式先进、技术信息联动、交易风险可控的农村产权流转交易平台，促进了农村产权流转市场体系的完善。

1. 积极培育市场主体。注重加强市场主体的政策扶持和引导，积极发展以农村产权为纽带的农民专业合作社等新型农村集体经济组织。通过全面的确权发证，充分保障农村集体经济组织和农民的资产所有权、使用权、经营权、处置权和收益权，使农村集体经济组织和广大农民真正成为农村产权流转的主体。坚持把搞活农村土地承包经营使用关系作为完善土地承包权能、优化土地资源配置的重要内容，着力建立健全土地流转促进机制，加快推动土地向种养大户、家庭农场、农民专业合作社等现代农业经营主体流转。同时也鼓励和支持各社会资本通过产权流转，从事农业开发，参与农村建设。

2. 设立恩施市农村产权交易中心，搭建流转平台。建立农村产权交易中心，探索符合产权制度改革实际的运行机制和管理办法，是进行农村产权流转市场体系建设的重点。"恩施市农村产权交易中心"的业务范围包括：农村土地（承包）经营权，农村集体经济组织"四荒地"使用权，农村集体经济组织养殖水面承包经营权，农村林地使用权、林权及林产品，农业类知识产权，农村集体经济组织股权，农村房屋所有权，农村闲置宅基地使用权，农业生产性设施使用权，农村集体建设用地使用权的承包、转让、租赁、抵押等流转交易，农村集体所有资金的投资，农村产权的融资担保咨询服务等。[①]

为推动相关业务的顺利开展，完善制度建设，恩施市政府还出台了《恩施市农村产权交易管理办法》，按照农村产权交易运行要求和业务发展需要，制定了相应的交易规则、工作流程等。同时，搭建信息网络平台，构建统一的恩施市农村产权交易的信息交流网络体系，探索成立镇农村产权交易所，开通农村产权交易电子板块，实现信息发布、业务管理、网络竞价交易等核心功能，并借助电视、广播及报刊等媒体扩大信息发布的覆盖范围，有力地指导全镇农村产权流转健康有序开展。[②]

3. 完善产权交易服务机制。在成立农村产权交易中心的同时，鼓励和支持农村产权中介服务机构的发展，逐步建立市、镇、村三级产权流转服务网络，提供资信评估、资质评审、流转信息、法律咨询、价格认证等相关服务，培育城乡一体、开放规范的农村产权流转市场。

农村产权交易中心将会在恩施市农村产权交易监督管理委员会的指导下，制定统一的交易规则、统一的鉴证程序、统一的服务标准，并进行统一的信息平台和诚信建设。同时，及时进行集体建设用地使用权、农村土地（承包）经营权、农村林地承包经营权、农村小型水利工程使用权、农村房屋产权、农业类知识产权以及农村集体经济组织股权的交易，负责交易信息的收集、发布及网站建设等。另外，在纠纷调处中，设立仲裁机构，形成市级仲裁、镇村调解、司法保障新机制，这些都有助于妥善解决农村产权流转过程中出现的各类问题。

四 产权流转制度机制建设

农村产权流转的有序开展，不仅得益于健康优良的产权流转市

[①] 农村"四荒地"是指属于农村集体经济组织所有的荒山、荒沟、荒丘和荒滩。其流转方式包括招标、拍卖和公开协商。

[②] 恩施市农村经济管理局：《恩施市龙凤镇综合扶贫改革试点农村产权交易中心实施方案、办法及各类产权交易规则》，2014年2月，第3页。

场体系，还有产权流转相关的制度机制的保障。通过健全产权流转制度体系、规范流转工作程序等，能够有效促进农村产权的合理有序快速流转，提升农村土地资源的活力。恩施龙凤镇在农村产权流转制度机制建设方面主要从以下三个方面展开。

第一，完善流转管理办法。通过制定完善土地承包经营权流转管理办法、集体林权流转管理办法、集体建设用地使用权流转管理办法、农村集体土地房屋产权流转管理办法、集体财产股权流转管理办法和农村公益设施所有权及使用权流转管理办法，建立起农村集体建设用地基准地价体系，为试点农村产权改革提供制度保障。

第二，规范工作程序。按照依法公开、自愿有偿、规范操作、有效监管的要求，认真做好确权、流转工作，做到确权不矛盾、流转不随意，合理确权，规范流转，确保国家、集体和个人合法权益不受侵犯，确保改革顺畅有序推进。

第三，创新体制机制。试点工作的开展，围绕耕地保护、农民利益补偿、集体建设用地使用权出让、农民集中居住区房屋产权管理以及农村公益设施建设、政策性农村土地流转担保等方面，积极创新体制机制，提高各类资源的市场化配置水平。同时积极创造条件，建立农村投融资公司，积极探索符合现代产权制度要求的融资机制。

第三节　试点区农村经营机制创新

在产权制度深入改革的同时，经营制度创新也有很大的进展。试点从自身实际出发，在培育新型农业经营主体、建立新型股份合作社和构建"公司＋基地＋合作社＋农户"的经营形式等方面都做了很多的创新工作。通过提高特色产业的规模化、产业化、集约化水平，解放和发展农村社会生产力，支持种植大户、家庭农场、农民合作社、龙头企业通过转包、出租、互换等方式达到规模经营。初步构建了以"家庭经营＋适度规模＋合作组织"为主的现代农业经营模式，初步实现了由分散经营向专业化、规模化、产业化经营的转变。

一 培育新型农业经营主体

党的十七届三中全会提出，有条件的农村地区可以发展专业大户、家庭农场、农民专业合作社等规模经营主体。党的十八大提出，建立新型农业经营体系，将传统农户与新型农业经营主体一起作为一个完整的经营体系。也就是说，新型农业经营主体同农户一起构成了新型农业经营体系，其作用和功能也由参与社会化服务扩展到农产品生产、加工、流通的全部领域。在试点农村经营机制创新中，培育新型农业经营主体的成效明显，主要表现在专业大户、家庭农庄、专业合作社以及集体统一经营等方面。

（一）专业大户

龙凤镇的专业大户主要是养殖大户、烟叶大户、茶叶大户等。专业大户很多都属于科技示范户或者种养能手或有一定经济实力的农户，能够有效进行规模经营，实现规模生产。例如，三河村养鸡大户张同明，每批鸡顺利出栏的话，月收入可达到4000元。像张同明这样的专业养殖户在三河村有60多家，每年出栏商品鸡6—7批，每批1500只至2000只不等，平均每户年纯收入达2万多元。这样的专业大户适应性强，近年来试点区广泛地发展起来，在今后一个时期内将是农业经营的重要主体。

（二）家庭农场

家庭农场是指以家庭成员为主要劳动力，从事农业规模化、集约化、商品化生产经营，并以农业收入为家庭主要收入来源的新型农业经营主体。家庭农场经营不仅与市场经济发展要求相适应，也与山区农地适度规模经营的要求相适应。

试点规划在杉木坝村建设"家庭农庄"示范基地，在基地内为农户提供"猪—沼—菜"生态循环经济发展模式，引导农户每户建一栋标准化"155"模式猪圈和一个沼气池，并用自家沼液、沼渣为有机肥种植3—5亩无公害蔬菜，形成生猪养殖产业化、蔬菜经营现代化模式。这种模式融进了新型生态观、循环经济观，追求立体化、规范化、产业化、现代化，能实现一举多得、生态环保，这正是有别于传统养殖种植的地方。

在基地内，龙头公司根据市场行情，为农户提供优质种猪、仔猪、饲料、兽药、蔬菜幼苗，实行无公害科学饲养、程序化免疫、无害化排放；建立政府、企业共同出资的"市场调节风险基金"，按"市场保护价"回收生猪、蔬菜，以保证农户利益。市场调节风险基金是龙凤镇"家庭农庄"建设的一大亮点，有了风险基金，农户才没有后顾之忧，从而甩开膀子发展。从基础设施建设、发展项目的选定到发展模式的确立，再到资金投入、组建公司，每一步都离不开相关职能部门的扶持。正因为如此，恩施市各职能部门积极参与"家庭农庄"的建设，结合部门职能积极落实帮扶项目和资金，把落实杉木坝水厂改扩建、100户"155"模式猪圈、100户沼气池、基本农田治理、提档升级新农村等项目及筹措帮扶项目资金近千万元的任务作为奋斗目标。有职能部门的积极参与、有龙头企业的带动、有项目资金的扶持，家庭农场才有可能更快、更多地涌现。

（三）专业合作社

专业合作社作为经营主体的特点是，合作社围绕主导产业或特色产业，上联加工销售企业，下联农户，以服务为手段，实行"五统一分"的办法，即统一规划、统一耕作、统一技术、统一种苗、统一销售、分户管理，扩大经营规模，降低生产成本，提高了农户抵御风险的能力。

案例一　双堰塘村九叶青花椒种植专业合作社

双堰塘村九叶青花椒合作社注册资金为152万元，其中农民占98%。已发展花椒种植农户1200户，发展农户种植面积3000余亩，合作社现有基地1000余亩，其中试验成功并已挂果的试验园102亩，正在开发种植的900余亩。合作社聘请高级农艺师为该社常年技术顾问。农户所种植的椒苗完全由合作社免费提供，并且全程免费为农户提供花椒栽培技术和椒园管理技术。合作社围绕"做给老百姓看，带领老百姓干"的宗旨，负责提供技术支持和市场导向，并全部保底回收老百姓所有的花椒。近年来，合作社组织花椒种植技术培训100余次，发放培训资料2000余份，参训农户达500余户。农户积极性高，基地发展基础良好。该合作社建有示范园102亩、优质种苗基地30余亩。从种苗供应、技术服务、田间管理到产品回收已初步形成体系，花椒产业化经营模式基本形成。2010年，该社被评为恩施州十佳示范合作社，2011年被恩施市质量技术监督局授予讲质量诚信单位。

案例二 三河村幸福工程禽业合作社

三河村幸福工程禽业专业合作社成立于2000年，现有办公场所800余平方米，养殖场所3.6余万平方米，社员265名，固定资金120万元，社员入股资金161万元，年销售收入千余万元，社员年均增收万元以上。合作社主要开展武陵山区的肉鸡、土鸡和林地放养鸡的养殖业务。产品销往州内8个县市及周边湖南的龙山，重庆的黔江、彭水、万州、巫山、奉节等地，形成了产销一体化，建立了稳定的营销网络。采用"五统一"的模式，即统一提供鸡苗、饲料、技术、资金，统一开展成鸡全年回收销售。合作社自创办以来，每年带动周边农民2000多户，直接为农民增收3000多万元。

社员采取自愿认购股金的办法，即每5000元为一股，按股分红。合作社统一提供技术服务，统一供应种苗、饲料、兽药和生产器械，集中采购，供应到户，在质量上有保证，价格上有优惠，服务上有措施，减少中间采购环节，更多地让惠于合作社员。合作社制定了《标准化养鸡操作规程》,签订了《养殖生产管理协议书》,统一产品销售。合作社成立了销售部和直销部,采用直接上门调鸡销售服务的方式,目前有200多个销售员为合作社服务,并建立健全15个批发点,98%以上产品由合作社统一销售。合作社还实行民主管理,每年度召开2次社员大会,最大限度地调动了社员积极性,解决了技术、生产多环节的难题。

二 建立新型股份合作社

集体统一经营就是将集体土地转变为资产形式折股到人,成立社区股份合作社,按照"分权不分产、发展不征地、营运不经营、分红不分利"的模式统一经营。比如,《湖北恩施全国综合扶贫改革试点产业结构调整规划》中关于茶叶发展规划是,以双堰塘、店子槽、龙马、柑子坪、猫子山、佐家坝、碾盘等村为主体,新建茶园20000亩(含茶园改造,下同),标准化管理茶园5000亩。其中在碾盘、佐家坝两村新建5000亩有机茶示范基地,在龙马、柑子坪、猫子山、双堰塘、店子槽等村新建生态茶园15000亩,主选品种为春波绿、浙农117、鄂茶10号等;重点扶持名优茶生产加工企业5家,建设50吨以上的生产线10条,主要集中在龙马集镇和农产品加工园区,这种发展方案就是集体作为经营主体进行产业经营(表1)。

表1　　　　龙凤镇茶叶产业基地分村规划　　　　(单位:亩)

村名	现有	管理	改扩建	合计	备注
碾盘	1250	600	3300	4550	其中新建3000亩有机茶园
双堰塘	250	0	1100	1350	
店子槽	200	200	1000	1200	
龙马	1300	700	4700	6000	
柑子坪	1200	600	3000	4200	
猫子山	4500	1500	1800	6300	

续表

村名	现有	管理	改扩建	合计	备注
佐家坝	3200	1100	5100	8300	其中新建2000亩有机茶园
吉心	200	200	0	200	
二坡	150	100	0	150	
合计	12250	5000	20000	32250	不含育苗基地面积

资料来源：龙凤镇综合扶贫改革试点工作领导小组办公室：《湖北省恩施市龙凤镇综合扶贫改革试点规划汇编》，2013年12月，第129页。

新型股份合作社的模式主要有以下几种：第一，股份制模式。该模式由村集体、农户、企业共同发起，村集体和农户以土地入股，企业则以资本、技术、设备入股，组建土地股份合作社。按照合作社章程选举产生理事会、监事会，统一组织生产经营。所有社员（股东）均为经营主体，享有参与经营权并获取经营利润分红。其运行机制表现为，由理事会决定"种什么、如何种"等重大经营决策，必要时召开社员（股东）大会商议决策。实行理事会领导下的经理负责制，由内部产生或者对外聘请专业技术人员、经营能手为总经理或生产经理，负责组织生产经营。入股的土地按照统一的生产技术规程和产品质量标准组织经营生产。生产管理上实行种子、肥料、农药统一购买，机耕、机防、机收统一进行。通过与农产品加工企业或者营销企业直接对接，实行订单销售。生产经营和财务分开，监事会对生产经营和财务支出情况进行监督。经营利润分配方案经股东大会讨论通过。其利益联结方式，实行土地收益保底，无论经营亏盈，社员（股东）每年都能获得基本的土地流转收入。经营利润在提取一定比例的公积金、公益金和发展资金后，按股分红，优先吸纳入股农民务工，使农民获得劳务收入。吉心村葡萄园合作社是典型例子。该社紧邻318国道和沪渝高速恩施东出口，是集旅游、休闲、观光于一体的特色产业示范园。葡萄园种植面积达800余亩，2017年进入丰产期，年经济收入将达到1600万元以上。村集体和村民以土地进行入股，合作社盈余分配分为两种方式：按劳分配和按资分配。社员按劳分配，主要是产品销售利润、社员按交易量进行返还。股东按资分配，主要是种子及生产资料销售利润，除去费用、提取公积金后，按出资比例分配。农民亩产值可达万元。

第二，多主体合作模式。一般由村组织、种养大户、经营能手发起创办。农户自愿将土地承包经营权租赁给合作社，并成为社员。制定合作社章程，选举产生理事会、监事会。所有合作社社员均为经营主体，均有权参与经营并获取经营利润分红。在运行机制上，合作社对租赁的土地实行统一的"机耕、播种、植保、收割、销售"，全程标准化生产。合作社与加工、流通企业直接对接，实行订单生产。合作社生产经营和财务收支情况公开，接受监事会监督。利益联结方式是：社员（农户）从合作社获得土地租金、合作社每年的经营利润提取一定比例对社员（农户）进行分红、社员（农户）自愿在合作社参加统一生产，获得务工收入。花枝山生态农业开发有限责任公司，位于恩施大峡谷黄鹤楼生态旅游走廊的入口处，是一家集茶叶及农副产品种植与加工、研发、销售以及旅游产品开发为一体的综合型企业。公司并在花枝山村成立了有机茶叶专业合作社，利益合作农户1000余户，形成利益联合体。公司规模逾1500万元，具备年产茶叶300吨、其中高端精品茶100吨加工能力，年可转移劳动力1000人以上。2012年，产值达到3500万元，较同期上升200%。农户除一次性与企业签订流转合同，流转期限50年，共获取流转资金20万元外，还可获得在合作社务工收入，月收入大概在2000—3000元之间。

第三，企业引领模式。该模式由龙头企业带头，农民自愿将土地租赁给农业产业化龙头企业，并与企业签订土地流转合同。企业对流转的土地进行连片整治，建设现代农业生产基地，发展规模经营。以合作社为纽带，以农户为二级经营主体，开展"订单"式农业生产。企业、合作社和农户均为经营主体，按一定方式参与经营并分享利润。企业对生产基地进行统一规划和投资建设，实行标准化、规模化、集约化、品牌化的现代农业经营。企业自己管理示范基地，同时拿出部分土地，由合作社按照企业的统一生产技术规程和产品质量标准，组织农户开展订单生产，或者对农户实行"反租倒包"。企业提供生产、技术等有关配套服务，产品由公司按协商价直接回购。农户通过流转土地经营权，获得土地租金的收入。合作社和农户从生产经营中获得收益。农户进入龙头企业基地或者为合作社打工，增加工资收入。针对耕地的破坏，合作社采取"社企合作"的方式，充分利用蔬菜、花卉等专业合作。

三 完善"公司+基地+合作社+农户"经营模式

当前，试点区已经逐步形成了"公司+基地+合作社+农户"的有效经营形式。以近年来已经成为试点区第一大支柱产业的烟草产业为例，其"公司+基地+合作社+农户"的经营模式已经比较成熟。

2013年，试点按照"一年打基础，三年见成效"的思路，已在青堡、二坡、吉心、大转拐村发展烤烟4000亩，计划至2015年，试点区发展烤烟1万亩，预期收购量2.5万担。

2013年，青堡种植烤烟1565亩，其中规模化连片种植970亩，收购量3260担。考虑到烤烟种植技术欠缺、烟田分布零散的实际，2013年4月，以州烟草公司为投资主体的青堡村"四位一体"烟叶综合服务中心正式破土动工，青堡烟业专业合作社得以建立健全。该服务中心可提供专业化育苗服务4000亩，专业化烘烤服务1600亩，实现专业化分级和散叶收购功能1.25万担以上。目前，青堡种植面积达到1600亩，种植主体20户，户均种植面积80亩。合作社坚持"种植在户、服务在社"，推行"一基一社（或多社）、综合服务、全程覆盖"的综合服务型合作社建设模式。合作社的建立吸收了一批外来种植户，召回了一批外出务工人员。合作社帮助烟农降低成本，提高收入。为进一步扩大烟叶种植规模，青堡烟叶合作社正组织土地流转工作，共涵盖青堡上中下坝的农田约 2000 亩，农户 318 户。

青堡现代烟草农业中心示范区，利用现代烟草产业发展中的土地整理水平高、合作化管理水平高和综合利用水平高的多种优势，探索出了一条符合山区特色的新路子。在建设烟叶中心示范区过程中，示范区内烟叶产业发展在生产组织上主要采取"公司＋基地＋烟农专业合作社＋种植农户主体（种烟专业户、家庭农场）"的模式；经营上主要采取"工商合作，大力发展订单农业"的方式；管理上则采取"GAP/142 质量管理体系"的模式；灾情救助上主要采取"成立抗灾救灾应急分队，建立健全应急预案"的方法。通过运行机制及管理模式的改进、完善和创新，加快现代烟草建设步伐，全面提升烟叶生产经营管理水平。

现代烟草农业发展的这种经营形式的创新实践，充分发挥了龙头（国有）企业的引导作用。由农业龙头企业或投资开发农业的工商企业等主导，通过土地流转的方式取得农村土地经营权，建设高标准的农产品生产基地，发展高效农业、设施农业，发展规模经营，或者通过签订购销服务合同，实行"企业订购、分户生产"的方式，实现生产标准化、规模化。烟草公司现已在青堡村投资 6000 多万元，整治烟田 4400 余亩、修建烟田机耕路 30 多千米、建成 500 立方烟水配套水池 1 个及多个标准化烟叶生产加工配套设施。同时，烟草公司还积极参与支持该村特色民居改造等新农村建设事业和试点区多项综合扶贫开发项目。

第四节　产权和经营机制创新完善的建议

完整的配套制度能为农村产权制度和经营机制改革全面保驾护航。因此，在进行农村产权制度和经营机制改革的同时，需要制定与实行一系列配套改革措施。试点在未来的农村产权与经营机制创新过程中，应强化职业教育培训、探索农村集体股份制改革、创新农村金融服务方式和进一步完善农业风险保障体系、社会化服务体系。

一　强化职业教育培训

经过土地流转得以实现适度规模经营之后，剩余劳动力就业问题是不得不认真考虑的民生问题。试点区近年来通过积极开展剩余劳动力转移职业培训和农业技能培训，支持和帮助更多的农民解决就业问题，得到了广大农户的好评。

首先，是基本技能培训。为解决剩余劳动力就业问题，龙凤镇主要开展了两类培训。一类是对农村移出的劳动力开展职业技能培训。根据市场需求，当前职业技能培训的重点是家政、餐饮、旅店、保健、建筑、制造等用工量大的行业的基本技能。同时龙凤镇也结合龙凤新区的产业设置，安排培训内容和相关培训课程。2013年8月，龙凤镇开展了妇女"致富加油站"培训活动。另一类是通过邀请家政、育婴、投资理财等方面的专家，对广大农村妇女进行文明礼仪知识培训、"农家乐"理念培训、投资理财知识培训、家政知识服务培训和育婴知识培训等一系列培训。同时，还邀请老师为培训学员教广场舞，极大地丰富了广大妇女的业余文化生活。这些培训活动旨在增强农村妇女创业就业能力，进一步提高就业技能，努力构建社会主义新农村。此外，龙凤镇还举办了各类创业知识培训等。

其次，是针对农民、专业大户、专业合作社的农业技术和管理培训。主要通过集中办班、咨询服务、印发资料和利用新闻媒体等手段，多形式、多途径地开展。如2013年，市农业局茶办、市农技推广中心的专家在龙马村保扎组农户家里进行茶叶种植技术培训，吸引了来自龙马片区的近300名村民参加。在培训中，专家对茶田的选址、选苗移栽、起垄、施肥、田间管理及现代农业的相关内容进行了系统讲解；龙凤试点龙马工作组也就试点工作进展情况、茶叶产业发展经济价值等内容和当地农民进行了交流。[①] 2014

[①] 专家龙马屋场会上进行茶叶技术培训.［2013-09-08］.http://www.ienshi.gov.cn/zxdt/20130908/1276.html.

年 2 月，恩施市龙凤镇还举行了农技培训进村活动，组织百余名村民现场学习养鸡、蔬菜种植等技术。这些培训活动对农民的生产发展和劳动力转移就业都起到了很大的推动作用，也促进了龙凤镇农村扶贫改革的稳步发展。

通过上述案例可知，在实现促进剩余劳动力充分就业的目标上，龙凤镇做了大量职业教育培训的工作，力图将基本就业服务直接推向农村，取得了很多有益的经验。在未来的扶贫综合改革中，龙凤镇的经验应坚持下去，继续推进和实施两类培训计划，并适时扩大培训人群和培训项目，如对老年人群体开展业余生活技能的培训等，可根据实际情况向更广泛的地区推广宣传。

二 探索集体经济股份制

在 21 世纪初，恩施为了减少行政成本采取各村合并的措施，这在提高行政效率的同时，使得村集体资产平调的矛盾越来越突出。加之长期以来农村出现集体产权虚置的缺陷，造成了集体资产流失、无法进行民主监督等一系列的问题。

首先，应通过资本注入、项目补助、农业佣金、产业担保、贷款贴息、以奖代补等形式探索农村集体经济股份制形式，支持新型股份合作社发展。引导农民以资金、技术、土地承包经营权、土地使用权、林地所有权、设施（设备）等多种要素作为股份入股，增加农民财产性收入和工资性收入。支持农村集体经济组织对农村集体资产进行量化折股，参与新型股份合作社。

其次，探索集体资产占有权量化折股和退出机制。在坚持土地集体所有和集体财产共同占有的前提下，按照合作制原则，借鉴股份制形式，将集体资产折股量化到人，通过重新确定农民对集体财产的个人占有权、利益分配权、民主决策权和民主管理权，将原村集体经济组织改造成为股份合作社。将集体资产以股份形式量化给农民，确认农民应享受集体资产收益的份额，使农民成为实实在在的股东。通过此项制度，承认并明确劳动者的个人财产权，实现在重建劳动者个人财产权基础上的集体占有，使"集体财产＝个人财产之和"的等式得以成立。同时有效解决目前并村并镇中出现的集体资产平调的矛盾。离村进镇进城的农民也可仍旧保留自己的那份集体财产剩余索取权，从而促进农村劳动力的转移。

开展集体经济股份制改革，要求因地制宜。一般应具备三个基本条件：一是拥有一定规模的经营性资产；二是有较高较稳定的经营性收入；三是多数干部群众有改革的愿望和要求。改革应根据各村的实际进行，不能搞"一刀切"。实行集体经济股份制改革，必须符合有关法律法规，尊重历史，照顾现实，实事求是。要妥善处理好各种利益关系，以开展农村集体经济股份制改革为契机，保障集体经济组织所有成员的合法权益，并形成有效解决农村"出嫁女""代耕农""回迁户"等特殊群体经济利益机制，维护社会稳定，促进经济发展。

目前，龙凤镇的农村集体经济股份制改革还不适宜全面推进，应选择集体经济总量较大、群众改革热情高的村组作为改革试点，为今后试点全面推进总结好的经验做法。股份制改革条件不成熟的村组则应该继续完善集体经济组织设置工作，为下一步开展股份制改革打好基础。

三 加强农村金融服务建设

(一) 农村金融服务严重不足

一是农村金融机构网点收缩。各大银行大规模缩减了农村网点，目前在试点范围内设有网点的只有农业银行、农村信用联社、邮政储蓄银行等。农村信用联社是农村金融市场的主要资源供给主体，其信贷资金供给的垄断地位较为突出。二是农村金融产品单一。当前针对农户的信贷品种主要为小额信用贷款、联保贷款和担保贷款三种，贷款额度较小。三是农村贷款期限短，利率高。农户贷款基本上按照市场利率定价，贷款利率普遍过高，因为农业的弱质性，这种相对较高的利率与农业的低收益性不相适应，不利于调动经营农户的积极性,在一定程度上抑制了农户对贷款的需求。

(二) 创新农村金融服务方式

金融制度对于农村经济发展十分重要,农村产权与经营机制的改革创新离不开农村金融服务的支持。党的十七届三中全会明确了现代农村金融制度的目标是"创新农村金融体制,放宽农村金融准入政策,加快建立商业性金融、合作性金融、政策性金融相结合的,资本充足、功能健全、服务完善、运行安全的农村金融体系"。

农业发展银行作为唯一的农业政策性银行,近年来在恩施的政策性定位逐年增强,业务逐年增长,业务范围逐步拓宽。在支持试点过程中,农业发展银行积极探索了"存贷一体化"支农、"贷投一体化"和"产基一体化"等支农新途径。

"存贷一体化"支农活动是指在重点加大信贷支农的同时,将涉及试点的各类财政性资金进行分类归总,特别是与其信贷支持范围相近的土地储备资金、农田水利资金、扶贫开发资金、各类产业基金等,将采取"先摸底存款、后搜集项目"的方式进行支持,使各类财政性支农资金通过农发行代理拨付,强化政策性金融与财政性资金合力支农。"贷投一体化"支农,则是将开办综合扶贫改革基金,对试点范围内符合条件的基础设施、产业化企业等进行投资。"产基一体化"支农活动,是在贷款项目的摸底选择、申报过程中重点储备基础设施项目,同时择优选择优质产业进行支持,基础设施类项目以政府主导的大型土地储备、水利建设等为主,产业化项目以企业领头的优质企业、优势产业为主,基础设施类项目见效快、改面貌、破瓶颈,产业化项目管长远、提品质、增实效。此外,在推动农村交通基础设施建设、支持农村特色产业发展、推进城镇化建设、水利设施、产业园区以及农村公共文化卫生设施建设等方面增加融资支持力度。[①]

[①] 农业发展银行对政策性金融支持恩施全国综合扶贫改革试点的思考. [2013 - 03 - 14]. http://www.ienshi.gov.cn/jztzcx/20130603/830.html.

试点可进一步加强农村金融服务创新，继续健全和完善农村金融政策，积极鼓励和引导农村信用社、商业银行发展适合农村特点和需要的各种金融服务。积极探索创新农村土地承包经营权、集体林权、集体建设用地使用权、集体财产股权和农村集体土地房屋产权的抵押、担保等金融服务方式，进一步拓宽农村融资渠道。同时，搭建平台，增加小额贷款规模，通过地方政府提供贷款担保或贷款贴息等方式，加强同金融机构的合作，为农业产业化企业、农村集体股份合作社和农民创业提供更多金融支持。

(三) 完善的农村金融体系

完善的农村金融体系应包括三个层面：一是政策性金融机构，重点支持农业、农村基础设施和农业生态环境建设，增加符合土地流转贷款特点的中长期贷款；商业型农业机构，以龙头企业为重点；农村合作金融机构，以农村中小客户为重点，发挥其农村金融主力军的作用。此外，应放宽新型农村金融机构的市场准入条件和业务管制，积极鼓励和引导符合条件的境内外金融资本、产业资本和民间资本在试点农村地区、特别是在金融机构空白乡镇投资设立村镇银行、农村资金互助社等，引导社会资金流向农村。二是探索建立农村土地承包经营权抵押贷款途径。在农村土地全面确权的情况下，拓宽贷款担保途径，开办以农村土地承包经营权为抵押贷款模式。由专业评估机构综合考虑承包经营土地年租金及剩余期限、流转价款、支付价款、地上附着物的预期收益等因素，确定农村流转土地承包经营权价值，金融机构按一定比例确认授信额度。三是创新农村金融产品。积极推广农村小额信用贷款、个人无抵押小额贷款、惠农卡等产品，满足农户日常生活消费和一般性生产所需；开发大额农贷产品，推广"农户贷款互助担保合作社""农户联保贷款""公司+农户"、"公司+基地+农户"等贷款模式，支持农民扩大再生产和发展特色种养殖；充分利用林权抵押贷款、土地流转抵押贷款、房产等不动产抵押贷款、农机具等动产抵押贷款、农业订单贷款等信贷产品，解决农业企业资金需求问题。

四　完善农业风险保障体系

农业保险是保护农业生产、保障农民利益、提高农产品竞争力的有效手段，但农业保险的高风险、高费用、高赔付和低保额、低收费、低保障的"三高三低"特性使得农业保险经营陷入恶性循环。而政府对涉农保险又没有实行补贴或政策优惠，保险公司对推广涉农保险积极性不够。开办农业保险业务的机构仅限于少数几家，涉及自然灾害和疫情的生产性保险仅有水稻保险、能繁母猪保险两个险种，保险还不能覆盖主要农作物。试点区一位种养大户曾对我们说："我宁愿多出保险金，希望农业生产的保险更充分一些。"

加强农业风险保障体系，一是可积极探索以市场为手段、政府适当补贴的保险机制。建立和完善以政策性保险为主的农业保险体系，把规模种植、养殖业等纳入强制性保险范畴，并对参加种养保险的农户予以一定的保险补贴；对商业性保险公司提供的农业保险业务予以政策优惠，通过商业性保险公司来开展保险业务，构建农业保险体系，降低农业生产的风险。同时，引导保险公司根据农业的特性和农户保险需求，加强农村保险产品的开发力度，为农业产前、产中、产后提供全套服务，提高农业抗灾和补偿能力。二是探索建立土地经营担保或保障金制度。引入农业担保机制，组建农村产权流转担保公司，为土地承包经营权流转双方提供担保，约束双方行为，有效防止土地流转和规模经营中可能出现的风险，保障双方权益。担保公司每年收取一定比例的担保手续费和担保保证金，这两部分费用由产权流转受让方支付。当流转受让方无力按时、足额支付流转费用时，由担保公司承担保证责任，支付土地租金；而一旦出现因流转方违约，流转受让方投资遭受损失时，担保公司也要根据担保标的承担相应的担保赔偿责任。

五 完善农业社会化服务体系

（一）创新农业服务机制

按照强化公益性、放活营利性、引导非营利性原则，加快完善农业技术推广服务体系。积极探索农技推广新模式，实行以国家农机推广为主导，农科教、产学研、科工贸相结合，培育多元化农技推广主体，提高为农服务水平。鼓励其他经济主体依法进入农业技术服务行业和领域，参与基层营利性推广服务实体的基础设施的投资、建设和运营；开发各类庄稼医院、畜禽医院等服务机构，加强农产品质量安全信息服务建设。

（二）大力发展农业专业合作组织

引导农民专业合作社依法健全各项内部管理制度，做大合作社规模，做强合作社实力。鼓励和引导农民在自愿、平等、互利基础上，组建多种形式的自我管理、自我服务、自我发展的专业合作经济组织，提高农民进入市场的组织化程度。

（三）完善农村现代商业服务体系

健全农资销售服务体系，鼓励农资流通企业开展配送、加工、采购、技术及农机具租赁等多样化服务，为农民提供产前、产中、产后一体化服务。建立有效的农资价格调控机制，保护广大农业生产者的利益。建立和健全农业生产资料市场监管机制，确保农民用上优质的各类农业生产资料。构建集约化、系统化、市场化程度较高的农产品营销平台。

第八章　土地综合利用机制创新

试点区龙凤镇多山地，少平地，而且外出青壮年劳动力多，撂荒土地也多。土地是基本的生产资料，用寸土寸金来形容试点土地的重要性应不为过。如何更好地利用有限的土地资源，进行规模、集约经营，促进产业发展；同时，在群众搬迁聚居中争取必要的建设用地，是试点必须解决的问题，也是试点工作顺利开展的前提。围绕综合扶贫改革工作，试点结合国家相关政策，努力创新土地综合利用机制，为试点的产城"双轮驱动"奠定了基础。本章分析试点区土地综合利用机制创新的背景、特点、模式，并就其存在的问题提出若干改进建议。

第一节　试点区土地综合利用机制创新的背景

土地综合利用指的是试点土地综合利用机制创新的背景可概括为国家大力推进土地综合利用、试点产业建设、社区建设的需要，以及农村土地零散化、大量耕地抛荒的现实三个方面。

一　国家推动土地综合利用

我国积极鼓励和推动土地整治利用是为了更好地保护耕地资源、集约节约用地和土地资源。同时也顺应了新农村建设、新型城镇化和城乡统筹发展的客观要求。

1999年实施的《土地管理法》就提出了"国家鼓励土地整

理"。此后,陆续出现了诸如土地开发整理、土地整理复垦开发、土地整理复垦、土地整治、土地综合整治、农村土地整治、土地开发整理复垦等多种概念。国土资源部于2008年、2011年先后发布了《国土资源部城乡建设用地增减挂钩试点管理办法》《国土资源部关于严格规范城乡建设用地增减挂钩试点工作的通知》。2010年12月27日,国务院发布的《国务院关于严格规范城乡建设用地增减挂钩试点切实做好农村土地整治工作的通知》,对切实做好农村土地整治作出了明确要求:以促进农业现代化和城乡统筹发展为导向,以增加高产稳产基本农田和改善农村生产生活条件为目标,以切实维护农民权益为出发点。2011年,国土资源部又印发了《高标准基本农田建设规范(试行)》的通知。2012年3月16日,国务院正式批准《全国土地整治规划(2011—2015年)》,明确提出建成旱涝保收的高标准基本农田,通过农田整治、宜耕后备土地开发和损毁土地复垦补充耕地,进一步夯实农业现代化基础;积极稳妥推进村庄土地整治,严格规范城乡建设用地增减挂钩试点,整治农村散乱、废弃、闲置和低效建设用地,优化城乡建设用地布局和结构;全面推进旧城镇、旧厂矿改造和城市土地二次开发,切实提高土地节约集约利用水平;全面推进生产建设新损毁土地全面复垦和自然灾害损毁土地及时复垦、历史遗留损毁土地,进一步保护和改善生态环境,保障土地可持续利用等。

在上述相关法规的指导下,湖北省先后出台了《省财政厅省国土资源厅省农业厅关于征求鼓励农民自发开展耕地整治工作暂行管理办法(征求意见稿)》、《湖北省国土资源厅关于严格规范城乡建设用地增减挂钩试点工作的意见》(鄂土资发〔2011〕71号),以指导全省的土地整治工作。试点土地综合利用创新是在国家、湖北省相关政策指导下展开的。

二 试点工作顺利开展的关键

一方面,试点区地处山区,坡地多,平地少,可耕地有限;另一方面，扶贫搬迁和社区建设又要求规模不小的建设用地，产业园建设也须有规模用地。如何有效缓解用地中的一系列矛盾？在全面贯彻国家、湖北省土地整治相关法律法规的前提下，试点区依托当地实际，结合试点工作实际，紧紧围绕促进产业发展、争取建设用地等目标，先后出台的政策文件有《龙凤镇综合扶贫改革试点城乡建设用地增减挂钩实施方案》《恩施市国土资源局关于创新机制开展龙凤镇土地整治"三种模式"探索的实施方案（讨论稿）》。这些文件为探索土地综合利用新机制奠定了基础。试点结合山区实际，针对山区耕地切割严重、耕地分散、土地石漠化等问题，摒弃了"人造平原"的做法，以实现机械化和适度规模化为目标，以田面坡度和田内障碍物为主要治理对象，将工程措施、农艺措施、生物措施相结合，着力进行土壤修复，基本上解决了山区土地整理中的各种难点。

三　解决土地大量抛荒的问题

自从我国农村实施家庭承包责任制以来，土地经营的零散化、集体规模经营观念淡化。由于小规模农业经营效益差，大量青壮年劳动力进城务工，耕地抛荒问题也越来越严重。政府通过搭建平台，塑造良好环境，让社会组织、市场机制发挥作用，通过流转将零碎土地、撂荒地整合起来进行集约规模经营势所必然。

第二节　试点区土地综合利用机制创新的内容

试点土地综合利用机制创新，主要指创新土地增减挂钩模式和创新土地整治项目实施机制。另外，我们认为，试点区由政府主导，在社会组织和市场主体有效推动下的土地规模化流转模式也属于土地综合利用机制创新的重要组成部分。

一　土地增减挂钩模式创新

从2014年4月2日恩施市发布的《龙凤镇综合扶贫改革试点

城乡建设用地增减挂钩实施方案》看，试点城乡建设用地增减挂钩的主要方式是，依据土地利用总体规划，将若干拟整理复垦为农用地、耕地的建设用地地块（即拆旧区）和若干拟用于建设的农用地（即建新区）等面积共同组成建新拆旧项目区（以下简称项目区），通过建新拆旧和土地整理复垦等措施，实行建设用地增减挂钩，最终实现增加耕地有效面积、提高耕地质量、节约集约利用建设用地、城乡用地布局更加合理的目标。该文件从指导思想、基本原则、实施内容与步骤、奖补范围与标准、资金管理、竣工验收和保障措施等方面进行规定。

目前，试点已计划实施总规模 12 平方千米建设用地，解决试点区建设用地规模不足的矛盾。在低丘缓坡综合开发利用方面，该市去年成功申报为低丘缓坡综合开发利用试点县市。根据已批准的规划，该市低丘缓坡地综合开发利用总规模 2006 公顷，已批准实施 500 公顷，其中有 269 公顷安排在龙凤镇境内，满足了部门工业企业的用地需求。在农村宅基地管理上，该市坚持"能集中修建的不分散、能依山建的不占耕地、能建民族特色的不建洋房"的原则，把握好规划、宣传、示范、引导、协调等环节。

二　创新土地整治项目实施机制

首先，试点按产业发展的要求，对镇村社区建设用地、产业发展片区实施统筹规划。以烟业的发展为例，2013 年，试点区龙凤镇就设定了基本烟田分村保护面积（图1）。

其次，《恩施市国土资源局关于创新机制开展龙凤镇土地整治"三种模式"探索的实施方案》明确提出土地整治项目实施的"三种模式"，即"农民自建、部门实施、政府统筹"。

"农民自建"是指农民自发组织、自愿投资投工投劳、自主开展的"小田改大田"耕地整治及配套农业基础设施建设，政府采取以奖代补、民办公助、给予适当财政奖补的方式实施的土地整治模式。目前，已计划在龙凤镇杉木坝、佐家坝、大转拐、柑子坪村

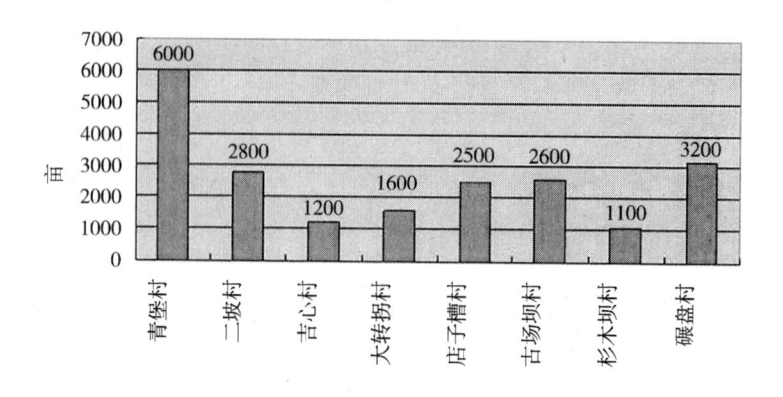

图 1　龙凤镇基本烟田保护面积分村表

资料来源：试点办：《龙凤镇基本烟田总体规划》，2013 年 10 月。

选择 4 个片区由农民自行建设实施 1000 亩土地整治项目。村民通过"一事一议"等方式，确定实施建设内容和落实项目资金。在国土所、财政所等部门对拟实施项目区域符合规划、工程布局、资金落实等核实的基础上，上报市国土资源局、财政局、农业局登记备案。项目实施中，按照申报工程内容和工程布局图进行耕地平整和配套设施建设。项目竣工后相关部门参进行审核验收，逐级上报审核结果，由省级国土、财政部门对农民自建土地整治奖补项目奖补资金进行审批，下达奖补资金。

"部门实施"是指国土资源部门使用新建建设用地土地有偿使用费，耕地开垦费和其他土地整治专项资金由各级国土资源部门自行按照选址立项、规划设计、财政评审、项目投标等方式来实施的土地整治模式。例如，2013 年已完成龙马中低产田改造项目，该项目属于国家农业综合开发土地治理类项目，总投资 1411 万元，治理面积 10850 亩，核心区治理面积 1200 亩。2014 年，国土部门在大转拐启动土地治理 1730 亩，项目总投资 542.4 万元；在吉心启动土地治理 1277 亩，项目总投资 334 万元；在青堡启动土地治理 3022 亩，项目总投资 712.9 万元；在碾盘启动土地治理 2874

亩，项目总投资964.6万元；在双堰塘启动土地治理4050亩，项目总投资409万元。前两个项目属于2012年高标准基本农田土地整治项目，后两个项目属于2013年高标准基本农田土地整治项目，目前四个项目均启动建设。

"政府统筹"是指政府探索财政资金统筹使用机制，整合统筹现有政策资源，提高资金使用效益，引导金融和社会资本加大投入，由政府聚合部门资金，统一规划、分头申报、统一招标、统一监管、统一实施、统一验收的土地整治模式。例如，2012年，烟草部门在大转拐、吉心开展基本烟田整理，整理土地3000亩；2013年，烟草部门在青堡、渝家河开展基本烟田整理，整理土地2700亩。其中青堡2400亩，渝家河水库附近300亩。目前，以龙凤镇龙马、柑子坪、佐家坝村为区域，以龙马村保扎为重点，市国土局已申报立项1万亩土地整治项目，争取项目资金2500万元。

三 创新土地规模经营机制

推进农村土地流转，是调整农业产业结构、提高农业规模效应、促进农业产业发展的必然选择。对此，2013年中央"一号文件"也明确提出："引导农村土地承包经营权有序流转，鼓励和支持承包土地向专业大户、家庭农场、农民合作社流转，发展多种形式的适度规模经营。"龙凤镇农村土地承包经营权流转的基本方式是承包方依法取得的农村土地承包经营权可以采取转包、出租、入股、互换、转让、委托代耕或者其他符合有关法律和国家政策规定的方式流转。

试点在土地规模化流转经营的做法上可以概括为"四个原则"，即民主议事原则、依法原则、有偿原则、规模经营原则。根据试点区产业规划项目的需要，流转规模50亩以上的，以村为单位，召开村民大会或村民代表大会就土地承包经营权是否流转以及流转的对象、方式和期限进行讨论并作出决议，凡参会人员2/3以上同意的，该村范围内的农户都必须执行该决议。土地流转收益的项目、标准、方式以及相关事宜由承包方与受让方协商约定，但每年每亩的流转收益不得低于500元，流转时间较长的，流转收益按5%每年递增。任何组织和个人不得侵占、截留、扣缴流转当事人应得的收益。鼓励农户将承包的土地流转给规模经营（流转面积50亩以上）的投资主体，财政给流转农户每年每亩20元的补贴。投资主体在试点区流转土地1000亩以上的，财政给投资主体每亩每年10元的补贴。①

试点土地规模化流转的创新之处在于土地股份合作模式。它的特点是按照"群众自愿、土地入股、集约经营、收益分红、利益保障"的原则，引导农户以土地经营权入股，建立土地股份合作社，入股土地，可以由合作社统一经营，也可以采取租赁、招标和合作经营等方式，吸引各类市场主体投资经营农村土地，发展农业规模经营。同时，成立恩施市农村产权交易中心，进行集体建设用地使用权、农村土地（承包）经营权、农村林地承包经营权、农村小型水利工程使用权、农村房屋产权、农业类知识产权、农村集体经济组织股权的交易，负责交易信息的收集、发布及网站建设等，进一步调整和完善农村产权交易管理体制和运行机制，达到农村资产资本化、农村资源市场化、农民增收多元化的目标，着力推进城乡统筹发展，加快推动城乡经济社会发展一体化。

在推动土地流转上，试点坚持保障土地承包经营权和搞活土地经营使用权两者并举。一方面，坚持把保障农民土地承包经营权作为一项基础性工作，创新开展了农村土地二轮承包完善工作，全面建立健全农村土地承包经营权登记制度，确保地块、面积、合同、权证"四到户、四相符"，全面落实农民家庭土地承包经营权，为承包关系保持稳定并长久不变打下扎实基础，为搞活农村土地承包经营使用关系做好充分准备。目前龙凤镇承家庭包合同签订率和权

---

① 恩施市农村经管局：《湖北恩施全国综合扶贫改革试点区农村土地承包经营权流转管理办法》，2013年5月，第3页。

证发放率已达95%以上。另一方面，龙凤镇还坚持把搞活农村土地承包经营使用关系作为完善土地承包权能、优化土地资源配置的重要内容，着力建立健全土地流转促进机制，加快推动土地向种养大户、家庭农场、农民专业合作社等现代农业经营主体流转。这主要表现在四个方面：一是创设土地流转市场，组建平台统一、操作规范的土地流转服务组织。通过开放农村集体建设用地市场，鼓励社会中介组织介入，大力开展农村集体建设用地储备和交易活动。龙凤镇每年农村外出务工1万余人，很多土地闲置或亲友经营，在这些区域建立土地托管机构，负责土地经营，既可以减少农民因对政策不熟或无暇看管造成的闲置或利用率不高现象，又可以提高规模经营水平。二是创新土地流转方式。允许农村土地承包经营权作价出资组建农民专业合作社，推进以土地股份形式的流转。在倡导转包、租赁、转让、互换、股份合作和委托流转的基础上，积极发展季节性流转。三是积极探索土地承包经营使用权抵押机制。创新探索流转后土地承包经营权颁证工作和抵押贷款试点，促进解决其生产资金临时性紧缺问题。四是创新探索建立土地流转风险保障金制度。指导有条件的县建立风险保障金制度，着力降低因流入方经营不善或自然灾害导致流出农民拿不到租金的风险。

在土地流转的实践中，试点加大宣传力度，营造土地流转的良好氛围，让社会各界明白土地流转并不是剥夺农民对土地的经营权。凡是国家对与土地有关的任何优惠政策，仍由农民享受，消除农民对土地流转的后顾之忧。同时，严格规范土地流转行为，加强对农村土地流转的管理。针对目前土地流转操作程序不够规范的情况，建立健全管理制度以及管理机构，完善土地流转纠纷信访制度，妥善解决了土地流转纠纷。试点还根据自身实际建立相应的土地补偿制度，鼓励龙头企业大规模地承包租赁土地从事农业开发，增加对土地的投入，因地制宜对土地进行分等级管理。凡集中成片流转土地从事农产品开发经营的，政府部门给予优先安排农业项目，适当减免税费、优先享受优惠政策。

目前，试点土地流转主要呈现出以下特点。首先，以土地租赁、流转为主，让转互换、入股形式为辅，规模逐年扩大。试点区土地综合利用逐渐由分散性、小宗地、亲临间流转向整体性、大宗地、区域间流转转变，由最初农户间的转包转让向租赁大户、成片租赁转让发展，由最初的撂荒耕地扩大向林地、"四荒地"等全方位流转，土地综合利用规模由开始的一村一组发展为突破行政区域的转变。以试点区的几个行政村为例，村内土地租赁比例逐年上升，青堡村土地流转比例竟然高达80%（表1）。

表1 恩施试点地区土地租赁流转情况

	总土地面积（亩）	类型（亩） 流转	类型（亩） 租赁	租金（元）	租赁年限
青堡村	2000	1600		350	5
龙马村	2000	600		350	5
吉心村	1700		600	350	10
二坡村	3380		1000	350	10

资料来源：笔者根据相关资料制作。

其次，充分发挥村集体的媒介作用，充分发挥村集体与农户对接、获取市场信息便利等方面的优势，既有效降低了交易成本，又推动了农业生产经营方式创新，收到了良好效果。从调研情况来看，主要有以下几个特点：一是土地租赁、流转多以自发为主，其中以农户将土地交给村集体，再由村集体代表农户直接与企业签订租赁流转合同最为普遍。以青堡村为例，这种类型的流转占整个土地租赁的75%。二是村集体成立专门土地流转租赁管理机构。以二坡村、吉心村为例，村委会专门成立村经济联合社，由村主任担任社长，负责与农户、企业签约，同时该类型经济组织还聘请专业人员制定农民土地流转规范合同，大多规定流转期限在5年至15年之间，流转价格每亩在300元至500元之间，少数也有每亩600元至800元的。并约定每年租金随着物价上浮比例也自动增加。这样，既有效保证了农民的利益，又提高了企业改造农地、完善基础设施的积极性，取得了良好效果。

再次，政府推动、村集体主导。从调查情况来看，一是本地区土地流转一般先在集体经济组织内部达成共识，然后统一与外单位签订合同，这样不仅程序规范，而且效率较高、效果显著。二是经济较为发达、农户商品意识比较强的村组，土地流转行为相对活跃，临近交通干道、集镇和城郊的村组土地流转率相对较高，土地流转主体也打破过去承租者对农户的单一模式。现在已有越来越多的龙头企业、个体工商户、农民专业合作社、返乡农民工、农机化服务组织积极参与土地综合利用，"能人大户领办型"、"科技人员主导型"、"股份合作型"、"公司企业孪生型"、"基层组织牵头型"等已经成为试点土地综合利用可推行的发展模式。

最后，成效明显。一是促进了农业生产要素的合理流动。通过土地经营权流转，土地向种田能手和经营大户集中，向优势板块基地和农业企业集中，促进了土地、资源、劳力等生产要素的合理流动和优化组合，实现了土地资源的充分利用。通过全程机械化操作，大力推广优良品种、季节换耕和土壤改良技术的应用，土地的利用率和产出率得到提高。同时，遏制了土地弃耕撂荒，使过去一些弃耕撂荒土地得到了利用。农村一些分散、闲置的丘岗、山林资源得到合理有效利用。二是带动了一批龙头企业的发展。通过土地综合利用，吸引本地和外地企业主投资农业，使土地资源和资本有效结合，带动了一批农业产业化龙头企业。国家烟草总局在青堡设立的烟农综合服务专业合作社，正是通过土地流转、发展规模经营壮大起来的。三是促进了农民专业合作社的大发展。一大批农民专业合作社伴随着土地流转而发展，提高了农民组织化程度，促进了农村经济发展。例如，吉心村葡萄园合作社、恩施龙凤花枝茶专业合作社等。四是进一步调整优化了农村产业结构。试点结合产业发展规划，积极引导土地流转和规模经营向主导优势产业和重点区域集中，促进了优质粮、畜禽、食用菌、干鲜果、蔬菜等板块基地建设，农村产业结构进一步优化。五是加速了农村劳动力转移。通过土地综合利用，让农户能够在获得一定租金收入的同时摆脱土地束缚，从事非农产业，获得更多收入。而土地转入户可以实现规模经营，形成转让户和承租户"双赢"的格局。

第三节 试点区土地综合利用机制创新的挑战

试点区土地综合利用机制创新要取得突破，仍存在不少困难和挑战。

一 土地增减挂钩难度大

在上述土地综合利用创新三部分内容中，较为不成熟的就是土地增减挂钩部分。原因很简单，土地整治项目实施已有相关经验，而且是直接给广大群众带来实惠的，政府相关部门比较好推动。土地集约规模化，实际上是由市场"看不见的手"在推动。土地增减挂钩，不仅是新工作，而且涉及农户的利益最多、最大。从实际情况看，第一，试点土地增减挂钩具体细则还没有出来。目前，移民搬迁搬入地虽已规划，并已有多处破土动工，但最终具体谁搬进来、搬入者工作怎么办，原来的宅基地、农用地怎么处理都还没有最终落实。第二，多数农户，有的哪怕住的是孤零零一座房子，故土难离，还是不愿意从原来的居住地搬出。他们对搬入地的居住条件有顾虑，比如，够不够宽敞啊、风水如何啊等等不一而足，还是观望等待。第三，搬迁者从政府拿到的补偿费大多不足以建新房，通过计算，不少住户认为补偿太少，得不偿失，所以拒绝搬迁。群众搬不出，社区建设用地又已设计建设，这是一个极大的矛盾。原有的宅基地退不出来，增减挂钩就会成为空话。如何在动员宣传上加大工作力度，如何细化相关规则，并让群众得到更多实惠，这些都是下一步试点要关注和加强的。

二 农户关于土地流转的顾虑多

土地是农民最基本的生产资料，也是农民安身立命的最根本保障。土地对农民而言兼具就业和社会保障两大功能。对于农村土地流转，农民有三重顾虑。一是害怕失去土地承包经营权。农村土地流转是一个多方博弈的过程，参加博弈的主体往往有多方，即政府相关部门、以村委会为代表的基层政权组织、农业企业或者种养大户、流转土地的农民。从所拥有的政治和经济资源的角度来看，农民绝对是弱势群体。二轮延包土地流转或"被流转后"失去土地承包权的教训让农民心有余悸。二是害怕失去生活来源。在流转前，如果农民不外出打工，每户几亩地是够维持基本生活的。如果精耕细作，收益也明显高于租金。但在土地流转或租赁后，农民被长期固化在低租金收入上，仅靠流转费难以糊口，与失地农民没有多大区别。三是农业效益的提高及生产的社会化，使农民不愿意流转土地。近年来，中央出台了一系列强农惠农政策，免除农业税，实行种粮补贴、农机具购置补贴、良种补贴等。农民种田不仅不用交钱，按照耕地面积还能得到国家补贴。同时，随着现代农业及生产社会化的发展，以家庭为单位的自给自足性农业生产正在转变为分工细密、协作广泛、开发型的社会化生产，农业生产从种植到收获的过程正日益变得简单、便捷和高效。因此，相比于每亩350元的租金收入，农民觉得价格太低，因此，流转意愿不高，即使流转了，也想尽快解除合同。对于增减挂钩中的大面积退出土地的要求，农户也有类似的担忧。对于土地整治项目，农户的顾虑在于，整治后自己能否拿回合理的部分。

三 地方政府责任风险较大

一是利益纠纷调处风险。土地综合利用机制创新大多是政府积极推动的，因此，无论农民还是投资者，出现问题就找政府。涉及增减挂钩的土地问题，相关部门要能保证农户"搬得出"、"住得下"，否则会出现许多麻烦。在一些流转价格相对较低的地方，政府协调农民提高价格或者要回土地等要求的压力大，而且未来的社会保障和民生预期压力更大。二是经营失败的政府"兜底"风险。在目前地方政府介入较多的情况下，一旦经营失误，投资者可以走人，但遗留问题都将留给政府，政府被动地要对土地的恢复和农民生计等问题"兜底"。三是社会管理责任风险。土地流转如果不能做到"安民""富民"，而是在农村利益关系上引发新的矛盾，政府是有责任的。同时，在经济利益多元化、特别是各种利益主体强弱不均的情况下，如何完善农村基层政权和社会管理体制，保证基层民主与社会和谐，也是摆在各级政府面前的重大问题。

四　制度性障碍多

（一）土地权属不明晰、机制不健全

目前，试点区的土地确权工作才处于起步阶段，甚至一些地区尚未开展此项工作，导致农民无法进行土地抵押，在实际的土地产权运营中，土地的所有权、承包经营权和使用权的界定和归属并不明确和清晰。同时，由于我国目前尚未出台专门的关于农村土地流转的法律法规，造成在现实的土地流转中，农民的交易主体权利常常被剥夺。农民土地承包经营权要流转，往往由村委会作主。农村土地流转过程如何规范、流转后土地用途如何监督、农民的权益如何保障，都缺乏相应的法律约束。

（二）流转市场、社会化服务体系滞后

农村土地流转、租赁还没有形成完整的市场体系，尤其是缺乏连接流转双方的中介服务组织，造成农村土地流转市场信息不完整、不对称、信息辐射面小，信息传播渠道不畅。同时，多数地方还没有建立完整的农村土地流转服务机构，即使建立了土地流转服务中心，作用也没有完全发挥。目前试点仅龙凤镇建立了农村资产交易服务中心，专门进行土地产权交易，但额度也仅仅控制在3万元以内，未能充分发挥其作用。最后，土地纠纷调处体系不完善，一旦发生纠纷，村组难调解，仲裁机构无力裁决，法院不受理，影响农村社会稳定。土地流转档案管理中还存在土地四至不清、台账登记和变更滞后等问题。

（三）土地经营自由度不够

十七届三中全会《决定》明确提出，农村土地承包权流转不得改变农村土地的集体所有性质，不得改变农村土地用途。由于种粮比较效益偏低，降低了承包经营主体的种粮积极性，出于对利润最大化的追求，很多承包经营主体将会改变土地传统的种粮用途，土地流转项目一般都与农业产业结构调整结合起来，发展高效农业、设施农业，从事蔬菜、水果、水产和畜禽等经济作物的种植和养殖。根据恩施市经管部门的统计，由于地形和经济发展的限制，恩施流转的土地开展种粮的土地面积不到5%。一些农业企业将土地流转、租赁后，建设观光休闲农业、现代农业园等，扩大"附属生产用房"的规模。新型主体出于发展壮大的需求，需要建设相应的管理设施用地、设备存放用地等，但由于农田保护相关法律的限制，往往得不到审批。

第四节 完善试点区土地综合利用机制的建议

试点应遵循综合扶贫改革的总体思路，按照城乡统筹发展的要求，进一步完善土地综合利用创新机制，提高规划工作的质量和水平，完善规划细则，确保农户的权益。

一 完善农户利益保护机制

（一）全面确权，明确农民的产权主体地位

产权不明晰是制约农民权益维护的重要原因。要进一步对农户承包土地、农村集体土地、宅基地、林地、农房等进行全面确权，明晰具有法律保障的、可流转、可抵押、可入股、可获益的财产权益，从制度上最大限度地保护农民利益，使任何外部力量都难以对

其随意处置。同时，确权不能简单地在二轮延包确权面积的基础上采用系数法预算，而是要重新精细丈量，严格以实测面积为基础确权，并颁发承包经营权证，以此作为农民承包经营权流转的唯一合法凭证。

（二）创新基层民主管理机制，培养农民法律维权意识

要进一步完善议事充分民主、少数服从多数、集体表决决定的村民自治制度。从制度上确保农民在流转中的主体地位，实现农民和集体土地流转不流转、向谁流转、以什么方式和价格流转，完全由农民自主决定；土地增减挂钩和流转中的各类矛盾的解决，要与农户充分协商，不能搞行政命令。同时，在推进土地综合利用过程中，要注重加大宣传、普法力度，通过墙报、"群众路线教育活动"等方式加大对相关政策的宣传，增强农户的法制观念，达到能够自觉规范和约束自身行为，熟练运用法律手段抵制各种不公平、不合理、不合法的侵权行为，维护农民合法权益。

二 进一步推进土地规模流转

实施土地流转，开展规模化、集约化、现代化的农业经营模式，促进农村土地要素利用由低效低值向高效高值转化是推动试点农村发展和推进土地综合利用的重要途径之一——抓手。在前期的综合改革中，土地规模化流转方面已取得了很大的成效。但总体来看，土地流转和规模化经营的空间还很大。在未来的产权与经营机制改革中，要从农用地规模流转和搬迁中的宅基地替换两方面继续加快土地流转。①

农用地流转是为了推进农业生产规模化经营，实现农村土地生产力和农民劳动力的"双解放"。目前，全区仅有1300户农户，共3767亩耕地签订了流转合同，变更了土地经营权证。登记流转耕地数量占该镇耕地总量的6.77%，低于全国26%的平均水平。

---

① 这里主要讨论农用地流转问题，搬迁中的宅基地替换问题留待第五章论述。

据分析，当前农用地流转工作存在两方面制约因素，一是镇、村、组等单位没有充分参与和协调，仅凭市场机制引导，难以实现大规模流转。二是农用地流转的主导思想和模式还不明确，亟待寻求既能提高农民流转积极性又避免农村收入两极分化的有效途径。对此，我们认为应该从以下几方面加以推进。

政府作为与市场推动相结合，"有形之手"与"无形之手"一起发挥作用。试点区各级政府在农用地流转工作中应发挥好自身的作用。在土地承包经营权流转价格方面，要由市场决定；在前期协调、组织及后期跟进中，政府要提供服务。最终实现既能合理利用政府掌控的公共资源，又能充分发挥市场的资源配置作用。另外，基层政府应大力宣传土地流转的政策法规，给广大农民释疑解惑；做好土地确权定界等基础工作，为土地流转扫除前期障碍；协调流转后的收益分配，保障农民权益不受损害。因地制宜、先易后难，采取多种流转模式。在经济稍好的村庄，可实行土地承包经营权股份制改革。将土地承包经营权置换成以村组为单位组建的土地股份合作社股权，由合作社按照规模经营要求，统一经营土地，每年按股分利或分红。据了解，目前在我国江浙地区，该模式已得到很好的运行。在经济欠发达且土地零散化严重的村庄，可在土地分等定级的基础上，先实行家庭承包地连片承包经营，随着流转工作的推进，再实行村组连片经营。这样有利于现代科技在农业种、收、管等方面的运用，又不违背农民的意愿，起到过渡缓冲的作用。在地广人稀且土地耕种条件较为落后的乡村，可大规模地开展土地整治，提高农田基础配套设施，提高机械化种植水平。在高山或者不具备耕种条件的乡村，应开展大规模退耕还林工作。以自愿、自由为前提，建立农用地流转的合理退出机制。农用地流转后，是否能根据农民的意愿自由退出，是流转工作面临的一个重要问题。如果土地产出与流转后收入不佳，农民很可能想中断流转，而转为自己经营。这种情况下，若不能自由退出，就会衍生出一系列社会问题。如果允许农民不受合同约束而自由退出，又会损害土地流转后承包方的权益。因此，龙凤镇应构建合理的农用地流转退出机制，实现农户、承包方、地方政府共赢的局面，这也是流转工作必须谋划的重要内容。

此外，还应做好农用地流转的配套政策及服务体系建设，助推农业现代化。配套政策既来源于对流转工作的实践，又是对流转工作的规范指导，可以说两者是相辅相成的。随着农用地流转工作的大规模开展，农业科技化、标准化、产业化、市场化的深入发展，相应的服务体系也会应运而生。依靠合作社和私营涉农工商企业开展服务体系建设，发挥各级政府对服务体系的监督协调，保证各种法规、标准及规则的执行，应该是未来农用地流转工作中后期的一个工作方向。

三 建立农村劳动力向非农领域稳定转移机制

加强农村劳动力培训，提高农民非农就业技能，拓宽就业门路；大力发展投资少、见效快、就业容量大的第二、三产业项目，以产业项目带动农民向非农产业和小城镇转移；建立城乡统一的劳动力市场，把劳动力市场和土地市场结合起来，以劳动力的有序转移促进土地承包经营权的合理流转；统一户籍管理，使农民进城不以放弃农村宅基地使用权、土地承包经营权等原有权益为代价，农民的各项权益不因居住地、职业的改变而受到损失，让农民进城不失利、不失业、不失权，促进农村规模经营的发展和农村人口向城镇的有序转移。

总之，试点要强化规划管理，并通过建新拆旧和土地复垦等措施，实行建设用地增减挂钩。同时应积极加强土地整理，健全严格规范的农用地管理制度，确保耕地数量不减、质量不降。通过这些措施最终实现增加耕地有效面积，提高耕地质量，节约集约利用建设用地，达到试点城乡用地布局更加合理的目标。

第五章 公共服务均等化机制创新

处于转型期的中国中西部地区的农村，公共服务体系的建设远远滞后于东部地区。如何共享改革红利，实现公共服务的均等化，成为落后地区领导者不断探索的目标。作为综合扶贫改革试点的龙凤镇，虽然在公共服务的均等化建设方面存在诸多问题，但改革伊始，即以产业化助推，结合多主体服务建设公共服务体系，在公共服务均等化机制创新方面进行了有益探索。本部分在分析试点区公共服务均等化现状的基础上，对试点服务均等化机制创新经验予以总结和归纳，并就试点公共服务均等化机制创新的完善提出合理化建议。

第一节 公共服务均等化的内涵

一 公共服务

"公共服务"在西方发达国家早已有之，但在我国，这一概念近些年才在学术界引起广泛讨论。1998年3月6日，九届人大一次会议提出《关于国务院机构改革方案的说明》的报告，其中包含"要把政府职能切实转变到宏观调控、社会管理和公共服务方面来"。这是我国首次在政府报告中提出"公共服务"这一理念，并将之作为政府职能转变的目标。之后的各界政府，也沿用了这一概念，并着手全面建立与我国国情相适应的公共服务体系。

我国目前对于公共服务的研究还处于基础研究阶段，关于公共服务的概念界定依旧存在争议。目前学界主要有三种观点，第一种观点认为公共服务就是公共产品或者公共物品，是具有效用的不可分割性、消费的非竞争性和受益的非排他性三个特点的商品和劳务。第二种观点认为公共服务应从动态和静态两个方面来理解。公共服务不仅包括静态的公共产品，而且还包括动态的如何运用公共财政的杠杆实现公共产品的有效供给，纠正市场失灵，合理配置市场资源。在关注配置效率的同时也在关注对于公共服务提供主体的界定，规范公共服务的提供过程。① 第三种观点认为公共服务就是一个公共团体所从事的，目的在于满足普遍利益需要的各项活动。② 上述三种概念界定，每种都具有合理性，但是在研究我国城乡公共服务均等化这一概念时，我们更偏向于第三种观点。

在之前关于公共服务的定义中，公共服务的目的被认为是满足普遍利益需要的各项活动，而依照满足社会公众的需要的水平，可以将公共服务分为基本公共服务和非基本公共服务。如表1所示，基本公共服务与民生密切相关，为政府在满足居民最基本的权利，而非基本公共服务则对应着公民的多样化需求。

表1　　　　　　　　　　公共服务分类

基本公共服务		政府在一定社会条件下，依照法律法规，为保障社会全体成员基本社会权利、基础性的社会福利水平，必须向全体居民均等地提供的社会公共服务
非基本公共服务	准基本公共服务	为保障社会整体福利水平所必需的，同时又可以引入市场机制提供或运营的，但由于政府定价等原因而没有营利空间或营利空间较小，需政府采取多种措施给予支持的社会公共服务
	经营性社会公共服务	完全可以通过市场配置资源，满足居民多样化需求的社会公共服务

资料来源：项继权、袁方成：《我国基本公共服务均等化的财政投入与需

---

① 刘星：《服务型政府：理论反思与制度创新》，中国政法大学出版社2006年版。
② 陈云良：《服务型政府的公共服务义务》，《人民论坛》2010年第29期，第10页。

求分析》，《公共行政评论》2008年第3期。

公共服务均等化是平等理念在公共服务领域的具体体现，[①] 当然，均等化并不意味着绝对的平等，只是大体上平等。对于平等，人们并没有形成统一的认识，不同的人从不同的视角，对于平等的理解大相径庭。而这也直接导致了对于均等化这一概念的意见分歧。如表2列举出了当前国内外的一些平等理论，同时分析了他们对于公共服务均等化实施路径的影响。目前，国内学界关于均等化的讨论，多集中在结果平等的理论视角。对于均等化的含义，安体富认为均等化包含均衡、相等的意思，即通过调节、平衡，最后达到相等的过程。[②] 但是，这种结果平等的视角一方面忽视了多元需求，另一方面对于效率有很大的损害。与此同时，上述的其他几种平等视角也存在一定的缺陷，例如，机会平等必须通过一些特定的结果平等来支撑才能够实现，起点平等相对于结果平等更是大大损害了效率，效用平等则面临实施成本大的困境，而能力平等则会固化一些原有的结果不平等。那么，我们应该选择哪一种平等理论去解读均等化呢？

表2　　　　　　　　平等理论分类

平等理论	关于平等理论的解释	平等视角下的公共服务均等化实施导向
结果平等	每个人获得的事物是相同的	对于公共服务的无差别性提供
机会平等	指社会上每个人获得发展的机会相同	政府无差别地保障人们享有平等公共服务的权利
起点平等	排除与人们自身的选择和努力没有关系的因素干扰，实现资源的均等化分布[③]	通过公共服务的提供，消除原先群体间的非人为性差距

[①] 刘德吉：《公共服务均等化的理念、制度因素及实现路径：文献综述》，《上海经济研究》2008年第4期，第12—20页。

[②] 安体富、任强：《公共服务均等化：理论、问题与对策》，《财贸经济》，2007年第8期，第48—53页。

[③] 王立：《论德沃金的平等观》，《吉林大学社会科学学报》2008年第48（1）期，第56—61页。

续表

平等理论	关于平等理论的解释	平等视角下的公共服务均等化实施导向
效用平等	以同等程度满足每个人的偏好作为平等的标准	根据每个人的需求效应提供使每个人得到相同满足程度的公共服务
能力平等	平等客体的优先选项是"基本能力",社会应该确保在基本能力方面人人平等①	提供的公共服务确保基本能力的平等满足

资料来源：笔者根据文献制作。

二 公共服务均等化

关于公共服务均等化的概念界定，除了从理论上进行考量外，同时应该更多地结合我国现阶段的具体国情，以及城乡公共服务体系的现状，从目前我国公共服务所能达到的程度，以及城乡对于公共服务的需求等方面来建构目前中国的公共服务体系。表3分析了我国目前农村和城市的主要公共服务，除了基本公共服务外，中国农村以农业为主，所以很多的公共服务都与农业发展有关，而城市对于农业的公共服务需求则相对较低，而在城市广受关注的公共服务如环境保护、城市规划在农村则少有人问津。由此可以看出，城乡公共服务均等化并不意味着城乡提供相同的公共服务。此外，我国尚处在发展中国家阶段，不应该忽视效率。所以，在推动公共服务均等化进程中，应放弃将结果平等作为单一维度的惯性思路，应该更多地引入能力平等的视角。将关注的焦点集中于对能力有着关键性作用的公共服务领域，根据现实情况，兼顾公平与效率的差序推进公共服务均等化。而目前在中国，城乡间基本公共服务依然存在较大差距，这无疑是当前在推进城乡公共服务均等化进程中最为紧迫的工作，因此，下文中将对恩施的公共服务均等化进行分析，

---

① 阿马蒂亚·森：《能力贫困和不平等：我们所面临的挑战》，中国人民大学出版社2004年版，第57页。

也将从其基本公共服务均等化的现状展开。

表3　　　　　　　　城市公共服务和农村公共服务

	服务对象	现有公共服务服务涉及
农村公共服务	农村居民	农业发展、农村基础设施、农村公共安全、农村基础教育、农村医疗卫生、农村社会保障、农村社会救助、城市养老服务、农村文化体育、农村公用事业、农村环境保护、农村政务服务、农村农业研究
城市公共服务	城市居民	城市基础设施、城市公共安全、城市基础教育、城市医疗卫生、城市社会保障、城市社会救助、城市养老服务、城市文化体育、城市公用事业、城市环境保护、城市政务服务、城市规划、城市公共交通系统、城市科学研究、城市公共信息服务

资料来源：笔者根据文献制作。

第二节　试点区公共服务均等化的现状

一　对试点区公共服务均等化评价

（一）恩施城乡基本公共服务均等化测评的指标体系

逐步实现基本公共服务均等化是当前恩施进行城乡一体化实践中的核心内容。然而，无论从理论上，还是在实践上，我们首先应该对恩施目前公共服务均等化的程度有一个相对客观的评价，尤其是从定量的角度上。因此，笔者结合恩施当前发展建设的客观情况，从城乡间公共服务产出的角度出发，参考国内外其他学者关于公共服务均等化指标体系的研究，如安体富、任强提出的中国基本公共服务均等化水平指标体系。[1] 借鉴目前已有的研究成果，如刘成奎、王朝才建立的城乡基本公共服务均等化指

---

[1] 安体富、任强：《中国公共服务均等化水平指标体系的构建——基于地区差别视角的量化分析》，《财贸经济》2008年第6期，第79—82页。

标体系，构建了关于恩施市这一县域范围内的基本公共服务均等化的评价体系。① 不同于其他学者的从国家层面乃至省级层面的探讨，笔者这一指标的构建只是探讨恩施市县级层面的公共服务均等化的水平。兼顾数据的可获得性，本文针对恩施市的基本公共服务评价体系共涵盖5个一级指标和15个二级指标（表4）。

表4　　　　　　恩施市基本公共服务评价指标体系

一级指标	二级指标
基础教育指数	普通小学师生比
	普通初中师生比
	人均教育支出
公共卫生指数	每万人拥有卫生机构人员数
	每万人拥有病床数
	每万人拥有医疗机构数
社会保障②指数	养老保险参保率
	医疗保险参保率
社会救助指数	最低生活保障人口比重
	临时救助人口比重
	医疗救助人口比例
	民政部门参加医疗人口比重
养老服务指数	每万人拥有养老服务机构数
	养老服务机构职工与在院人数比
	每万人拥有养老机构床位数

资料来源：笔者根据相关文献制作。

（二）基本公共服务均等化测评的方法

目前国内关于基本公共服务均等化程度的测评方法主要有综合

---

① 刘成奎、王朝才：《城乡基本公共服务均等化指标体系研究》，《财政研究》2011年第8期，第25—29页。

② 社会保障指数由于农村并没有开展失业保险、生育保险和工伤保险，所以暂不将其作为考虑项。

法、基尼系数法、变异系数法、极差法等。但是，综合法、基尼系数法以及变异系数法虽然可以反映城乡公共服务均等化的水平，却无法反映出这种不均是城市享有更多的公共服务还是农村享有，因为在我们的调研中，并不是城市的任何公共服务都优于农村，在有些项目上，农村是优于城市的。而极差法，则由于数据本身的大小会对结果产生不同的干扰，为了排除数据的干扰，所以在此，本文采用相对差来衡量恩施城乡公共服务均等化的水平。城乡相对差，反映的是数据间的离散程度的一个归一化量度，其定义为城市与农村之间的公共服务差值 d 与平均值 μ 之比，相对差值的计算公式为：$D_r = \dfrac{d}{\mu}$。

在此 D_r 代表城乡公共服务的相对差值，也即文中用来衡量恩施城乡公共服务均等化水平的指数。d 代表恩施城市与农村公共服务的差值，μ 代表恩施城乡公共服务的平均值。当代表恩施城乡公共服务的相对差值为正数时，则代表在此项公共服务上，城市地区优于农村地区。此时，相对差值越大，则代表恩施城市的公共服务越加优于其农村地区的公共服务。反之，当恩施城乡公共服务的相对差值为负数时，则代表恩施地区城市的此项公共服务弱于农村地区，此时相对差值越小，则代表恩施城市的基本公共服务越加弱于其农村地区的公共服务。当相对差值的绝对值越接近 0，则代表恩施城乡公共服务越均等。

（三）恩施城乡基本公共服务均等化测评的结果

从表5我们可以看到，在恩施地区，城乡公共服务均等化程度低，城乡在公共服务上存在着极大的差异。对一级指标进行分析，我们发现目前城乡均等化程度最高的为基础教育的均等化，而在医疗卫生方面的公共服务则是恩施城乡间最大的不平等所在。同时，在表5中，我们发现并不是按照一般认为的城市的公共服务必然优于农村，在对于弱势群体的关怀上，如社会救助、养老服务等方面，农村甚至是优于城市的。此外，我们发现数据上显示的城市的社会保障弱于农村的社会保障，因为，就恩施的情况来看，在农村已开展的养老和医疗保险领域，其覆盖人群是优于城市人群的。

表 5　　恩施市基本公共服务指标测评

一级指标	二级指标	城市地区	农村地区	相对差值
基础教育指数 （0.5227）	普通小学师生比	0.05536	0.0785	-0.3461
	普通初中师生比	0.06354	0.0562	0.1232
	人均教育支出	832.578	45.86	1.791
医疗卫生指数 （1.1358）	每万人拥有医生数	64.08	4.70	1.727
	每万人拥有护士数	51.72	19.68	0.8975
	每万人拥有病床数	97.95	42.82	0.7834
社会保障指数 （-0.8941）	参加基本养老保险的人口比重	0.2203	0.420	-0.6236
	参加医疗保险的人口比重	0.2466	0.9340	-1.165
社会救助指数 （-0.9576）	最低生活保障人口比重	0.02456	0.1210	-1.325
	临时救助人口比重	0.01786	0.01145	0.4372
	医疗救助人口比例	0.0031	0.0257	-1.574
	民政部门资助参加医疗人口比重	0.0246	0.1311	-1.369
养老服务指数 （-0.6592）	每万人拥有养老服务机构	0.0847	0.4158	-1.323
	养老服务机构职工与在院人数比	0.0565	0.02748	0.6931
	每万人拥有养老机构床位数	11.999	61.580	-1.348

资料来源：笔者依据《恩施市统计年鉴（2012）》《恩施市龙凤镇农村统计年报（2012）》《恩施市龙凤镇乡镇基本情况卡片》及相关调查制作。

二　恩施公共服务均等化现状分析

结合以上的数据分析以及在恩施及其龙凤镇试点进行的实地调研，恩施目前公共服务均等化的现状主要体现在以下几点：

（一）公共教育的均等化有序推进，人均教育支出差异大

恩施公共教育的推进很好地顾及了城乡的均衡发展，农村的义务教育工作有条不紊地推进，如在建的龙凤初中等硬件设施，正在推行的"国家教育云"等软件设施的升级，都有助于城乡教育资

源均等化。与此同时，在 2012 年的数据中，我们发现在恩施的城市地区，平均 18 个小学生配备 1 个老师，而在农村地区则 13 个学生就配备 1 个老师。

但是，在人均教育支出上，恩施的城市和农村则相差过大，这个现象说明了现有的教育资源虽然在向村里提供，但是在优质资源的配置上还是存在向城市的倾斜。

（二）医疗卫生服务基础薄弱，农村医疗卫生配套急需改善

医疗卫生是目前农村公共服务的一个薄弱点，在恩施的城市地区平均每 1 万人拥有 64 名医生，而在农村地区，平均每 1 万人仅拥有不到 5 名医生，城市是农村的近 13 倍。在恩施龙凤试点区，全镇 286 平方千米，只有 1 座医院，医生只有 31 名，如此稀缺的医疗卫生资源，无疑难以满足农村地区的需求，看病难问题持续存在。

（三）养老保险和医疗保险在农村地区开展良好，但缺乏其他保险

恩施农村地区的农村养老保险和农村新型合作医疗保险自实施以来，推进较好，截至 2012 年，以恩施龙凤试点区为例，农村合作医疗保险的覆盖率高达 85%，虽然农村养老保险的覆盖率只有 38%，但是较上一年度增长了 32.9%，然而补贴标准方面却严重弱于城市养老保险。此外，失业保险、生育保险，以及工伤保险在农村地区都没有开始施行。

（四）农村对于弱势群体的帮扶力度优于城市，社会救助相对完善

在对于弱势群体的帮扶上，如社会福利体系、养老服务上，恩施市农村地区优于城市地区，在恩施农村地区，2.6% 的人口在 2012 年得到了医疗救助，而城市地区只有 0.3%。在养老服务上，恩施农村地区平均每万人拥有 62 个床位，而在城市地区，每万人拥有的床位数只有 12 个，相差悬殊。因此，我们认为恩施市农村地区的社会救助优于城市地区，社会福利体系也相对完善。但是，

我们注意到在城市地区的养老机构，1个工作人员对应18个在院者，而在农村地区的养老机构，1个工作人员对应的在院者是城市地区的两倍，这说明在帮扶的质量上，恩施的城市还是优于农村地区的。这种差别在全国其他地区同样存在，城乡之间公共服务的不均是制约乡村建设的重要障碍。

第三节 试点区公共服务均等化的制约因素

结合当今学界的研究以及我们针对恩施市的实证观测，我们认为目前制约恩施市公共服务均等化的发展瓶颈主要在于制度层面、社会层面和经济层面。

一 制度制约

首先，户籍制度制约。对于恩施地区公共服务的推进，现存的户籍制度无疑是一个极为重要的制约因素。目前，实施的城乡二元户籍管理制度，用行政手段把全体人民划分为城市和农村两种不同身份的人，并以户籍身份为基础，形成了区别对待的教育、医疗、住房和社会保障制度。固化了公共服务的受众，使得原先应该具有非排他性的公共服务，排斥非户籍所在地人员。特别是这些年农民工群体的不断扩大，然而他们在为地方经济发展的同时，却往往因为户籍，在各项公共服务上受到差别对待。这不但违背了公平正义原则且不利于社会的和谐稳定。

恩施因为经济发展落后，劳动力存在外流现象，农村外出打工人口规模大，如图1所示，恩施市每年都有大量流动人口，其中流出人口规模大约在127000人，流入人口规模在大约22000人。以恩施龙凤试点为例，农村30%的劳动力外出打工。但是，因为户籍制度的制约，外出农民工往往没有被纳入务工所在地的公共服务体系，难以和当地居民享受同等条件的教育、医疗和社会保障。与此同时，他们中的很多人只得在户籍所在地享受当地的公共服务。这样无疑加大了原籍政府的公共服务负担，这也就使得经济发达地区和落后地区的公共服务差距进一步拉大，公共服务的供给愈加不平等。

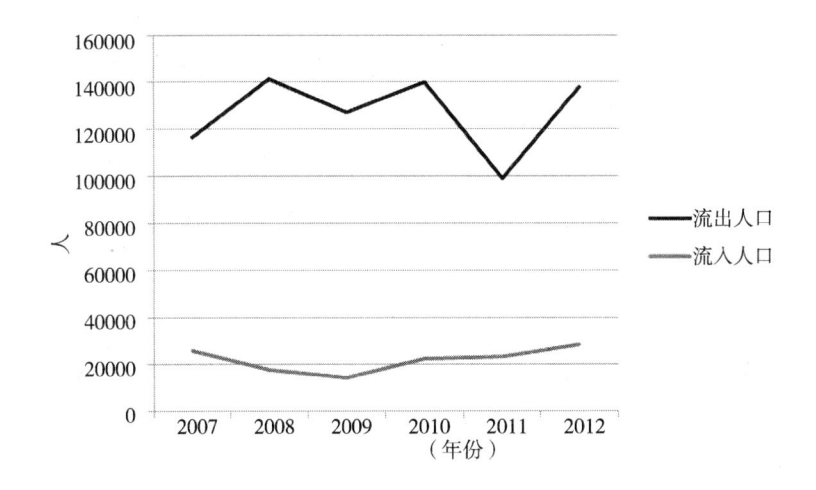

图1　2007—2012年恩施市流动人口数量

数据来源：恩施市统计局：《恩施市统计年鉴》（2008—2013年），综合类第8项，流动人口情况。

其次，财税体制制约。恩施地区的公共服务均等化难以有效推进，很大程度上是受到了当前中国的财税体制的制约。目前，我国的财政体制实行的多级财政体系，已经形成了中央对地方具有极大控制力和地方政府高度依赖上级政府的集权式模式。[①]

1994年，中央政府实行分税制改革，重新划分中央与地方的税收收入，形成了财权高度上收的税收集权体制。然而，在事权上，中央政府却没有承担与财权对应的职责，各项公共服务，甚至教育、医疗卫生、就业、社会保障等基本公共服务都是由地方各级政府提供。这样就导致了基层政府财政上的入不敷出，在很多事物上捉襟见肘，特别是公共服务的供给极度依赖于省级及中央政府的转移支付，尤其是一些专项转移支付。这一现象在越基层的政府越

---

① 冯猛：《后农业税费时代乡镇政府的项目包装行为：以东北特拉河镇为例》，《社会》2009年第29（4）期，第59—78页。

为明显，随着 2001 年至 2006 年的农村税费改革，农业税费全面取消，原先的村提留的公益金、公积金、管理费等不再固定向村民收取，村里如果要向村民收费，则必须实行一事一议，由村民代表大会讨论决定，这样一来由于组织成本的限制，村政府就失去了"收费"的操作空间，与此同时，原先农民义务承担的劳动也取消了，村级公共服务的建设必须为劳动力的投入支付报酬。以恩施地区为例，农民一天工是 70—80 元，同时，还需要提供出工村民的早饭和午饭。此外，乡统筹也在改革中取消了，由此，乡镇政府也失去了向农民征收税费的合法性。①

随着农村税费改革，农民在经济上获得了很大的收益，但是，在镇村层面也造成了一些不利影响，其中有些直接关系到公共服务均等化的进程。

二 社会制约

在国外很多城市，公共服务并不是由政府直接提供，而是外包给一些社会组织或者民间团体，由他们代为规划并提供公共服务。而在恩施，社会力量薄弱，当地缺乏能够承担公共服务的社会组织或民间团体。在多数公共服务上，政府不仅提供资金和各项配套，还包揽了生产和分配。政府集公共服务的决策者、提供者和监督者于一身。在这种情况下，一方面使得政府雇员工作任务繁重，压力过大；另一方面也使得公共服务提供面临低效率。从恩施过去整体情况来看，公共服务的建设主体略显单一，社会力量参与不足，是当地政府难以有效提供公共服务的重要制约因素，而作为试点的龙凤镇情况更是如此。在走访调查中我们发现，当地的道路建设、医疗服务，以及相关的养老都是政府一手包，"僧多粥少"的境况不可避免地会导致公共服务的分配不均。当然这也是目前我国绝大部分乡村公共服务面临的共同困

---

① 韩俊：《中国经济改革 30 年——农村经济卷》，重庆大学出版社 2008 年版，第 115 页。

境。如何挖掘社会力量、吸引社会投资、动员志愿服务以及相关企业的介入，考验着我们当地政府的执政智慧。

三 经济制约

首先，表现为经济发展水平的制约。恩施地处中国中西部地区，经济基础薄弱，2012年，全州GDP为482.19亿元，只占湖北省全省GDP的2.1%，人均GDP为14605元，不足全国平均水平的四成。而推进公共服务均等化，不是将一部分人享有的公共服务转移给另一部分人，使得公共服务均等化，而是在总量增加的情况下，提高原先无法享受到或者享受质量过低的公共服务的人，使得他们和原先就享受公共服务的人保持同一水平，这是一种非零和博弈，这就需要地方政府能够在原先的公共服务弱化的方面进行投入，但是，这显而易见会受到地方经济水平的限制。由此，在经济落后的中西部山区，推行公共服务均等化尤为不易。

其次，成本收益的制约。在农村地区，特别是山区农村公共服务难以推进的一个重要原因是由于提供公共服务的成本过大。即在农村地区，特别是恩施山区的农村，因为自然条件的限制，在一些效益可评估的公共服务中，收益远小于成本。在现代生活中，电视和网络是我们了解外面世界的必要途径，然而在恩施地区通宽带的村只有16个，通有线电视的村子只有11个，通过调研了解到，这并不是因为村民们没有需求，而是考虑到成本，公用事业公司往往不愿参与，因为在山区农村，地势崎岖，人们依山而居，住所分散，拉一条光纤或电话线需要极大的成本，而农村的用户又不多，有时候一整个自然村的用户量，比不上城市一栋楼的用户量，而后期的检修、问题排查需要的投入也是不小的一笔开销，因此，如果仅从经济角度出发，公用事业企业是不愿意为农村提供各项公用事业的。又比如，在农村建一个休闲文化场所，由于在恩施山区的农村户与户之间相隔很远，有的甚者有好几个小时的步行距离，这样使得公共场所的利用率偏低，无法实现丰富村民文化生活的初衷。

第四节 试点区公共服务均等化机制创新

在恩施市龙凤镇综合扶贫改革试点的推进过程中，完善公共服务体系是其中的重点工作，在湖北省人民政府关于试点推进的实施意见中明确提出：试点应该完善现有的公共服务体系，着力健全和改善基本公共服务，创新公共服务体制机制。同时，恩施应该支持教育、医疗卫生、文化等事业加快发展，积极推进教育扶贫，提高医疗卫生服务和保障能力，加强公共文化服务体系建设；支持基层就业和社会保障事业发展，促进农村劳动力转移；支持建设统一规范的人力资源市场。① 与此同时，恩施市就公共服务均等化形成了由市委常委副市长张渊平、副市长张献宏牵头领导的机制创新课题组，由市人社局、市教育局、市卫生局、市文体局、市民政局五部门具体负责，围绕试点的教育、医疗、文体、社会保障、养老及社会救助六个方面，以推进城乡基本公共服务均等化为目标，加强政策研究，出台体制机制创新方案。② 目前，恩施市关于公共服务的规划主要集中在教育、医疗、文化体育、社会保障以及就业援助几方面。

但是，结合前述恩施市在公共服务建设的道路上面临的诸多制约因素，以及现阶段城乡公共服务面临的巨大鸿沟，推进城乡公共服务均等化将是一个长期不断完善的过程，而非能在短期内完成的即期目标。在此情况下，恩施市政府针对目前城乡间公共服务面临的种种问题，对症下药，以能力平等为导向，从农村居民急需的公共服务着手，而非在各项公共服务领域中盲目地推行同质化的公共服务。目前，恩施市的公共服务建设已经取得了一个良好的开端，现阶段对公共服务均等化的推进主要集中在教育、医疗、文化体育

---

① 《省人民政府关于推进恩施市龙凤镇综合扶贫改革试点工作的实施意见》（鄂政发〔2013〕25号）。

② 《湖北恩施全国综合扶贫改革试点体制机制创新工作方案》。

以及公用事业等几个方面。

一 平衡教育资源，推进"学校发展共同体"模式

教育是社会公平的基础，在推进城乡公共服务均等化过程中，教育也是当地政府着力最多、投入最大的推进领域。恩施市政府着重对于教育质量的提升，同时引导社会力量增加教育场所的数量，以实现城乡基础教育均衡发展，其他教育协调发展为目标。与此同时，为促进各类教育均衡发展，努力缩小城乡间学校教学水平的差距。恩施市教育局专门出台了相关实施方案以并以龙凤镇为试点着力全面提升镇村学校办学水平（表6）。

表6　恩施市龙凤镇推进城乡教育均等化发展实施方案

名称		涵盖内容
发展目标	远期目标	形成科学体系
		各类教育均衡发展
		教育质量整体提升
		全面建成数字校园
	年度目标	2014：优质教学资源通过网络共享
		2015：实现远程教研与管理
		2016：形成教育特色，大力推进
		2017：成为中西部连片特困地区统筹教育推广典范，铺开推广
基本模式		"城市带动"，即城区优质教育资源与相对薄弱的龙凤镇教育资源结成发展共同体。 例如：恩施市实验小学与龙凤镇中心小学结成发展共同体
		"区域联校"，即将片区中心学校与各村教学点联系起来，中心学校作为主体校，各村教学点作为附属校实行对口管理，并统一法人代表，统一人事调配，统一管理制度，统一工作计划，统一教学进度，统一教学检查，统一质量检测，统一教育、教研、培训活动，统一财务管理，统一教师绩效考核评价。 例如：金茂希望小学（主体校）——二坡教学点（附属校）
		"结对帮扶"即试点去内部优质教育资源与弱势教育资源结对"对子"，前者引领后者发展。 例如：龙凤中心小学（引领校）——龙马民族小学

续表

名称	涵盖内容
建设思路	理念共享：通过交流实现教育理念共享
	文化共构：通过校际文化交流，提升学校办学品位，并突出地域性、民族性文化特色
	课堂共建：通过联校教研和培训共同进步
	管理共融：互派管理干部挂职参与学校管理；互访研讨推进学校管理；捆绑考核推进共同管理
	资源共用：整合优质教育资源（包括物资资源、教师资源、信息资源），进行校际间的互动、合作、分享
机制保障	全面落实中小学校长落实制
	完善校长任职条件和任用办法，实行校长职级制和任期交流制
	深化学校人事、薪酬制度改革，切实落实岗位聘任制
	实施教师"成长计划"，提升教师团队职业素养和专业素质
	设立"试点教育奖励基金"
	强化激励措施，鼓励教师到试点边远学校工作
	落实试点区学校乡村教师生活补助计划

资料来源：恩施市教育局：《恩施市龙凤镇综合扶贫改革试点教育精准扶贫——"学校发展共同体"建设实施方案》，2014年3月6日，第2—13页。

在具体实施上，小学布局考虑到就近入学的原则，主要从改扩建原有小学着手，在原有学校基础上增加学校占地面积，扩大招生人数，保证绝大多数小学生可以在本乡镇享受义务教育。在九年义务教育的初中阶段则是通过迁建的方式和新建的方式共同作用，保障城乡的基本公共服务均等化。其中，龙凤镇迁建的龙凤初中，龙马风情小镇新建的龙马初中，都有效保证了在义务教育阶段的教育资源在城乡间的合理分配。与此同时，为了促进农村地区教育质量的提升，恩施市将现代化的科技手段引入教育中，在龙凤镇一些小学试行"云视讯"系统，即通过"云视讯"这种网络交互模式，通过实现跨地域多方数视频沟通，促进不同地区之间的信息传递，共享教育资源。以龙凤镇二坡村小学为例，该小学"云视讯"系统于2013年9月22日安装完毕，并通过试运行。龙凤镇二坡小学属村级教学点,现有学生63名,教师7人。该校除1名刚参加工作的女教师外,其他教师年龄均在50岁以上,其中有3名教师将于今明两年陆续退休。"云视讯"同步课堂启用之后,二坡小学的教师可将教学中的疑难和困惑,提交给相关联校学校学科组,主教学校的老师利用"云视讯"系统进行引领示范,两所学校的老师都能参与教学活动,可以进行更有针对性的教学研讨,这有利于乡村教育质量的提升,促进城乡教育质量上的均衡发展。

二 积极作为,对口帮扶,推进城乡卫生计生一体化模式

在医疗方面,恩施市政府着重加强乡、村医疗卫生设施规范化建设,同时对现有医疗卫生制度进行巩固和完善,确保农民参合率达到95%,并提升农村人口在乡镇卫生院住院补偿比例,使之达到85%。以实现合理配置城乡医疗资源为目标。与此同时,恩施市卫生与计划生育局针对城乡间医疗卫生的一体化建设拟订了一套实施方案。如图2所示,中间是其工作目标,而四周环绕着的则是其工作的主要内容。

在具体实施上,一方面,政府积极作为,例如兴建一批民生工程,方便群众就医,2013年3月10日开始的龙马卫生院改扩建项目,便是以解决龙马集镇及周边5个村近2万人就医难为目标。另一方面,则通过对口帮扶,优化地方上的医疗条件,2013年3月24日,恩施州中心医院与龙马卫生院签订了对口支援战略性合作协议。恩施州中心医院向龙马卫生院捐赠20万元现金,并在医护队伍建设,以及重大疾病会诊上向龙马卫生院提供专项支持。

三 尊重差异,积极引导,促新农村社区文体事业繁荣

在文化体育方面,恩施市政府并没有着力于以城市的标准来完善农村的文体服务体系,而是强调当地特色,以满足当地群众对于文体方面的公共服务的需求为根本出发点。由此,在恩施市不同的乡镇,甚至是同一个乡镇的不同村庄,文体方面的公共服务都存在

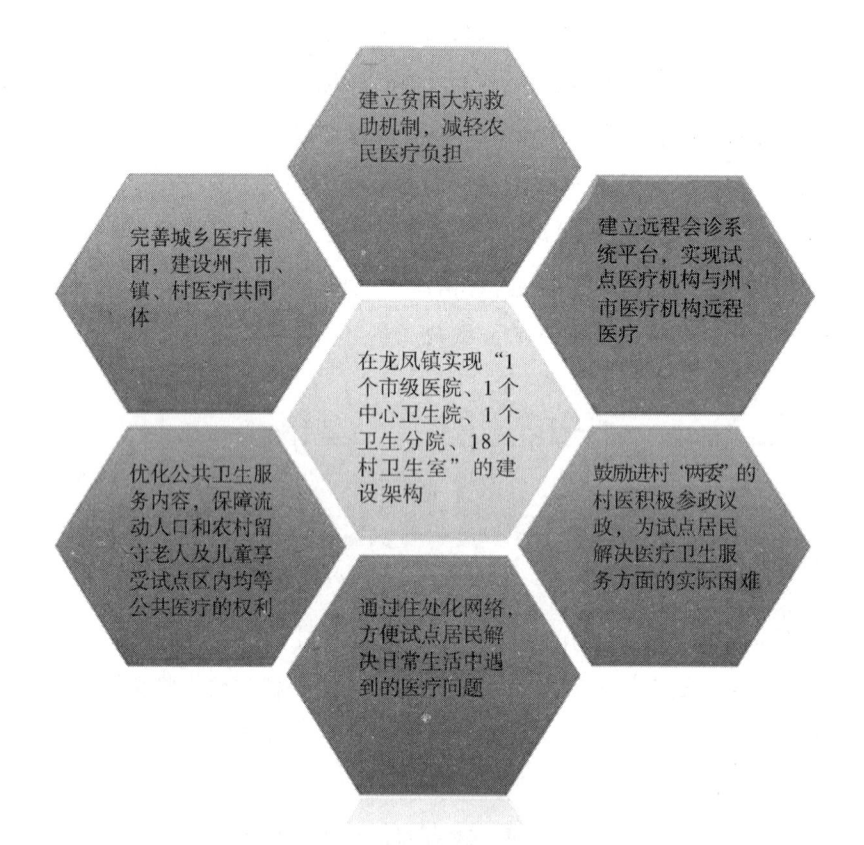

图 2　恩施市龙凤镇城乡卫生均等化推进实施方案

资料来源：恩施市卫生与计划生育局：《湖北省恩施市龙凤镇综合扶贫改革试点卫生计生一体化服务实施方案》，2014 年 3 月 6 日，第 1—3 页。

极大差异。文化本身就是一个多样化的概念，由于不同的传统以及生活习惯，人们对于文化的需求大相径庭，例如城市的人们可能需要音乐厅等高雅艺术场所，而在农村人们可能更喜欢秧歌队。而在体育上，不同于城市地区，农村多是体力劳动者，所以他们参与体育锻炼更多是娱乐性而非健身意义。所以，他们更青睐于一些更贴近他们生活的项目，在恩施，人们更喜欢参加跳耍耍、划彩龙船比赛，而非在操场上跑步。

在具体实施上，通常由市文体部门与乡镇政府合作，以乡镇文化站和村委会为主体开展文体活动，包括举办文化体育相关赛事，定期举行文艺演出等方式，以满足农村居民日益增长的文体方面的公共服务需求。与此同时，"春雨工程"也惠及恩施，"春雨工程"全国文化志愿者边疆行，是由文化部与中央文明办自2010年起共同实施的一项文化惠民活动。该活动由内地文化部门组织招募文化志愿者，深入边疆民族地区为当地群众提供文艺演出、讲座培训和文化展览等公益性文化服务。同时，内地文化部门还邀请边疆民族地区的基层文化工作者到内地培训、考察和巡演。湖北美院广大艺术家积极响应"春雨工程"号召，倾情奉献，与龙凤镇文化中心达成合作意向，计划为文化站建立美术活动室捐赠电脑、图书、空调及美术作品，通过辅导、演示和讲解的方式对美术辅导员和中小学生美术爱好者进行现场指导，为龙凤文化站培养美术骨干，并不定期地开展多种形式的美术惠民活动。

四　民生为本，"项目"助推公用事业发展

在公用事业上，恩施市政府着力于通过特定项目推动农村基础设施建设以实现城乡一体化发展目标，目前主要涉及的公用事业主要包括水利电力、道路交通、通信传输、便民服务等方面。

在具体实施上，项目通常由恩施市政府负责，资金除去上级部门的专项转移支付外，一般情况下由恩施市政府统筹，以满足农村居民的日常生活需要为公共事业服务的基本着眼点。在水利电力方面，恩施市不断加大农村饮水安全工程建设力度，以恩施龙凤镇清堡村水池为例，该水池投资金额89万元，可以解决青堡村上坝、中坝和下坝农户日常生产、生活、人畜饮水问题，同时灌溉基本农田2000亩。在道路交通方面，金龙大道的动工将促进恩施市周边农村地区的发展，为城乡一体化发展提供推动力。在通信传输方面，网络通信不断向农村地区延伸，与此同时，恩施市广电局将扩展龙凤镇有线电视网络写入了《湖北恩施全国综合扶贫改革试点广播电影电视发展规划》，并在马年春节前将有线电视信号送入了龙凤镇最偏远的青堡村。在便民服务方面，恩施市委组织部大力推行便民服务，在多地建设便民服务中心。以龙凤镇为例，在龙凤镇龙马集镇，2013年开始建设的便民服务中心已投入使用，该便民中心建筑面积1220平方米，使用面积1971平方米。总投资额200余万元，其中主体工程170余万元，附属工程70余万元。便民大厅的建立主要在于解决以往龙马百姓办事难的问题，方便龙马片区六个村的百姓办理日常事宜。目前服务大厅共设置有计生、信访、林业、土管、民政、户籍六个窗口。与此同时，龙凤镇大转拐村也成立了便民服务大厅，将网购火车票、飞机票，电话通信费用收缴、农资网上购销等各类业务整合到村，并安装了POS机等设备，建立农村电子商务平台，由村干部为群众提供代办服务。此外，在龙凤镇，龙凤法庭一站式诉讼模式的建立等也为农村居民的日常生活提供了极大的便捷。

对于恩施市，公共服务均等化的推进既是挑战也是机遇，挑战在于其在现阶段还面临极大的困难，机遇在于正是这些困难，使得恩施市汇聚了上级政府更多的关注与投入，在这些外力支持之下，恩施市无疑处在发展的大机遇期，如何将外力转化为内力，通过机制创新形成独特的公共服务均等化推进的恩施模式是恩施市公共服务均等化体系能否得以不断完善的关键所在。

第五节　试点区公共服务机制创新的经验

推进公共服务均等化我们必须厘清一个重要思路，即城乡间公共服务的均等化建设绝非"损城利乡"，而应是城乡之间在公共服务上的互利共赢。相较于城市，农村无论是基础设施建设还是在教育、医疗等基本公共服务，还是道路交通、文体活动等非基本公共服务上都处于极大的劣势，究其原因在于农村的公共服务处于严重的资金投入不足。农村缺乏资金去改善当地的各项公共服务，虽然，保障基本公共服务是当地政府的责任，但是由于恩施市地处中西部连片特困山区，经济发展有限，所以政府无法独立地承担基本公共服务的责任,于是,引入多元发展主体共建是其中的必由之路。此外,在非基本公共服务上,农村更加难以获得投资,这就必须要求农村有着自我"输血"的能力,于是也就有恩施以产业化促进城乡一体化发展的模式。

一 产业化促公共服务均等化

促进乡村和城市建设公共服务的均等化,单纯地依靠国家上层的资金干预难以实现,所谓"授人以鱼不如授人以渔",激发乡村公共服务建设的内生力量,促进内在的"造血"功能,帮助村民脱贫致富,是公共服务均等化的关键。龙凤镇政府在试点改造的过程当中结合当地的具体情况探索出了一条以产业化促进公共服务均等化的道路。具体做法是通过企业搭台,农民土地参股、财政配股,金融帮扶,汇集各项资金,建立新型专业合作组织,推行"池塘式"产业扶贫,针对一村一户建立产业帮带措施,引进保险企业参与产业发展,开展产业发展抗自然灾害、市场风险保险,提高农业产业发展抗风险的能力。

2012年以来,以恩施石力建材有限公司为首的4家工业企业率先挤进恩施市规模企业,龙凤镇新增规模以上工业企业4家,居全市首位。1—9月营业收入已突破1.5亿元,实现税金550多万元。为让更多的企业落户龙凤镇,当地政府多渠道地为企业创造宽松、良好的发展环境,积极帮助企业解决用地、手续、资金等难题,使龙凤镇规模以上工业企业累计达到8家,1—9月累计营业收入突破5亿元,创税金1500多万元,有力地推动了龙凤镇经济又好又快地发展。通过吸引外资投入,以产业化带动当地道路交通、医疗服务和娱乐设施以及就业安置等公共服务建设,对于当地经济发展来说无疑是大有裨益的。

二 拓宽公共服务供给主体增进均等化

试点区龙凤镇位于恩施州城——恩施市中心城区北部,是恩施州典型的特困山地城镇，面积 286 平方千米，城镇化率仅 17%，贫困发生率 41.9%，是一个青山绿水民族区、山地贫困农业区、粗放发展近郊区和设施保障落后区。结合这样的具体情况，当地政府在试点改造的过程当中，通过拓宽服务主体来增进均等化建设。龙凤镇所在的恩施市专门提出了《关于在全市深入开展志愿服务活动的意见》，通过整合社会资源，深入农村，开展文化、科技、卫生"三下乡"志愿服务活动，针对农村和农民的实际需求，进行健康、文化、法律、科普、农技等知识的宣传培训，切实为农民提供绿色环保、义诊义治、素质义教、文化宣传、科学技术等志愿服务。

同时建立健全志愿服务活动的运行机制，不断提高志愿服务的科学化、规范化、专业化和社会化水平。对此，我市根据省、州文明委《关于深入开展志愿服务活动的意见》的要求，就深入开展志愿服务活动提出了诸多意见，鼓励志愿活动的开展。近几年，相关的高校已经有许多大学生志愿者参与当对龙凤镇的公共服务当中，对于龙凤镇教育事业的发展起到了一定的促进作用，比如 2013 年 11 月，武汉大学第三期活动志愿者到湖北省恩施市龙凤镇金茂希望小学进行支教，他们的到来对于大山里的孩子来说不仅培养孩子们自尊、自信、自强的意识，而且引导孩子们走进科学大世界，激发他们走出大山的渴望和决心，对于恩施未来人力资源的培养和建设来说有着深远的意义和影响。

从道路建设来看，为解决居民出行难的问题，2011 年政府投资 30 余万元扩建龙凤镇吉心村池塘公路 2 千米，到 2013 年中央又下拨目标金额 1000 万元用于恩施贫困地区公路、水路重点项目建设。与此同时，龙凤镇的村民在村委会的号召之下，积极自筹资金，结合村委会一事一议资金，齐心协力修筑属于自己的致富路，为乡村产业的商品化做好了硬件支撑。

乡村公共服务建设如若仅仅依靠政府的单项资助，那么在中国，公共服务均等的建设将难以为继。通过汲取社会力量的加入能够分担政府的压力，并且能够推动公民社会的崛起和社会互助良好氛围的形成。龙凤镇试点的有益尝试无疑是值得其他贫困地区借鉴的，但是在实践初期仍旧存在很多问题，比如公民参与度仍显不足，社会动员力量依旧不够，产业化推动潜力尚未被完全发掘。对此我们尝试提出一些改进建议。

虽然试点工作尚处起步和发展阶段，公共服务均等化建设任重道远。但在最初的探索当中已经卓有成效，其以吸引资金投入的产业化来带动当地特色经济的发展进而推动当地公共服务建设，以吸引社会力量的参与为龙凤镇的公共服务建设增加活力并且注入了新的血液。这种机制创新对于我国其他连片山区的公共服务建设、脱贫致富建设来说无疑是具有一定的参考和借鉴意义的。

第六节 完善试点区公共服务均等化的建议

一 践行以民生为导向，强化公共服务决策体系中的公民参与

目前，恩施试点正在大力推进公共服务均等化进程，但是，由于地方财力等限制因素，我们可以想象全覆盖的公共服务均等化必然要经历一个较长的时间段，也就是说目前只能通过特定项目逐步推进该领域的公共服务均等化。那么，我们应该优先推进哪一方面的公共服务均等化呢？经济学讲资源的最优配置，即资源按照能带来最大效益的方式分配。在公共服务的供给上，恩施政府的目标定位为民生改善，那么最优化的资源配置，应该是能最大限度地满足民众的需要。因此，在公共服务的供给序列上应该优先考虑当地人民群众最迫切需要的、与他们生活最密切相关的公共服务，而这离不开公共服务中的公民参与。

因此，恩施市在推进公共服务时应该更多考虑民意，强化公民对公共服务供给决策及实施的相关知情权、参与权甚至是监督权，加强公民参与公共服务的广度和深度，更多地将民众的反馈纳入地方的公共服务评价指标体系，从而更好地满足人民群众的需求。此

外,积极推进城乡社区自治,完善居委会和村委会自治机制,提高居民自治程度,也是当前促进公共服务均等化中公民参与的必要途径。

二 进一步推动公共服务供给主体多元化,引入 NGO 组织共建公共服务

通过对恩施龙凤镇试点的调研,我们发现,政府在提供公共服务的同时,偏向于借助企业的力量,却忽视了对于 NGO(非政府组织、第三部门,在中国多指代民间组织)的重视,而在一些西方国家,很多公共服务的提供主体并不是政府而是 NGO。虽然,在中国现今情况下,NGO 的力量还有限,知名度也不高。但是,就专业性和执行力来说,依然能为恩施地区的发展提供不小助力,特别是在公共服务均等化方面。例如在基础教育方面,可以和联合国教科文组织国际农村教育研究与培训中心合作,其"为中国而教"的项目通过输送优秀大学毕业生到农村学校或城市打工子弟学校任教两年,以推动基础教育的均等化,通过合作,可以有效解决恩施地区农村师资力量紧缺的现状,同时提高现有教师队伍的素质。与此同时,可以与担当者行动和西部雏鹰组织合作,通过他们的"一帮一"助学、特困救济、奖学金计划、山区图书室等帮扶项目提升农村地区的教育教学条件。同时拓展希望学校援建、爱心食堂等公益项目也是实现恩施地区教育资源均等化的不错选择。在其他领域,如就业培训方面、医疗卫生方面、社会服务方面等,都有从事相关专业领域的 NGO。

此外,与 NGO 的合作需要的资金成本少,往往只需要政府的协调组织。这正好可以解决恩施地区财力制约所带来的公共服务瓶颈。因此,建议恩施政府可以通过加强与 NGO 的联系与合作来推进公共服务均等化。

结语　开局之年的基本经验

作为"国家试点、省级领导、州级组织、市镇实施"的恩施市龙凤镇综合扶贫改革试点的开局之年，2013年，各项工作已紧锣密鼓地展开。到2017年，试点要达到的总体目标，试点区域生态建设及产业发展成效明显，人民生活得到明显改善，主要经济指标和居民收入增速高于全省平均水平。通过体制机制创新，把试点区域建成全国综合扶贫改革示范区、"四化同步"建设示范区、生态文明建设示范区和民族团结进步示范区。围绕"一年打基础，两年大变样，三年见成效"的近期目标，试点工作在扶贫搬迁、移民建镇、退耕还林、产业结构调整等方面先行先试。2013年，试点实施项目67个，完工27个，动工40个，项目总投资96.444亿元，年度完成投资17.5662亿元。开局之年，试点区在投融资机制、镇村治理机制、农村产权交易机制、土地综合利用机制、公共服务均等化机制等方面进行大胆创新，并有所突破。在有关方面共同努力下，试点工作正有条不紊地得到实施，进展顺利。通过多次调查与深入观察，我们认为，目前试点工作至少已有四点经验值得推广和借鉴。

一　以当地域情为基础，规划先行

有关部门充分认识到，科学规划是试点工作的基础和第一步，对试点区的规划十分重视。2013年，试点办高屋建瓴，依据地方域情，在充分调查研究的基础上，以286平方千米的龙凤镇为中心，通过多方论证，先后编制完成了3个总体规划和23个专项规划。其中，扶贫搬迁、移民建镇、退耕还林、产业结构调整、龙马旅游风情小镇、青堡生态村庄等18个专项规划，分别通过省级、州级评审；社会福利事业发展等5个专项规划通过市级评审。首先，试点部门精心组织编制了《湖北恩施综合扶贫改革试点土地利用总体规划》《湖北恩施全国综合扶贫改革试点总体规划》、《湖北省恩施市龙凤镇综合扶贫改革试点城乡建设总体规划》。在对试点片区的基本情况进行调查摸底的基础上，编制公布的"扶贫搬迁规划""移民建镇规划""退耕还林规划"和"产业发展规划"对扶贫搬迁、移民建镇、退耕还林、产业发展的目标、原则、布局、方案和保障措施等作了详细的安排。在空间布局上，逐步形成了试点区"一主、两副、三轴、四板块、九个社区"的格局。在此基础上，试点办又进一步编制、公示了有关镇区和农村社区的规划，如《龙凤镇龙马旅游风情小镇规划》《恩施市龙凤镇青堡生态村建设规划》《龙凤镇杉木坝村村庄规划》《龙凤镇双堰塘村村庄规划》等，精心的规划无疑为试点区综合扶贫改革工作的顺利开展奠定了基础。

二 精准扶贫，既"造血"也"输血"

有针对性地开展扶贫开发，是恩施市综合扶贫改革试点工作的又一特色。对贫困山区绝大部分群众而言，无疑需要通过大扶贫战略，解决他们的生存条件和发展问题，这是一个比较长期的"造血"过程。但对生活极端困难群体，如病、残、鳏、寡等人群，仍应采取应急的"输血"方式给予救助。2013年12月中共中央办公厅、国务院办公厅共同发布的《关于创新机制扎实推进农村扶贫开发工作的意见》明确提出要"建立精准扶贫工作机制"。而早在2013年10月31日，标志着推动"精准扶贫"工作的《恩施市龙凤镇综合扶贫改革试点贫困人口建档立卡工作实施方案》就已公布。遵循"精准扶贫"的理念，根据当地群众生活贫困的实际情况，认真区分扶贫对象,试点区采取了产业扶贫、搬迁扶贫、定向扶贫等方式。就"定向扶贫"来看,目前,有关部门已依据《恩施市龙凤镇综合扶贫改革试点贫困人口建档立卡工作实施方案》(恩市扶办发〔2013〕46号),对试点区的贫困人口进行精准识别,建档立卡。在此基础上,将深入分析贫困人口的致贫原因,重点解决突出困难问题,分户制定帮扶措施。试点区也将开展"四个一"结对帮扶工程,即一名党员干部、一家企业或单位、一家银行共同帮扶一户贫困户。对通过救助无法脱贫的特困人口,在尊重本人意愿的前提下,将实行政府"兜底"安置,如集中供养等。

三 产城"双轮驱动",打造美丽乡村

在我国广大贫困地区,之所以形成众多的"613899"的留守村庄,主要原因是当地产业发展滞后、城镇化发展落后。试点区借综合扶贫改革的东风,落实科学发展观,以特色城镇化和特色产业化为"双轮驱动",加大产业发展与基础设施建设力度,引导群众向城镇、社区及居民点聚集,大力进行镇村社区建设,必将重新凝聚人气。这将为中西部连片贫困地区的美丽乡村建设提供样板。试点区依据当地实情,发展特色农业、现代烟草、低碳工业、旅游业等产业,努力培植经营主体,鼓励龙头企业带动地方经济发展,推进企业、农户和合作社合作经营等措施,都将逐步提升当地经济实力和激活当地经济发展活力。突出优势区位产业集聚,引导外出务工和经商人员回归创业和农村劳动力依托城镇就近就地转移就业,注重社区生产、居住、服务功能"三位一体",促进城镇一体化、均等化的基础设施配套和公共设施服务等都将为增加农民收入和提高农民福利奠定坚实的基础。社区建设突出历史文化资源、传统建筑民居特点,体现地域特色、乡村特色和民族特色也将有利于地方文化的保护与传承。

四 推进机制创新,实现可持续发展

综合扶贫改革的最终成效如何,除了要看当地群众生活环境改

善和生活水平的提高状况外，还要以当地社会经济可持续发展程度来衡量。"授人以鱼，不如授人以渔"，只有不断推进制度机制创新，才能开拓综合扶贫开发的新局面，也才能形成中西部连片贫困地区综合扶贫改革的新思路。一年多来，有关决策部门凝聚各种政策、资源优势，在工作过程中大胆探索，大力推进体制机制改革创新，初步形成良好的制度机制，为将来的可持续发展奠定了基础。可以说，机制创新是试点区工作开局之年的最大亮点。如面对任务繁重的试点工作，乡村治理能力急需加强。试点区一方面采取"高职低挂"，派乡镇干部挂职村委会；另一方面选拔优秀村医村教充实村"两委"，加强村级治理。这些村医村教在做好本职工作的基础上，积极投身村务工作，密切了党群关系，使试点工作得以顺利开展。又如，在农村土地整合利用方面，试点区探索土地确权机制，按照所有权、承包权、使用权分离的原则，对土地进行确权颁证，让土地流转规范有序，发展适度规模经营。针对农户搬迁聚居的新情况，将引导农户到新城镇、新市镇和新社区安居置业，建立农户宅基地有偿退出机制等。

总之，恩施市综合扶贫改革已迈开坚实的第一步，前进的道路上虽然充满困难和险阻，我们坚信在干部群众的共同努力下，必将取得预期的成绩。

后　记

我国现已进入全面建成小康社会的决定性阶段，也正处于经济转型升级、加快推进社会主义现代化的重要时期，也是扶贫开发的攻坚时期。

20世纪80年代中期以来，我国开始有组织、有计划、大规模地开展农村扶贫开发，先后制定实施《国家八七扶贫攻坚计划（1994—2000年）》《中国农村扶贫开发纲要（2001—2010年）》《中国农村扶贫开发纲要（2011—2020年）》等扶贫开发规划，扶贫开发成为全社会的共识和行动。经过不懈努力，我国扶贫开发取得了举世瞩目的成就。但是，受历史、自然、社会等方面因素的影响，我国贫困地区发展面临的主要矛盾和深层次问题还没有得到根本解决，扶贫开发依然任重道远。目前剩下的贫困人口主要分布在全国14个集中连片特困地区。这些地区具有生存环境恶劣、生态脆弱、基础设施薄弱、公共服务滞后等共同特点，片区贫困发生率比全国平均水平高15.7个百分点，已经解决温饱的群众因灾、因病返贫现象突出。

2012年12月底，李克强总理视察恩施，寄望在恩施这个连片贫困地区、少数民族地区、山区进行综合扶贫改革试点，作出了"扶贫搬迁、移民建镇、退耕还林、产业结构调整，并在恩施龙凤镇先行先试"等重要指示。根据这一重要指示，国家有关部门、湖北省、恩施州、市迅速行动起来，站在国家战略的高度，决心将恩施市龙凤镇综合扶贫改革试点落到实处。

本研究始于 2013 年 4 月，当时，应王海涛书记邀请，在我的领导、著名"三农"专家徐勇教授支持下以我为首的武汉地区高校专家组一行 9 人，就"恩施市龙凤镇城镇化与综合扶贫试点"情况进行详细调研。四天的调研，我们不仅陶醉于恩施州田园画卷般的秀丽风景，也对"恩施市龙凤镇城镇化与综合扶贫试点"形成了一个调研思考。4 月 19 日，在恩施州委的安排下，我们专家组与州委党校中青班学员座谈，在座谈会上，我们就户籍制度改革、农村产权制度创新、农村经营体制创新、人才机制、镇村治理机制、人口问题及对策、扶贫开发机制创新等课题进行了交流发言。记得我在会议上说过，恩施的综合扶贫必须依靠现有条件，发挥好"三好三特"的山区优势，做好顶层设计，实现"双轮驱动"战略；需要在"地、财、人、治、路"五个方面实现"破题"，创新户籍制度、人才机制、农村土地流转机制、农业经营方式、投融资机制、产业发展机制、镇村治理机制，创造扶贫改革的动力机制，以外力促内生型发展，实现城镇功能定位和产业调整的统筹规划，走一条有中西部山区特色的综合扶贫改革之路。王海涛书记补充说，刚才贺教授提到山区农民"市民化"问题，也就是"人"的问题，我认为，"人"的问题还包括山区地方干部的素质问题，龙凤的综合改革试点是一个十分巨大的工程，也是一项有着历史意义的"试验"，需要多方面的突破和创新，关键是干部队伍要有较高的素质、有很强的创新理念。因此，本地干部要增强分析问题和解决问题的能力，解放思想、打开思路。这一过程需要学界提供理论指导，有了理论，恩施地方就会对自身发展有规律性的认识，做到"理论自信"和"道路自信"，将恩施从"老""少""边""穷"的山区转变成一个"年轻""和谐""活力"和"富饶"的新城镇。在那次会议上，海涛书记提出以我的团队来展开一个深入研究。

会后，由我领衔并担任组长，由厦门大学副教授叶兴建担任副组长，成立了课题组。课题组通过长期的跟踪调研，对试点工作形成了系统全面的认识，对试点的经验进行了较好的总结，同时也对试点的机制创新问题进行了认真的探讨和展望。一年多来，课题组成员多次到试点办、市林业局、经信局、经管局、统计局、农业局等单位深入交流，获取大量相关信息；也多次到龙凤镇及龙马村、青堡村、店子槽村、杉木坝村、吉心村、二坡村等地实地考察，与当地基层干部、群众座谈，广泛收集第一手资料；并深入田间地头、工地、街头访谈群众，虚心听取意见和建议。

经过我们的努力，上卷书稿终于在2014年6月完成。在写作过程中，我和兴建就书稿的内容、框架等进行过多次讨论、论证。付寿康、秦武峰、李文君、李凯、梅海、何莹、李鸥、黄雪丽、孙敬良、牛宗岭、杨洋、李全生、陈书平、李然、吕鸿强、马丽等做了大量协助工作。同时，我们也多次征询试点办领导的意见，试点办的同志提出要作些修改并增补土地制度创新等内容。鉴于这一情况，我们对书稿中的一些提法、数据和语气作了一次较大的改动。之后，再请试点办有关领导审阅后，又进行了新的调整和进一步修改。

书稿的分工如下，我本人负责总论部分、第一章、第二章、第五章、第七章、第八章；叶兴建负责第三章、第四章、第六章、第九章和结语部分。最后统稿由我本人完成。

在调研过程中，课题组得到了湖北省政协、州发改委、住建委、扶贫办等相关职能部门的大力支持。尤其是试点办，在我们的多次调研中给予了全力支持，在此深表谢意！

本书的完成还要感谢华中师范大学社科处和厦门大学社科处的支持，2014年，我在华中师大工作期间，社科处石挺处长一直非常支持我的科研项目。我作为特聘教授到厦门大学工作后，厦大对我非常支持，将中国特色社会主义研究中心的平台建设纳入了福建省社科研究重点基地建设，并在社科处陈武元处长的启发下，把"中国地方改革与农村发展"作为中心的科研方向之一。同时感谢荆楚理工学院中国农谷发展研究中心李春侠老师为本书作校稿工作。

试点工作时间还不长，许多方面有待进一步深入观察，我们的研究也还是粗浅的、初步的。由于水平所限，书中错误和不妥之处在所难免，敬请专家、学者批评指正。

贺东航
2014 年 8 月于加拿大卡尔顿大学